中央高校基本科研业务费专项资金资助：中央司法警官学院校级科研项目（项目编号：XYY202302）。

1949—2019 年中国行政复议制度演变研究

王林 —— 著

河北大学出版社
·保定·

1949—2019年中国行政复议制度演变研究

责任编辑：马　敏
装帧设计：杨艳霞
责任校对：王亚薇
责任印制：常　凯

图书在版编目（CIP）数据

1949-2019年中国行政复议制度演变研究 / 王林著．保定 ：河北大学出版社，2024．7．-- ISBN 978-7-5666-2399-7

Ⅰ．D922.112.4

中国国家版本馆CIP数据核字第2024PN3829号

出版发行：河北大学出版社
地址：河北省保定市七一东路2666号　邮编：071000
电话：0312-5073019　0312-5073029
邮箱：hbdxcbs818@163.com　网址：www.hbdxcbs.com
印　　刷：保定市正大印刷有限公司
幅面尺寸：170 mm×240 mm
印　　张：13.75
字　　数：220千字
版　　次：2024年7月第1版
印　　次：2024年7月第1次印刷
书　　号：ISBN 978-7-5666-2399-7
定　　价：88.00元

如发现印装质量问题，影响阅读，请与本社联系。（样品）
电话：0312-5073023

前　言

1949—2019 年是中国行政复议制度建立、发展和成熟的重要时期。行政复议制度是中国特色社会制度之重要组成部分，在中国特色社会主义制度体系中具有重要地位。行政复议是行政机关内部领导职能的反映，是上级行政机关根据申请被动审查下级具体行政行为的法律行为。目的是行政监督、化解行政争议或者维护行政相对人权益。新中国行政复议制度诞生、发展，有着具体的历史过程，需要从政治、法律、社会等因素解读背后隐藏的动因和规律。目前，中国正在深入开展行政复议体制机制改革，对行政复议制度的历史起源加以研究有着重大意义。本书选取了 1949—2019 年的行政复议制度，以制度历史演变作为考察对象，深入探讨 1949—2019 年间中国行政复议制度的演变过程及其背后的历史、社会与法制因素。通过文献回顾、案例分析以及制度对比等方法，总结行政复议制度变迁的特点和规律。

新中国行政复议制度的发展历程与我国整个法治建设的进程发展过程密切相关，经历了从初步建立、逐步完善、成熟到全面发展的历史阶段。新中国行政复议制度建构有 4 个渊源：中国的“民告官”理念；“西风东渐”对我国法律制度的影响，特别是日本法律制度和苏联法律制度的影响；民国时期的诉愿制度；新民主主义时期行政复议制度的主张及其实践探索。

新中国成立初期，我国初步建立了行政复议制度。行政复议制度肇始于财政税收领域，在 20 世纪 50 年代行政复议的范围逐渐扩大，开始具有一定的规范性。改革开放以后，随着社会主义市场经济体制的建立和完善，行政复议制度历经“文化大革命”期间停滞后，在保障公民权利、监督政府行为、化解行政争议、促进法治建设等方面发挥了重要作用。大量与行政管理相关的法律法规以单行法的形式，规定不服行政决定可以提起行政复议。单行法主要分布在税收、行政收费、工商行政管理等领域。分散的单行立法建构了可以提起行政复议的案件范围、期限、主体等要素，早期行政复议单行立法直接影响了 1990 年《中华人民共和国行政复议条例》（以下简称《行政复议条例》）的结构和内容。

在重视法治建设的形势下，《行政复议条例》于 1990 年 12 月出台，中国行政复议制度在政府法规层面得到了统一，行政纠纷受案范围更加明确且明显扩大、复议程序规范合理系统。中央层面和地方政府也制定了配套行政复议规范性文件。各类各级行政复议机构也得以建立健全。

《行政复议条例》作为行政法规实施后，行政复议制度升格为法律的呼声也越来越高。1999 年全国人大常委会制定出台了《中华人民共和国行政复议法》（以下简称《行政复议法》），标志着法律层面上，我国的行政复议制度得到了健全和统一。《行政复议法》的主要内容以《行政复议条例》为基础，根据法制实践和形势发展，不断丰富决定类型，维护当事人权益，完善健全复议程序和扩大行政复议案件受理范围，该时期行政复议机构和人员力量配齐配强，行政复议案件量增长明显，行政复议制度在国家治理中发挥了重要作用。

2007 年我国行政复议制度得到了进一步完善和细化，出台了《中华人民共和国行政复议法实施条例》（以下简称《行政复议法实施条例》），行政复议制度走向新阶段，规定了案件全过程调解、和解等制度，针对《行政复议法》实践中出现的问题，对行政复议申请方式、审理办法等制度细化，全国人大常委会、国务院、最高法和各地行政机关等出台了行政复议配套规章、司法解释、条例、函复等规范性文件。《行政诉讼法》的修订也起着倒逼作用，形成了行政复议工作和制度变迁的重要动力。与此同时，黑龙江等部分省和地区开展了行政复议委员会试点。行政复议制度不断得到完善和发展，行政复议的范围不断扩大，程序不断规范，复议决定的法律效力也不断提高。这一时期行政复议案件量总体保持较快增长，与行政诉讼开始持平，运行效果更加明显。

从我国行政复议制度的建立与发展历程中，可以看出其特点与规律性。行政复议制度的演变是一个复杂而漫长的过程，与中国的政治、经济、社会等多方面的变革密切相关。在不同的历史阶段，行政复议制度都面临着不同的挑战和机遇，需要不断地进行调整和创新。在这个过程中，复议制度逐渐完善，为公民等主体提供了有效有力的行政法律救济途径。行政复议制度在保障公正的同时，注重提高效率，以满足人民群众的合法权益和行政机关的工作需要。行政复议制度通过层级监督的方式，促进行政机关依法行政，提高行政管理的水平和效率。这些特点和规律性有助于保障行政复议的公正性、效率和权威性，促进行政机关依法行政，维护人民群众的合法权益。随着社会的发展与进步，人民群众的法治意识不断提高，我国行政复议制度日臻完善，不断焕发新的活力，在全面推进依法行政、努力建设法治政府等方面发挥着重要作用。

随着行政复议体制改革全面展开和《行政复议法》修订出台，我国行政复议制度已经走到了十分关键的历史性阶段。通过对这一过程的研究，我们可以更深入地理解中国法治建设的历程和成就，分析行政复议制度的建立、演变过程及历史规律，探讨新发展阶段行政复议制度改革创新面临的新情况新形势，展望行政复议制度的发展演进趋向，为未来的行政复议制度改革提供有益的参考和借鉴。

作　者

2024 年 3 月

目　录

绪　论

一、研究背景和研究意义

（一）研究背景

中国特色社会主义制度经历了几十年的历史风雨发展进程，是中华民族傲然屹立于世界民族之林的重要保证。目前，中国已经走进了世界政治经济舞台的中央，历史已经证明我国选择中国特色社会主义制度道路的历史必然性和正确性。中国特色社会主义制度道路适合中国国情，符合中国实际，保证中国发展。行政复议（民国时期称为“诉愿”）是指行政具体行为侵犯公民等行政相对人合法权益，或者公民等认为其合法权益受到侵害，依法主动向上级行政机关即行政复议机关提出复查该行为合法性、合适性的行为。申请人在行政复议过程中，也可以就具体行政行为所依据的行政法规，提出附带审查的请求。行政机关被动启动的权利救济手段，以解决行政争议、监督政府行政、维护当事人合法权益等为目的。我国行政复议制度在中国特色社会主义制度体系中具有重要地位，是中国特色社会制度的重要组成部分。行政复议作为行政系统内设立的专门解决行政争议、保障行政相对人合法权益、监督行政机关的制度，其在化解行政争议方面的优势天然存在，这亦是行政复议在化解行政争议法治体系中具有主渠道地位的根本原因。

行政复议作为行政法领域的重要法律制度，推进法治政府建设，或者督促行政主体履行行政职能，以解决纠纷、维护行政管理相对人的合法权益。行政复议源于宪法，是公民的重要民主权利。早在《中华人民共和国宪法》（1954

年）（以下简称“五四宪法”）中就规定，公民有向各级国家机关提出书面控告任何违法失职的国家机关工作人员的权利。1982 年制定的《中华人民共和国宪法》（以下简称“八二宪法”）沿袭了这一规定，有关国家机关必须查清事实，对公民的申诉、控告或者检举负责处理。宪法作为国家的根本法，用如此多的文字来表述公民的申诉权利，可见公民的申诉权利不是一般问题，体现了人民至上的性质。近年来，国家强调通过法治来解决和化解矛盾，突出完善行政救济法律制度，完善矛盾纠纷处理机制，① 明确将行政复议作为化解行政争议的主渠道。2023 年 9 月 1 日《行政复议法》修订通过，更加强化了行政复议制度主渠道功能，新修订法自 2024 年 1 月 1 日起施行。

（二）研究意义

1. 理论价值。

行政复议作为一种内部监督机制，能够有效制约行政机关的权力行使，防止行政机关滥用职权，保障行政行为的合法性和合理性。行政复议制度发展史，同中国特色社会主义制度发展完善的历史紧密相连。中华人民共和国成立之初，为了体现人民政权性质，加强对行政执法行为的监督等，1950 年 1 月，新生的人民政权建立了最早的行政复议制度。随着中国特色社会主义制度发展完善，行政复议制度适应社会主义市场经济发展、与时俱进，在总结历史经验与不足的基础上，借鉴欧洲和日本等国外相关制度的成功典范，结合中国的国情，不断改革完善。特别是依法治国方略的提出，法治国家、法治政府的推进，不断给行政复议制度提供新的发展契机。我国行政复议制度的发展完善离不开中国特色社会主义制度发展的历史背景和经济社会环境，同时其发展也促进了中国特色社会制度的完善。

近年来，党和政府更加强调通过法治方式来化解行政管理矛盾、保障公民合法权益，中央以及理论界将行政复议制度视为化解行政争议的主渠道。在本书所选取的 1949—2019 年时间段内，我国行政复议制度经历了从初步建立、逐步完善到全面发展的重要历程。在各个历史阶段，行政复议制度都与国家的发展战略、法治建设以及社会需求紧密相联。其间，国家经济、政治、环境、社

① 参见张越《行政复议法实施条例适用指南》，群众出版社，2007，第 27 页。

会、传统、文化对行政复议制度初建到完善的历史变迁产生了各种影响。本书从历史演变的角度，对行政复议制度的发展作了全方位、综合性的历史考察，并力图反映行政复议历史演变的逻辑和规律，有助于深化对行政复议制度发展史的理解与认识。

1990 年 12 月《行政复议条例》颁布，1999 年 4 月《行政复议法》颁布，此后《行政复议法》于 2009 年 8 月、2017 年 9 月经过了两次局部修改。2007 年 5 月出台《行政复议法实施条例》，又使行政复议制度和程序得到较大程度的细化和完善。行政复议作为行政系统内部的监督程序，相对于行政诉讼来说更加简便、高效，能够减轻当事人的诉累，降低维权成本。《行政复议法》及其相关条例的公布施行，对依法及时有效化解行政争议，巩固党的执政地位，促进行政机关严格依法行政，维护社会稳定，实现社会和谐发挥了重要作用。① 2013 年中央在十八届三中全会公报中明确，提出要“改革行政复议制度”，强调要“健全行政复议案件审理机制”，体现了党中央对行政复议工作的高度重视和一系列重大决策部署的方向。“完善行政复议制度，改革行政复议体制”，以优化行政复议资源配置，“积极探索整合地方行政复议职责”，以提高行政复议工作的质量和效率，这是 2015 年《法治政府建设实施纲要（2015—2020 年》（中共中央、国务院印发）中对行政复议制度提出的明确要求。

2018 年，国家实施具有深远意义的党和政府机构改革，司法部和国务院法制办重组为司法部。2020 年 4 月《行政复议体制改革方案》（中法委发〔2020〕5 号）要求努力构建统一、科学的行政复议体制，提出了“怎么改革行政复议体制”的时代课题，为行政复议体制改革的深入开展提供了一个前所未有的历史发展机遇，掀开了行政复议的新篇章。如何贯彻落实好《行政复议体制改革方案》要求，扎实推进行政复议体制改革，成为重大而急迫的工作任务。② 目前，修改后的《行政复议法》正式出台。为了更好地贯彻落实《行政复议体制改革方案》，同时做好修订后《行政复议法》落实工作，需要从历史角度出发研究行政复议体制机制的变迁。行政复议作为行政法律制度的重要组成部分，其

---

① 参见郜风涛主编《行政复议法教程》，中国法制出版社，2011，第 341 页。

② 参见王林《推进行政复议体制改革工作的思考——以青海省为例》，《山西警官职业学院教育论坛》2021 年第 3 期。

适用范围涵盖了行政管理的各个领域，为行政法律制度的完善提供了有力支持。随着社会的不断发展，行政复议制度也在不断完善和创新，以适应新的社会需求和挑战。在此背景下，研究行政复议制度历史变迁特点和规律，将为推进行政复议体制改革和落实新修订后《行政复议法》提供理论支撑。

2. 学术意义。

中国学术界对行政复议制度的研究主要集中在行政法学、社会学、政治学、行政管理学领域。鉴于很少有学者从历史学角度对行政复议制度的诞生、发展过程和历史贡献进行全面系统的研究，本书研究了我国行政复议制度在历史演变过程中的规律、特点、实施效果等，对该制度形成发展进行全面深入的分析，对于弥补之前研究的不足和缺陷，具有重要的意义。

3. 现实意义。

行政复议制度实施特别是《行政复议法》实施以来，在化解行政争议、维护行政相对人合法权益方面，成绩斐然。同时，有关行政复议体制的改革探索也在不断加快推进，例如“实现行政复议化解行政争议主渠道作用”等，这些改革的初衷一直是各级行政复议机关在实践中积极探索、创新、完善行政复议体制的基本出发点，也是国家机构改革背景下本书研究的初衷。

行政复议制度的完善和发展，是推进法治政府建设的重要一环。在现代法治社会中，公正和合法是法律的基本价值。行政复议制度作为法律制度的重要组成部分，其公正性和合法性直接影响到社会的公正和稳定。通过对行政复议制度史的研究，可以挖掘其背后的法律精神和价值追求，这有助于行政机关依法行政，提高行政效率，增强政府的公信力和执行力。

二、何为行政复议——本书的研究范围

（一）行政复议的概念和特征

行政复议是一种特定的法律制度，旨在解决公民、法人或其他组织对于行政主体作出的具体行政行为存在的异议。[①] 行政复议制度的存在，为公民、法人和其他组织提供了一个有效的法律途径，来维护他们的合法权益，并对行政

① 参见应松年《行政法与行政诉讼法》，中国法制出版社，2009，第640页。

主体的行为进行监督。同时，它也促进了政府行为的透明化和法治化，有助于构建一个公正、公平的法治社会。①

行政复议的特征主要体现在以下几个方面：一是处理对象特定。行政复议主要处理的是行政争议，主要审查对象是政府的行政行为的合法性和适当性。二是有明确具体的审查标准。行政复议相比行政诉讼，不仅审查行政行为是否违法，还从专业角度审查该行为的合适性和合理性，这是行政复议与行政诉讼在裁决行政纠纷上的一个主要区别。三是审理方式特定。行政复议主要以书面审理为主，对一些疑难复杂案件，采取听证等方式来解决行政纠纷。四是申请人和被申请人特定。在行政复议中，申请人通常是认为自身合法权益受到侵害的行政相对人，而被申请人则是做出具体行政行为的行政主体。五是处理机关特定。行政复议的申请需要提交给有相应权限的行政机关进行处理，通常是作出行政行为的上一级行政单位。

（二）行政复议的性质

对于行政复议行为的性质，一直众说纷纭，可以从多个维度进行理解：首先，行政复议是一种具体行政行为，具有行政性，是行政机关的职权活动，针对特定的对象和事项。但行政复议又不同于一般的具体行政行为，它并不单纯体现行政管理法律关系，也体现监督行政管理法律关系。其次，行政复议根据政府组织法上下级领导关系，是特殊的上级对下级的行政监督、内部监督、层级监督、行政纠错法律制度。行政复议是上级行政机关被动依据申请作出裁决的一种活动。作为一种行政救济的法律途径，行政复议是国家行政救济机制的重要环节。行政复议通过解决行政争议，实现对行政相对人权益的保障。最后，行政复议还具有一定的司法或者准司法性因素。

综上所述，行政复议具有多重性质，它既是行政机关的一种职权活动，又是行政监督和纠错机制的重要组成部分，同时也是行政救济的一种重要途径，并具有一定的司法性因素。折中说由于考虑到复议行为的行政性与司法性，或许更能全面概括其特点和性质。行政复议制度的性质和特色，使其成为保障公

---

① 参见杨建顺《行政规制与权利保障》，中国人民大学出版社，2007，第556页。

民、法人和其他组织合法权益，维护行政法治的重要手段。①

（三）行政复议制度的理论基础

行政复议制度的理论依据为行政复议的存在价值等根本问题提供了抗辩的依据。有学者提出，行政复议理论依据应当包括 3 个方面的内容：存在价值的行政复议，其为公民提供了有效的法律救济途径，有助于实现社会公正和法治建设。存在可能的行政复议，需要具备明确的法律依据、规范的程序以及有效的监督机制和专业的复议人员。成功的行政复议尺度，需要综合考虑复议决定的合法性、合理性以及复议过程的公正性。②

首先，行政复议制度是对行政权力实施有效制约和监督的重要机制。行政权作为国家核心强制性、管理性权力，具有管理领域广、自由裁量度大等特点。这些特点使得行政权与公民、法人和其他组织切身利益密切相关，某种程度上行政权也有违法或滥用风险。因此，对行政权实施有效的制约和监督显得尤为重要。行政复议制度正是实现这一制约和监督的重要手段。

其次，行政复议制度体现了法治政府建设的理念。法治政府要求行政机关在行使权力的过程中，必须依法依规。行政复议制度通过为公民等主体提供一个法律途径，使其可以对行政机关的具体行政行为提出异议并要求重新审查，从而保障了他们的合法权益。同时，行政复议制度也促进了行政机关依法行政，提高了行政效率，增强了政府的公信力和执行力。

再次，行政复议制度还体现了公正和合法的法律价值。在现代法治社会中，公正和合法是法律的基本价值追求。行政复议制度通过为行政相对人提供一个公正、公开的复议平台，确保了他们在受到行政行为侵害时能够得到及时、有效的救济。同时，行政复议制度也要求复议机关在审查行政行为时，必须遵循法律规定，确保行政行为的合法性和合理性。

最后，行政复议制度还体现了权力制衡的原则。在行政机关内部，通过行政复议制度可以对下级行政机关或者其他行政主体的行政行为进行审查和监督，从而确保行政权力的正确行使。这种内部监督机制有助于防止行政权力的滥用

① 参见朱维究、王成栋《一般行政法原理》，高等教育出版社，2005，第 482 页。

② 参见应松年《行政法与行政诉讼法》，中国法制出版社，2009，第 639 页。

和腐败现象的发生，维护了行政机关的廉洁性和公正性。

综上所述，行政复议制度的理论基础涵盖了行政权力的制约和监督、法治政府建设、公正和合法的法律价值以及权力制衡等多个方面。这些理论基础共同构成了行政复议制度的基石，为其实践运行提供了坚实的理论支撑。

（四）行政复议的法律渊源

一是宪法。宪法是行政复议制度中具有原则性和指导性的组成部分。作为国家的根本法，宪法为行政复议制度提供了最高法律依据。宪法规定了公民的基本权利和对国家工作人员的申诉权利，这是行政复议制度得以建立的基础。[①]但一般不能直接引用宪法作为依据。二是法律。各类法律和法律类解释由全国人民代表大会及其常委会负责制定颁布，如《行政复议法》等是行政复议制度运行的重要依据。三是行政法规。由国务院制定的行政法规，如《行政复议条例》等对行政复议的具体操作和实施进行了进一步细化和规定。四是地方性法规和自治条例、单行条例。这些地方性法规和规范性文件根据当地的实际情况和需要对行政复议制度进行了补充和完善。五是部门规章和地方政府规章。各部门和地方政府根据法律、行政法规等制定的规章对行政复议的具体操作和实施进行了进一步细化和规定。六是法律法规解释。包括全国人民代表大会常务委员会对宪法和法律的解释，以及国务院对行政法规的解释等。这些法律法规解释对行政复议制度的理解和适用具有重要指导作用。七是国际条约与协定。我国缔结或参加的国际条约和协定中有关行政复议的规定，也是行政复议制度的法律渊源之一。综上所述，行政复议的法律渊源涵盖了宪法等多个方面。这些法律渊源共同构成了行政复议制度的法律体系，为行政复议的实践提供了法律保障和指导。

（五）行政复议机关和行政复议机构

行政复议机关和行政复议机构在行政复议制度中各自扮演着重要的角色。行政复议机关是指依照行政复议法承担并履行行政复议职责的行政机关。它是一个独立的行政机关，享有对外实施行政管理、作出具体行政行为的权力。当公民等行政相对人提出行政复议时，行政复议机关会依法审查和复议决定。如

---

① 参见张越《行政复议法学》，中国法制出版社，2007，第17页。

各级人民政府、各级政府的组成部门包括公安、司法、海关、教育、卫生等部门，都可以作为行政复议机关。

行政复议机构具体代表行政复议机关办理复议事项，遵循法律制度，行政复议机构是复议机关在其内部设立的负责法制工作的机构，它主要负责行政复议案件的具体办理工作，如受理申请、调查取证、审查行政行为等。在复议过程中，行政复议机构会根据事实和法律，提出初步意见，提供给行政复议机关的行政首长审查决定。

虽然行政复议机构和行政复议机关在行政复议制度中有着不同的职责和角色，但它们共同构成了行政复议制度的核心，为公民、法人和其他组织提供了一个有效的法律途径来维护他们的合法权益，并对行政主体的行为进行监督。① 总的来说，行政复议机关和行政复议机构是行政复议制度中不可或缺的两个组成部分，它们共同协作，确保行政复议工作的顺利进行，维护了社会的公正和合法性。

（六）行政复议的参加人

行政复议的参加人主要有申请人、委托代理人、被申请人、第三人等。关于复议被申请人，因行政活动相比其他更为复杂，在复议实践中存在一些争议和疑惑。② 第三人虽然不是直接针对的行政行为的对象，但其合法权益可能受到该行政行为的影响。行政复议代理人可以是律师、法律专家或其他具有法律知识的人，他们代表申请人或第三人进行行政复议活动。在行政复议过程中，这些参加人各自扮演着重要的角色，确保行政复议的公正、公开和合法进行，从而维护当事人的合法权益。

（七）行政复议的范围

行政复议的范围主要由《行政复议法》和《行政复议法实施条例》规定，范围方面比较广泛，如对行政机关作出的各种行政处罚决定不服，或者觉得经营自主权遭到侵害等，可以申请行政复议。此外，行政复议的范围还包括可附带审查的抽象行政行为，具体行政行为依据的部分规范性文件（法律、法规和

① 参见刘莘《行政复议改革之重——关于复议机构的重构》，《行政法学研究》2012年第2期。

② 参见曹康泰主编《中华人民共和国行政复议法实施条例释义》，中国法制出版社，2007，第57页。

规章除外)，可一并提出行政复议申请。然而，需要注意的是，对于行政机关作出的内部行政处分，或者军事国防、外交等行为，不服的话应当依法申诉，而不适用行政复议。综上所述，行政复议的范围广泛并且全面具体，公民等主体可以根据实际情况提出相应的行政复议申请，以维护自身的合法权益。

（八）行政复议的程序

行政复议的程序即行政复议的申请、受理、审理、复议决定、执行等步骤。

首先，提出行政复议申请。当事人或其法定代表人应在知道或应当知道发生具体行政行为之日起 60 日内，向行政复议机关提出行政复议申请。申请需明确列明复议请求、事实理由及相关证据材料。

其次，行政复议受理。收到申请后，行政复议机关将在 5 日内进行形式审查并作出是否受理的决定。对不符合《行政复议法》规定的申请，及时以书面形式通知申请人不予受理；对符合规定但不属于本机关受理的申请，向有权负责的复议机关如实告知申请人；对符合规定的申请，属于本机关受理范围的，从接到申请之日起，一律予以受理。

再次，行政复议审理。复议机关在受理申请后，开始审理。审理期间，复议机关会审查行政行为的合法性和合理性，并可能要求申请人、被申请人或相关证人提供证据或进行口头询问。审理结束后，复议机关会作出复议决定。

从次，复议决定及通知。行政复议机关将复议结果以书面形式通知申请人，从通知之日起复议决定开始生效。复议决定可以是维持原行政行为、撤销原行政行为、变更原行政行为或确认原行政行为违法等。

最后，执行。复议结论一经签字生效，行政复议机关要及时有效地执行复议决定，并将执行结果以书面形式通知当事人。

需要注意的是，行政复议期间，除非法律另有规定外，原行政行为一般不停止执行。这些步骤构成了行政复议的基本程序，旨在确保复议过程的公正、公开和透明，维护当事人的合法权益。

（九）行政复议与行政诉讼的关系

行政复议与行政诉讼在行政法领域中各自扮演着重要的角色，它们之间的关系既相互独立又存在联系。①

首先，行政复议和行政诉讼皆为公民等行政相对人，认为其合法权益被行政机关的行政行为损害或者侵犯时，可以采取的救济手段。它们都旨在解决行政争议，保护当事人的合法权益，并监督和纠正违法或不当的行政行为。

其次，行政复议与行政诉讼在程序上有所不同。行政复议是行政机关内部的层级监督和自我纠错机制，由其上级机关或者省部本级行政机关进行审查。行政诉讼则是由人民法院对行政行为进行司法审查，是一种外部监督机制。

在二者的关系上，一般原则允许公民等行政相对人自由选择行政复议或行政诉讼作为权利受到侵害时的救济途径。为了穷尽救济原则，可先行申请行政复议，寻求行政机关内部救济，对复议结果不满可走向行政机关外部、向人民法院即司法体系提起行政诉讼。此外，在某些特定情况下，行政复议是行政诉讼的前置程序，即必须先经过行政复议，才能提起行政诉讼。这种设置通常是基于行政复议的专业性和便捷性考虑。

然而，尽管行政复议和行政诉讼在解决行政争议方面有所交叉，但它们之间也存在明显的区别。行政复议更注重行政效率和专业性，而行政诉讼则强调司法独立和公正。同时，它们的审查范围、审查标准、审查力度等方面也存在差异。②

综上所述，行政复议与行政诉讼在行政争议解决中各有其特点和优势，二者相互补充，共同构成了我国行政法律救济体系的重要组成部分。在实际应用中，当事人应根据具体情况选择合适的救济途径，以维护自身合法权益。

三、国内外研究现状

以“行政复议”为关键词在中国知网上开展论文文献检索，截至2024年3月14日，共有14 829篇相关搜索结果，而以“行政复议史”为篇名进行文献检索，仅有1篇搜索结果。总的来说，目前国内主要从法学角度、社会学角度和行政管理角度对行政复议制度进行研究，对于中国行政复议制度史的研究即

① 参见全国人大常委会法制工作委员会研究室《中华人民共和国行政复议法条文释义及实用指南》，中国民主法制出版社，1999，第198页。

② 参见李素平《行政复议与行政诉讼程序衔接探析》，《苏州大学学报》2008年第1期。

从史学角度，在理论界处于被忽视的地位。在国内外历史学界和法学界，很长一段时间以来，国内关于行政复议制度史的研究不仅很少，而且内容单薄，深度不够，且没有形成体系。本书针对国内外历史学界对中国行政复议制度史的研究现状，广泛涉猎国内外关于行政复议制度研究的文献，着重从行政复议制度历史沿革、历史背景、制度重要规定、存在问题及制度演变规律等方面对相关的著述作了总结和分析，对研究成果进行了梳理，以期能够有一定的借鉴价值。

1. 关于行政复议性质之学说及述评。

对于行政复议的性质如何准确理解，学者们的观点并不统一。有的行政机关工作人员认为行政复议活动是完全的行政行为，可以根据要求对一般的具体行政行为作出处理，曹康泰认为，行政复议制度是行政机关内部自我纠正错误的监督制度，具有层级监督和事后救济措施两大特点，具有行政性、监督性和补救性。① 李江等人提出行政复议是行政行为，因其全过程都在行政系统内部进行。② 另一部分学者则持相反的观点，主张司法说，如刘恒指出，具有司法程序的性质和特征的行政复议程序，属于“准司法”程序③，江必新等人提出，行政复议是解决行政纠纷，是司法活动。④ 应松年同样判断准司法活动为行政复议重要特质，行政性与司法性的双重属性兼具。⑤ 此外，也有一些学者，如叶必丰断言，行政复议是具有司法效力的行政监督行为。⑥ 熊文钊在《现代行政法原理》中认为，行政复议具备行政裁判行为的特殊性质，是行政裁判权的行为。⑦ 目前，多数学者认同折中说，认为行政复议具有行政与司法两部分的特征，石佑启、杨勇萍认为，行政复议是行政机关行使行政职权，是行政行为，有行政性质；同时也是以第三方公断人身份解决行政争议，是裁判行为，具有

---

① 参见曹康泰《中华人民共和国行政复议法释义》，中国法制出版社，1999，第1—2页。

② 参见李江、贾苑生、董皞、张景林《行政复议概论》，人民出版社，1990，第11页。

③ 参见刘恒《行政救济制度研究》，法律出版社，1998，第17页。

④ 参见江必新、李江《行政复议法释评——兼与行政复议条例之比较》，中国人民公安大学出版社，1999，第29页。

⑤ 参见应松年《行政行为法》，人民出版社，1993，第692页。

⑥ 参见叶必丰《行政法与行政诉讼法》，中国人民大学出版社，2003，第276页。

⑦ 参见熊文钊《现代行政法原理》，法律出版社，2000，第347页。

司法性质。①

2. 对行政复议制度的历史研究。

目前，关于我国行政复议法制史方面的专著还没有出现，而在行政复议法学，如行政复议法释义、行政复议法和实施条例新旧规定比较的专著、教材和论文中，对行政复议的历史沿革和对行政复议制度的发展阶段作了简明扼要的总结研究，但比较简单，具体细节少、资料少、提炼少，没有深入分析行政复议制度发展的自身动因和规律。按时间顺序进行梳理，但很多没有明确划分出发展阶段，方军对我国行政复议制度发展史上的标志性事件，如1989年行政诉讼法出台等进行了梳理。② 部风涛等人将中华人民共和国行政复议制度分为4个时期，分别由单行法规定行政、行政复议制度的基本确立、统一发展和完善阶段。③ 汪一鸣、张建华认为我国建立行政诉愿制度，是辛亥革命后的事，1912年《中华民国临时约法》规定了中华民国人民有陈述于行政官署之权。④ 通过列举的方式，皮纯协将行政复议制度按照《行政复议条例》的颁布分为两个阶段：《行政复议条例》颁布前的初步发展和颁布后的全面发展阶段，基于《行政复议条例》等法律法规出台，回顾叙述了行政复议制度的发展史。⑤

专门从法制史角度进行行政复议研究的论文数量并不多，特别是对行政复议制度的源头和历史发展考察不够深入细致，还需要进一步深入研究。徐红军博士选取1978—2018年间的行政复议制度变迁过程为考察对象，通过对制度背景、变迁分析，总结行政复议制度变迁规律，并提出改进意见。⑥ 许安标简要总结了行政复议法实施20周年的历史做法和经验，并就行政复议法的修改完善进行了讨论。⑦ 刘莘将行政复议制度的发展历程分为初步建立的行政复议制度（1978—1990年）、体系化的复议制度（1990年12月—1999年4月）、大一统

① 参见石佑启、杨勇萍《行政复议法新论》，北京大学出版社，2007，第3页。
② 参见方军《行政复议法律制度实施问题解答》，中国物价出版社，2001，第193页。
③ 参见部风涛主编《中华人民共和国行政复议法实施条例释解与应用》，人民出版社，2007，第13—15页。
④ 参见汪一鸣、张建华主编《行政复议概要》，湖南出版社，1990，第29页。
⑤ 参见皮纯协主编《行政复议法论》，中国法制出版社，1999，第69—72页。
⑥ 参见徐红军《改革开放以来中国行政复议制度变迁研究（1978—2018）》，博士学位论文，华东政法大学法制史，2020。
⑦ 参见许安标《行政复议法实施二十周年回顾与展望》，《中国法律评论》2019年第5期。

行政复议制度成型（1999 年 4 月—2007 年 5 月）3 个阶段，并在此基础上提出了展望。① 刘莘、应松年对行政复议制度史发展作了简要的概述，介绍了英美法日等国和我国的行政复议制度历史发展。② 李培传等人将《行政复议条例》实施两年多来行政复议工作概况、理论研究、调查报告、经验交流和配套制度建设等如实记录下来，为行政复议工作提供参考。③

3. 关于行政复议法立法及释义研究。

针对行政复议制度开展的释义性研究、立法研究是个重点。

第一类是立法内容研究。胡建森、吴欢在《中国行政诉讼法制百年变迁》一文中介绍改革开放以来，我国行政诉讼法获得的重建与新生，描述了 1978 年改革开放后至 1989 年行政诉讼法颁行前后行政立法情况。④ 王万华在《新中国行政诉讼早期立法与制度——对 104 部法律、行政法规的分析》一文中对 1979—1989 年 10 年间的行政法律法规立法情况作了分析和梳理，概括了早期行政立法的内容体系，并客观地指出这 10 年间行政单行法的历史地位。⑤ 应松年等撰写著作说明《行政复议法》立法原意，围绕《行政复议法》草案，对比《行政复议条例》实施中的问题和特质，以复议典型案例为根据，对法条逐项深入阐述。⑥

第二类是由立法工作者编著的释义性著作。乔晓阳主编的《中华人民共和国行政复议法条文释义及实用指南》不仅对《行政复议法》每条规定的立法考虑等进行详细阐释和解读，收录了立法材料等第一手史料以及典型案例评析。⑦《行政复议条例释义》（国务院法制局编）根据立法调研资料和立法起草说明等，对条例条文逐条进行说明和解释，该释义附录了国外行政复议法律制度。⑧

---

① 参见刘莘《行政复议的发展历程与未来展望》，《江苏社会科学》2008 年第 5 期。

② 参见刘莘、应松年主编《中华人民共和国行政复议法讲话》，中国方正出版社，1999，第 16—31 页。

③ 参见李培传《行政复议概览》，中国法制出版社，1993。

④ 参见胡建森、吴欢《中国行政诉讼法制百年变迁》，《法制与社会发展》2014 年第 1 期。

⑤ 参见王万华《新中国行政诉讼早期立法与制度——对 104 部法律、行政法规的分析》，《行政法学研究》2017 年第 4 期。

⑥ 参见应松年、王成栋、张兴祥《行政复议法例解与适用》，中国民主法制出版社，1999。

⑦ 参见乔晓阳主编《中华人民共和国行政复议法条文释义及实用指南》，中国民主法制出版社，1999 年。

⑧ 参见国务院法制局《行政复议条例释义》，中国法制出版社，1991。

第三类是实务工作者编著的行政复议释义性著作。张桂龙主编等以行政复议法为线索，将全国有关行政复议的法律、法规、规章和司法解释进行整理，力争反映中国行政复议法治建设的来龙去脉、制度适用及制度全貌。① 张越从办案实际出发，以复议办案流程为纲，从行政复议审理程序到复议决定作出，从复议申请、范围到主体，再到指导监督等，解读《行政复议法实施条例》具体内容。② 方军对行政复议法实施以来地方和部门书面请示和电话询问的问题加以整理，按照行政复议法有关条文的顺序，根据作者在行政复议立法过程中对行政复议法本意的理解和长期从事行政复议工作的体会，分别归类进行解答。赵威、方军、吉雅杰撰写的《行政复议法起草问题及条文解释》一书，不仅对《行政复议法》进行逐条解释，结合工作实践的思考并运用案例进行解释，还融入了立法过程中各界的意见。③ 中国法制出版社组织编写了《中华人民共和国行政复议法》（实用版），对行政复议法条文作了详细解释，增写了法律理解与适用、典型案例指引部分，其中法律理解与适用由法律条文和人大法工委从条文权威解读中产生，典型案例主要选用最高法院公报和法院判决书，收录了法律流程图、办案常用数据等。

4. 关于实现行政复议与行政诉讼关系研究。

对行政复议和行政诉讼两者的关系，相关学者曾经做了研究。有的认为案件根据行政相对人意愿，坚持“复议选择”；还有的主张以“复议前置”为例外，以“复议选择”为原则。④ 有学者认为在现行制度设计下，以结构主义为维度厘定两者的逻辑关系，构建复议二审终审制度和行政抵抗权制度等。⑤ 但是这些研究多是基于行政诉讼和行政复议二者关系的实然角度进行思考，缺乏行政复议主渠道政治背景下的深入探索。1979 年《中华人民共和国选举法》（以下简称《选举法》）第 25 条规定了申诉和行政诉讼制度，这是中国首次真

---

① 参见张桂龙、刘淑强、徐景和《行政复议法新旧规定对照分解手册》，法律出版社，1999。

② 参见张越《行政复议法实施条例适用指南》，群众出版社，2007。

③ 参见赵威、方军、吉雅杰《行政复议法起草问题及条文解释》，中国人民公安大学出版社，1999。

④ 参见范宝成《论行政复议与行政诉讼的衔接关系》，《法学》1991 年第 2 期。

⑤ 参见林泰《结构主义视域下行政复议与行政诉讼关系新论——兼论二元发展关系下行政复议制度的重构》，《法学评论》2016 年第 2 期。

正意义上在法律上明确规定行政诉讼制度，同时也是在单行法中首次共同规定了行政复议和行政诉讼制度。八二宪法重申了五四宪法的申诉制度，实际上是行政法的复议制度。“近十年来（1979—1989 年），中国已有 100 多个法规和法律规定了行政复议”。①

1989 年后行政复议与行政诉讼之间关系的制度安排主要由《行政诉讼法》确定，当初立法时，各方对如何安排行政复议与行政诉讼二者关系有不同意见。② 1989 年《行政诉讼法》第 37 条规定“当事人自由选择为原则，法定复议前置为例外”模式。2019 年修改的《行政诉讼法》第 44 条没有实质性改变。有学者认为，行政复议与行政诉讼两种制度设计具有各自的优势，都很重要。组建职能独立的行政复议局，集中行使行政复议权，扩展行政复议受案范围，优化行政复议的程序设计，确保行政复议担负起解决行政争议主渠道使命。③杨红将行政复议与行政诉讼的衔接进行了划分和分类，一是衔接功能，二是衔接程序，最后还需要进行衔接实体，从概念和性质上明晰行政执法与行政救济法律适用差异、赋予法院抽象行政行为审查权等。④ 朱加宁对行政复议典型案例进行了研究，涵盖行政强制、信息公开等行政行为，分析了行政复议和行政诉讼的主体资格和裁判规则等常见的行政程序。⑤

5. 关于行政复议制度发展趋势的研究。

随着我国全面依法治国的推进，行政复议体制改革的全面施行，行政复议法修改中各种观点和看法，学术界和实务界对行政复议制度在实际实践中存在的困难、疑惑、理论误区以及行政复议对策的研究，相关研讨、专著、文集、论文因时而生，呈现出较快增长勃勃态势。行政复议实务部门和相关研究机构组织出版了论文汇编类作品、专著、著作或者编著等图书，经用超星等检索有数十种之多。杨小君围绕我国行政复议制度与实践，对行政复议的性质、管辖等 9 个问题进行深入研究，认为行政复议不应拒绝程序司法化。其是具有双重

---

① 国务院法制局：《行政复议条例释义》，中国法制出版社，1991，第 159 页。

② 参见范宝成《论行政复议与行政诉讼的衔接关系》，《法学》1991 年第 2 期。

③ 参见章志远《行政复议与行政诉讼衔接关系新论——基于解决行政争议视角的观察》，《法律适用》2017 年第 23 期。

④ 参见杨红《行政复议与行政诉讼衔接研究》，中国政法大学出版社，2016。

⑤ 参见朱加宁《行政复议和行政诉讼实务与案例指引》，中国法制出版社，2020。

色彩的行为与程序。① 耿宝建以依法有效化解社会矛盾纠纷为目标，提出了修改《行政复议法》的具体构想，赋予复议机关更大的监督纠错职权，重塑行政复议与行政诉讼的关系，解决复议机关和司法机关重复审查问题。② 马宝明对甘肃省行政复议体制改革的实践作了总结和研究，认真总结和归纳甘肃全省行政复议体制改革措施，高效化解了行政纠纷。③ 王莉以结构功能主义作为对行政复议研究的基本框架，解析行政复议系统的层级结构，分层设计复合式的行政复议主体。④ 贺奇兵主张将行政复议主体设置相对集中，设置行政复议委员会，该委员会可以独立为机关法人。⑤ 应松年提出了修改行政复议法（草案）的建议。⑥ 马怀德、李策提出行政复议委员会促进了复议公正，但存在吸纳和化解争议能力有限等问题。目前需要从保证复议委员会的中立性和增强运行程序的正当性等构建行政复议委员会制度。⑦

6. 国外行政复议制度研究。

国外极少有关于中华人民共和国成立以来行政复议制度变迁的研究，国内有些学者对美国、英国、日本、韩国等行政复议制度进行了研究，对我国的借鉴等也作了探讨。国外高度重视行政复议制度设计，注重行政裁判制度的专业性和独立性。行政复议机构必须固定、健全和完善，机构成员专职化、专一化，保持稳定性。⑧ 注重人员专业性，引进行政机关外部大量法学专家和专业人士进行办案。⑨ 国外主要国家，如美国、德国、法国、英国高度重视行政复议或者类似申诉、救济、复核等制度。在保留司法审查行政裁决的同时，也注重行政机关内部纠错机制建设，尽量把大多数的行政争议留在了行政机关内部。日本行政复议制度，主要在盐野宏的《行政法》一书中，作了简明扼要的内容阐

---

① 参见杨小君《我国行政复议制度研究》，法律出版社，2002，第3页。
② 参见耿宝建《行政复议法修法展望》，法律出版社，2016。
③ 参见马宝明《行政复议体制改革的甘肃实践》，《中国司法》2022年第10期。
④ 参见王莉《行政复议功能研究——以走出实效性困局为目标》，社会科学文献出版社，2013。
⑤ 参见贺奇兵《行政复议公信力塑造研究：以复议主体制度改革为重心》，人民出版社，2015。
⑥ 参见应松年主编《行政诉讼法与行政复议法的修改和完善》，中国政法大学出版社，2013。
⑦ 参见怀德、李策《行政复议委员会的检讨与改革》，《法学评论》2021年第7期。
⑧ 参见王名扬《法国行政法》，北京大学出版社，2007，第425—426页。
⑨ 参见曹鎏《五国行政复议制度的启示与借鉴》，《行政法学研究》2019年第5期。

述。[①] 李钟晚介绍了韩国行政复议特征和与相关制度的差异，探讨了诸如申请、参加人、裁决等韩国行政复议具体制度，提出了相关改进的思路和建议。[②] 法国行政诉讼案件交由行政官员主持的归属于行政系统的行政法院审理，这是法国大革命时代对分权学说的独特理解。[③]

在英国，公民或者企业权益受损时，救济手段较多，[④] 主要包括对部长申诉、申诉到法院、向议员反映、通过行政裁判所解决、向议会行政监察专员申诉等，其中较接近于我国行政复议的当属行政裁判所制度。[⑤] 在英国，行政裁判所建立的目的在于弥补普通法院在解决行政争议时不足，虽然裁判所司法属性的确立，经历了百年的发展历史，但是，保持中立地位是行政裁判的灵魂。因此，行政裁判所不因裁决争议而卷入后续的救济程序中，也就是说行政裁判所不会作为司法审查的被告，上级裁判所和普通法院审查的标的依然是原争议，当事人为原争议的双方。2007 年改革后的英国行政裁判所与法院的特征逐渐相似。行政裁判所能够提供快速、低廉、便捷的司法，证据认证的基本原则要将证据公示并要求，不得违反自然公正的原则。[⑥] 在英国，对行政裁判所决定不服，可向法院上诉，但是应当就裁判所裁决中的法律问题上诉。与我国不同的是，国外如英国行政复议机构不会作为被告存在。[⑦]

上述表明，学界对行政复议制度研究热点集中于历史分期、行政复议主体、法规诠释、办案实务、制度本体不足与发展、相对集中行政复议权等方面。20 世纪 80 年代，一批与中国行政复议制度历史有关的书籍问世，才慢慢打破了国内关于行政复议制度历史研究平静的状态。但这些研究也多是停留在对于行政复议制度阐述、介绍等方面，从法史学角度，通过史料和文本以及文本背后的故事，研究行政复议制度在中国的来龙去脉、历史变迁著作极少。对于整个行

---

① 参见盐野宏《行政法》，杨建顺译，法律出版社，1999，第 476 页。

② 参见李钟晚《韩国行政复议制度研究》，博士学位论文，山东大学威海分校法学院，2012。

③ 参见王名扬《法国行政法》，北京大学出版社，2016，第 302 页。

④ 参见徐大同主编《西方政治思想史》，天津教育出版社，2005，第 193 页。

⑤ 参见王名扬《英国行政法》，北京大学出版社，2007，第 43 页。

⑥ Timothy Endicott. *Administrative Law.* (Oxford University Press, 2009), p. 444。

⑦ 参见蔡立辉《政府法制论：转轨时期中国政府法制建设研究》，中国社会科学出版社，2002，第 303 页。

政复议制度史的研究、具体的行政复议制度的演变和性质等都没有作出相应完善、系统的研究，对于行政复议制度有关的规制以及行政复议制度实际规范运作史，国内历史界的研究也很有限。研究方法和手段还比较单一，涉及行政复议制度历史研究还处于初始阶段，有待进一步深入。

四、研究思路和方法

历史研究法。本书扎实梳理不同历史时期行政复议制度的法律文本和史实，注重历史沿革、制度的来龙去脉以及阶段性发展特点，从表及里洞察制度变迁之原因。其法律概念具有现在形式，归功于历史。① 用历史学角度探讨行政复议制度在不同历史发展时期的功能与作用。这是本书的基本研究思路和方法，广泛收集行政复议制度的立法资料，找到关键历史节点，分阶段论述该制度的运行情况和演进趋势。

比较研究法。对不同历史时期的行政复议制度立法具体内容进行比较。同时，基于实践的调研，本书比较行政复议各个历史发展阶段和历史背景下制度变迁与制度运行的关系，同时利用笔者在青海省法学会的结项课题，选取了青海省等具有代表性的省市地区行政复议制度进行比较分析。要真正理解一个制度，需要比较各个学说异同，本书对行政复议制度不同学说进行了比较。

文献研究法。根据研究需要广选行政复议制度有关的史料、专门档案、未刊文献、论文、法律规定、立法草案、著作等文献进行系统梳理，总结中国行政复议制度发展演变的特有规律。同时用法律精神和技术填充成文法规则的不足。② 本书也在写作过程中认真分析学者观点的合理性。

实证分析法。用统计图表形式显示行政复议案件数量变化情况，并从各方面比较、分析和研究行政复议制度整体运行情况、变化及其规律性，运用实证研究方法，力图通过数据定量和行政复议发展定性结合分析得出制度变迁的规律。同时收集了青海省、广东省等地行政复议第一手资料，实证分析全国以及青海等地行政复议制度的共性、特色及成效。

---

① 参见卡多佐《司法过程的性质》，苏力译，商务印书馆，1998，第31页。

② 参见陈林林、夏立安主编《法律学导论》，清华大学出版社，2014，第13页。

五、研究目标、重难点和创新之处

（一）研究目标

自行政复议发轫之初的诉愿制度始，全面省察中国行政复议制度演变历史，从时代背景、制度具体内容、形成和发展的理论基础、历史演进轨迹和规律、基本内容、理论特征和价值目标、制度变化的成败得失等方面和维度，立足于历史，立足于实践，梳理分析中华人民共和国行政复议制度的发展演化历程。明确在不同历史背景下，行政复议制度主要内容的具体变化，分析变化之后的原因和考量，总结出行政复议制度变化成败得失，形成结论，以史鉴今，对当前正在开展的行政复议体制改革和行政复议立法提供切实有益的借鉴和参考。

本书通过梳理相关图书和档案资料，研究 1949—2019 年我国行政复议制度嬗变史，分析我国行政复议制度和中国特色社会主义道路之辩证关系。尝试引入社会科学理论分析方法来阐释史料，避免单纯堆砌史料的研究偏向，使全书兼备“史实”和“史识”。力图使研究全面而具体，拟在全面梳理行政复议制度建立及演进历史基础上，分析不同历史时期行政复议制度的具体运行机制、变化内容、特征和规律以及实践情况，研究行政复议制度发展的历史轨迹和规律，述评其成败得失。

行政复议制度是全国性制度，但是与中国整个法治建设的进程一样，中国的行政复议制度的建立健全、实施及成效在全国范围内并不均衡，发展水平不等，华东、华中与西北特别是少数民族地区在行政复议制度具体实施上具有各自的特点。行政复议制度自身不可避免地受到当地经济文化发展水平的制约，需要研究行政复议制度的全国共性和地方个性之关系。

充分吸收前人和现有研究成果，展现行政复议制度实际运作情况，揭示其内在发展规律，总结其嬗变的经验，从历史中取得做法和经验，进一步深化对行政复议制度相关问题的理解和认识，更好地对行政复议制度的发展完善和行政复议法修改提出有效可行的建议。

（二）研究重点、难点

国内一些学者对行政复议制度发展史进行了一些研究，但不够系统和深入。本书围绕行政复议制度的历史发展和演进脉络，从民国时期的诉愿制度入手，认真查阅和研究相关文献资料特别是立法资料、未刊资料，向有关专家咨询，对行政复议制度产生、发展和完善演进史进行系统化的论述。在文献收集中，尽量收集第一手详细可靠的原始文献，注意对各种形式文献的历史研究和比较分析。包括但不限于行政复议主体、机构、人员、受案范围、审理方式、时效等内容在不同历史发展阶段的变化，总结行政复议制度嬗变特点和规律。

行政复议制度史研究的重点主要有：一是制度的起源与发展。通过研究行政复议制度的起源、发展脉络及其背后的历史背景，探讨行政复议制度在不同历史时期的演变过程，以及这种演变如何与当时的政治、经济、社会环境相互作用。二是制度的变革动因。这包括经济发展、社会需求等多方面的因素。通过深入探讨这些因素，可以更好地理解行政复议制度变革的内在逻辑。三是制度变动的具体内容。如行政复议的机构规定，行政复议的提起、办理和决定等。四是制度的运行与实践。这包括行政复议制度在实际运行中的实施情况、复议机关的角色和作用、复议决定的执行等方面。通过实证研究，可以更准确地评估行政复议制度的实际效果。

行政复议制度史研究的难点主要包括以下内容：一是历史文献的搜集与整理。由于我国行政复议制度的发展时间跨度长，涉及大量的历史文献和档案。如何有效地搜集、整理和分析这些文献是研究中面临的一大难点。二是跨学科的研究方法。行政复议制度史研究需要综合运用历史学、法学、政治学等多学科的研究方法。如何将这些方法有效地结合起来，形成跨学科的研究视角，也是一项具有挑战性的任务。三是制度变迁的定量分析。对行政复议制度的变迁进行定量分析，需要运用统计学、计量经济学等方法。如何将这些方法应用于历史研究中，准确地刻画制度变迁的趋势和特点，是一个技术性的难题。四是制度比较的视角。虽然行政复议制度在不同历史时期存在差异，但进行比较研究仍然具有重要意义。如何进行有效比较，也是研究中需要解决的一个难点。

（三）研究创新点

1. 制度变迁动因的深入挖掘。

行政复议制度的变迁往往受到多种因素的影响，如政治、经济、社会等。对 1949—2019 年行政复议制度发展史研究这一选题，学术界对此进行全面、系统的研究特别是从史学角度进行研究还比较少，因此它具有一定的新颖性。创新之处在于，可以对这些动因进行更加深入的挖掘和分析，探究它们对行政复议制度变迁的具体影响和作用机制，从而更好地理解行政复议制度的发展轨迹。通过梳理相关图书和档案资料，研究行政复议制度嬗变史，了解其不同的历史阶段，发展变化的背景和主要内容及效果。尝试引入社会科学理论分析方法来阐释史料，避免单纯堆砌史料的研究偏向。力图使研究全面而具体，拟在全面梳理行政复议制度建立及演进历史基础上，多层次多角度梳理分析中华人民共和国行政复议制度的发展历程，分析不同历史时期行政复议制度的具体运行机制、变化内容、特征和规律以及实践情况，述评其成败得失，从历史中取得经验。结合实践，展现行政复议制度实际运作情况，揭示其内在发展规律，总结行政复议制度嬗变的经验，为我国行政复议改革与创新提供借鉴。

2. 史料搜集和发展脉络把握。

找到了不同历史时期行政复议制度的立法代拟稿、征求意见稿、修改稿，行政复议资料汇编、部分档案、中国知网上与行政复议相关的图书、论文等。这些资料会同《行政复议条例》《行政复议法》《行政复议法实施条例》，可以反映中华人民共和国行政复议制度的首创发展完善演进过程和演进趋向。本书从行政复议制度变化、时代背景、形成和发展的理论基础、历史轨迹、基本内容和规律、理论特征特点及与其他制度关系等方面，详细阐释行政复议制度历史变化轨迹、动因和特点，总结提炼行政复议立法考量、制度嬗变背后的规律特点以及行政复议案件数量及效果。通过整理史料，行政复议制度演进的历史脉络自然通过分析得以呈现。

3. 多学科融合的研究方法。

行政复议制度史研究可以借鉴和运用历史学、法学、政治学、社会学等多学科的研究方法，形成跨学科的研究视角。通过综合运用这些研究方法，可以更加全面、深入地揭示行政复议制度的历史演变和发展规律，为该制度的未来发展提供科学依据。

4. 案例实证研究。

历史研究并不仅仅是对过去的描述，更重要的是对现实的启示。创新之处在于，可以通过对历史上典型的行政复议案例进行深入分析，探讨这些案例对行政复议制度变迁的影响和作用，从而为现行行政复议制度的改革提供实证支持和经验借鉴。结合工作实践，特别是新时期行政复议制度改革发展实务工作，运用访谈、调研和观察的方法，在文本分析和史料分析的同时，实证研究行政复议制度在我国的实际运行状况，研究在不同历史时期的相关立法规定及其效果，真实把握行政复议制度改革，深入分析行政复议制度的演进趋势及其影响因素，以增强本书内容的深度和广度。

5. 跨文化视角下的比较研究。

传统的行政复议制度史研究可能侧重于对各个历史时期的制度变迁进行简单描述。行政复议制度并非某一国家或地区的特有现象，而是广泛存在于不同法域和文化背景中。笔者从跨文化的视角出发，对不同国家或地区的行政复议制度进行比较研究，分析它们之间的异同和优劣，为我国行政复议制度的完善提供借鉴和启示。

第一章　我国行政复议制度的酝酿与准备

第一节　我国行政法律制度的渊源

行政复议制度是一种行政系统内的特殊监督形式，旨在解决行政相对人，如公民等对行政具体行为存在异议的情况。构建该制度的核心在于提供一个公正和有效的途径，让公民等行政相对人能够维护自身的合法权益，同时监督和纠正行政机关的不当行为以及违法行为。行政复议制度是我国行政法律体系中的重要组成部分，它通过内部纠错机制维护公民等合法权益，监督和规范行政机关的行为，促进了法治政府的建设和公正、公平的社会环境的形成。罗纳德·科斯认为制度是因为降低交易费用需要产生。① 以此为基础，行政复议制度产生是因为通过建立该制度来解决争议的成本低，社会治理效能的目的高，有必要性。从我国行政复议制度初创看，通说一般认为最早的行政复议制度是1950年10月颁布的《中央人民政府财政部设置财政检查机构办法》第6条，中央人民政府政务院1950年12月公布《税务复议委员会组织通则》，以及以国家工商行政管理局等有关行政机关为代表的多部单行法律法规中的行政复议规定。② 苏力认为，制度是人类行动的产物，是演化的产物。③ 然而，对行政复议

① Ronald Cosas. *The Nature of Firm,* Economica: Issue 4 (Total Issue 16).

② 参见江必新、马世媛《行政复议制度的改革与完善——基于制度分析的理论框架》，《中国政法大学学报》2021年第6期。

③ 参见苏力《制度变迁中的行动者——从梁祝的悲剧说起》，《比较法研究》2003年2期。

制度形成的历史渊源，长期以来研究较少，有必要予以研究。据梳理，当代中国的行政复议制度主要有4个来源，中国传统的“民告官”理念；“西风东渐”对我国法律制度的影响；民国时期的诉愿制度；新民主主义革命时期我党行政复议的主张及其实践探索。

一、我国行政法律制度的渊源——“民告官”理念

我国传统“民告官”理念可追溯至古代社会。这一思想主要体现了民众对于政府或官员行为的不满和反抗，以及对于公正和权益的追求。在古代中国，尽管没有现代意义上的行政诉讼制度，但“民告官”的理念和实践却屡见不鲜。历朝历代的统治者为了彰显民本思想、维护政权稳定，在法律规范中还是做了一些“民告官”的制度考虑。最具代表性的当数直诉制度与越诉制度。直诉是指在个别案情重大和冤情难以伸张的情况下，百姓可越过通常的诉讼范围和诉讼程序，直接向皇帝进行申诉。越诉则是指越级申告控诉，即越过当地官员进行控诉。如《魏书·刑罚志》中记载了“登闻鼓”制度①。隋朝时文帝对冤案者不被受理的情况发布诏书，对有冤屈的人，“诣阙申诉”。对于审理不恰当的，“听挝登闻鼓”②。唐朝有邀车驾、登闻鼓、立肺石和上表制度，《唐六典》记载，对于不服案件判决之人，“上表”，仍没有得到解决，可以到衙门之处“挝登闻鼓”，对于老少等特殊群体，“立于肺石之下”申冤。③ 到清代，对民告官的直诉程序限制更严。④ 民众有权检举揭发官吏，但无权以平等方式与被举发官吏对簿公堂。⑤ 这些制度设计在一定程度上为民众提供了对政府或官员行为进行监督和维权的途径。中国传统强调官僚集团以父母之心推行政令，教化万民。他们反映了传统儒家文化所蕴含的清官情结，即民众对于公正、廉洁官员的期望和追求，是中国法律传统中的必然存在。⑥

---

① 参见张晋藩主编《中国法制史》（第5版），中国政法大学出版社，2011，第138页。

② 《隋书》，刑法志。

③ 《唐六典》，卷六，尚书刑部。

④ 《大清律例增修汇舞大成》（卷30）。

⑤ 参见童旭《论中国历史上的“民告官”——兼议使用“民告官”指代行政诉讼的影响》，载《中国社会科学院研究生院学报》2015年第6期。

⑥ 参见范忠信《中国法律现代化的三条道路》，《法学》2002年第10期。参见张新宝、张红《中国民法百年变迁》，《中国社会科学》2011年第6期。

然而，在古代社会，民告官往往面临着巨大的困难和风险。《唐律疏议·斗讼·越诉》中明确规定，直诉时禁止越诉，对越诉原告定罪，对原告申诉不实要惩处。① 由于官本位思想的盛行和司法制度的不健全，民众往往难以通过正常途径维护自己的权益。即使有一些成功的案例，也往往伴随着巨大的社会成本和代价。尽管如此，“民告官”理念在中国传统文化中仍然占有一席之地。它体现了民众对于公正和权益的不懈追求，也为后来的行政诉讼制度提供了思想基础和文化土壤。随着现代法治理念的深入人心和行政诉讼制度的建立，“民告官”理念得到了更加充分的体现和发展。在现代社会中，民众可以通过行政诉讼等法律途径对政府或官员的行为进行监督和维权，维护自己的合法权益。同时，政府也更加注重依法行政、接受监督，努力构建公正、透明、高效的政府形象。

中国行政复议制度并非直接源于“民告官”的传统理念，二者虽然存在一定的联系，但本质上存在区别。行政复议制度是近代资产阶级民主政治发展的产物，是行政救济制度，是资产阶级维护其统治的新兴法律制度，是指通过公民有权利对行政机关的违法行为提起行政复议的法律途径维护自身权益。这一思想主要源于现代法治理念，即法律面前人人平等，公民有权对行政机关的行为进行监督和制约。② 封建社会“民告官”的制度安排，非现今实行的复议制度和行政法，与现代平等民主法治观念有本质区别。③ 如果“封建社会民告官、如登闻鼓等视为现代行政法，说明我国人民缺失现代意义上的法治常识”。④ 清末民初，行政救济观念通过各种方式传入中国，才产生近代意义上的行政复议制度。⑤

---

① 《唐律疏议·斗讼·越诉》：“诸越诉及受者，各笞四十。若应合为受，推抑而不受者笞五十，三条加一等，十条杖九十。”同时，此条下“［疏］议曰：凡诸辞诉，皆从下始。从下至上，令有明文。谓应经县而越向州、府、省之类，其越诉及官司受者，各笞四十。若有司不受，即诉者亦无罪。‘若应合为受’，谓非越诉，依令听理者，即为受。推抑而不受者，笞五十。‘三条加一等’，谓不受四条杖六十，十条罪止杖九十。若越过州诉，受词官人判付县勘当者，不坐。请状上诉，不给状，科‘违令’，笞五十。”

② 《七十年不断探索“民告官”制度日臻完善》，《法制日报》2019年07月22日第2版。

③ 参见胡建淼、吴欢《中国行政诉讼法制百年变迁》，《法制与社会发展》2014年第1期。

④ 参见梁治平《新波斯人信札》，中国法制出版社，2000，第44页。

⑤ 参见徐红军《改革开放以来中国行政复议制度变迁研究（1978—2018）》，博士学位论文，华东政法大学法制史，2020。

1840 年以来，在内忧外患的双重压力之下，西方法制思想和做法随之植入，中国行政复议的变迁在此背景下展开。清政府经历了甲午战争、百日维新、义和团运动等事件以后，1906 年迫于当时国内外形势，颁布“预备立宪”诏书，准备效仿欧洲列强的君主立宪等相关制度。同年 9 月 16 日，奕劻（总理大臣）等人向朝廷呈奏《行政裁判院官制草案》。该草案第 10 条对复议（申诉）与诉讼的关系进行了明确界定，对二者关系树立了复议（申诉）前置主义，对地方政府官员处理不服的，不能直接起诉到行政裁判院，需要先到该机关本级申诉，仍没有解决纠纷，逐级向上级行政机关申诉。该草案也反映了中国传统诉讼制度中逐级控诉的影响。①

二、国外行政复议制度的引入

所谓的行政法，在中国漫长的帝制时代并没有，直至到清末民初时，它从近邻日本传入中国。日本法制中的行政法，则源于近代的欧陆，德国人茅塞起草了日本的《行政裁判法》（明治时代）。② 一些社会主义国家也在宪法中规定了诉愿权。

（一）美国的行政复议制度

美国的行政复议制度是一种重要的行政救济制度，旨在保护公民的权利，减轻法院负担，并体现行政机关的自我监督功能。在美国，当个人或组织对行政机关的决策不满意或认为其决策违法时，可以通过行政复议来申请复议。③

在行政复议的审理中，美国的行政法官扮演着重要角色。他们负责听证，并按照听证记录作出裁决。行政法官发挥着积极的作用，负责指挥听证程序的进展，调查查明行政复议案件事实，主动讯问行政复议案件的证人，可以要求当事人澄清或者说明某方面的问题，并主动作出案件结论。最终的正式裁决名义上由行政机关的首长来作出，但行政首长的裁决必须以听证记录为依据，并认真考虑行政法官对证据的分析和筛选。

---

① 参见上海商务印书馆编译说《大清新法令（1901—1911）（点校本）》（第 1 卷），李秀清等点校，商务印书馆，2010，第 145 页。

② 参见真田芳宪《日本的法律继受与法律文化变迁》（前言），夏华、赵立新译，中国政法大学出版社，2005，第 24 页。

③ 参见伯纳德·施瓦茨《行政法》，徐炳译，群众出版社，1986，第 126 页。

在二战后，为了提升公正性，美国进行了行政复议体制机制改革，改革的主要内容是将美国听证审查官人事权由分散转为集中，集中于州人事部门。从机制上改变了各部门可能对行政复议案件的影响，并将听证审查官改名为行政法官。美国认为行政法官应该有充分的学识和经验，判断证据的可信性，能够公正的作出判断。① 同时，美国又独立了行政法官办公室以少受其他行政机关影响。② 行政复议制度在美国的行政体系中起到了重要的作用，改革后 90%以上的行政争议由行政法官解决。它不仅有助于规范政府行为，提高行政效能，还可以加强对公权力的监督和制约，促进合法行政的落实。

（二）法国的行政复议制度

法国的行政救济制度等同于行政复议制度。在法国，18 世纪法学家孟德斯鸠以洛克政治学说为基石，提出由不同的机关行使从国家权力分解而来的行政、立法和司法三种权力，③ 强调不同权力之间互相配合和制衡。法国大革命后，法院的司法权一直为代表封建旧贵族利益的旧法官所把持，这些旧法官敌视资产阶级政权所采取的各项政策和措施，不断以各种理由宣布政府的政策措施违法、无效。此情况极大地损害了资产阶级的根本利益。为了排除司法权对革命的阻挠，资产阶级控制的国民议会于 1790 年 8 月通过法律，规定司法权今后将永远与行政权分离。根据法国政治家们的解释，这样做也是符合资产阶级“三权分立”学说的，因为在他们看来，所谓“三权分立”，就是立法、行政、司法各自分离、互不干涉，因此普通法院不能审理因行政权行使而发生的争议案件，以免司法干预行政。④ 这种对分权原则的独特理解，虽然克服了反动的旧司法阻碍革命进行的难题，但是并没有解决由谁来处理行政纠纷的问题。在此后的一段时间内，公民针对行政机关的申诉，由原机关受理（称为“善意救济”）或其上级机关受理（称为“层级救济”），最终裁断行政纠纷的权力则属于国家元首。⑤ 可以说，这一时期的法国只有行政复议这种单一形态的法律救济机制。

---

① 参见姚西科《发达国家行政复议制度》，时事出版社，2001，第 133—134 页。

② 参见应松年《行政法与行政诉讼法》，中国法制出版社，2009，第 657 页。

③ 参见孟德斯鸠《论法的精神》，孙立坚、孙丕强、樊瑞庆译，陕西人民出版社，2001，译序 1—2 页，第 50 页。

④ 参见罗豪才主编《行政法学》，中国政法大学出版社，2001，第 291—292 页。

⑤ 参见姚西科《发达国家行政复议制度》，时事出版社，2001，第 181 页。

1799年，拿破仑在巴黎和各省分别设立了国家参事院和省级长官参事院，负责与具体审理有关的行政案件，这使得原有的善意救济和层级救济制度向前发展了一大步。初期，国家参事院的地位相当于我国的行政复议机构，其独立性还比不上英美国家的行政裁判所。经过90年的变革，法国国家参事院逐步独立化与司法化，并最终获得法国最高行政法院的实际地位（尽管法律地位有了变化，但是仍然保留了国家参事院的名称）。①

（三）日本的行政复议制度

日本的行政复议制度是一种重要的行政救济制度。该制度始于1882年颁布的《请愿规则》，明确行政相对人请愿，必须依该规则，以规定的方式向规定有权受理的行政长官提出。② 随着日本经济和政府行政工作的要求不断发展。其时的日本行政复议是行政诉讼的前置程序，只有在行政复议无法解决行政协议纠纷时，当事人才可以通过行政法院解决。这一设计旨在减轻行政法院的负担。

日本的行政复议按照法律法规的规定分为3类，第一类是审查请求，第二类是异议申诉，第三类是再审查请求。③ 异议申诉适用于量大集中的行政行为。④

日本行政复议制度清末和民国时期对中国影响较大，清朝的《行政裁判院官制草案》第10条规定控诉前必经的申诉程序，主要借鉴日本行政裁判中强制前置的诉愿。因日本在日俄战争中打败了俄国，对清朝震动很大。⑤ 在亚洲各国中，日本行政法融合吸取了两大法系的诉讼内容，较为完善。日本的行政复议制度在解决行政争议、化解社会矛盾方面发挥了重要作用。然而，也存在一些不足，如复议机关独立性较低、分类较为复杂，以及复议程序需要进一步完善等。因此，日本修改行政不服审查法，具体目标包括方便国民广泛运用行政复议制度，允许利害关系人为维护公共利益提起行政复议，增加当事人查阅文

---

① 参见郜风涛主编《行政复议法教程》，中国法制出版社，2011，第22页。

② 《请愿规则》第1条规定："人民对与自己利益相关的行政上的处分的请愿，应当依照左列条文提起。"

③ 参见姚西科《发达国家行政复议制度》，时事出版社，2001，第251页。

④ 参见闫尔宝《日本行政不服申诉制度的变迁》，《南开学报》（哲学社会科学版）2011年第6期。

⑤ 参见王贵松《民初行政诉讼法的外国法背景》，《清华法学》2015年第2期；参见张生《中国近代行政法院之沿革》，《行政法学研究》2002年第4期。

件和证据资料的权利，简化分类并明确受理机关，以及增强制度的公正性。

（四）苏联的行政复议制度

新中国成立初期，我国实行“一边倒”的外交政策，全面学习和借鉴苏联的相关制度。废除国民党“六法全书”，如何建立健全新的法律制度，新中国第一代领导人聘请苏联法学专家不远万里来中国指导政府立法，我国也分批次向苏联派遣了法律学科留学生，学习和移植苏联的法律制度，组织中国人民大学等学校的人才力量，引入 400 余种苏联的法学教材、著作和教学大纲。① 有学者指出，如果没有那些引入的苏联法制经验与理论，没有苏联的法学教材和帮助我国培训培养法学人才，恐怕我国法制很难快速建立起来。②

在苏联，申诉通常被视为公民对行政或党组织决策不满的一种表达方式，是公民试图维护自身权益或表达异议的一种途径。然而，由于苏联的政治体制强调集中和统一，申诉机制往往受到一定的控制和监管。但是它反映了公民对公平、正义和自身权益的追求，是社会主义民主制度发展过程中的一种尝试。苏联最高苏维埃主席团颁布《审理公民建议、申请和控告的程序》（1968 年 4 月），对公民行政申诉制度作了规定，包括公民申诉权程序、申诉途径、不服裁决提出申诉和监督等内容。③ 从实践来看，苏联的申诉思想具有其独特的历史背景和特点，有其积极意义。

综上所述，这些国家的行政复议制度经过长期的发展和完善，已经形成了比较成熟的体系。我国的学者和政治家们开始接触并研究这些制度，认为其对保障公民权利、监督政府行为等方面具有重要作用。在这一背景下，国外的行政复议制度设计开始传入我国，并对我国的行政复议制度产生了深远的影响。各个国家的不同制度设计在我国国家制度设计中有所体现，我国也根据自己的国情和文化传统，对国外的制度设计进行了改造和创新，形成了具有中国特色的行政复议制度。

---

① 参见何勤华《中国法学史纲》，商务印书馆，2012，第 375 页。

② 参见蔡定剑《关于苏联法对中国法制建设的影响》，《法学》1999 年第 3 期。

③ 参见国务院法制局《行政复议条例释义》，中国法制出版社，1990，第 221 页。

三、民国时期的诉愿制度

民国时期的诉愿制度是一项重要的行政救济制度，其目的是保护人民的权益，提供对行政机关不当行为的申诉途径。诉愿制度作为中华民国的一部行政法典，与行政诉讼法共同构成了行政争讼制度。

（一）诉愿制度概况

“诉愿”在中华民国颇为常见，例如，《申报》是我国近代史上非常重要的报纸，1919年韩国（当时称为朝鲜或韩人）对巴黎和会的决策不满，《申报》刊发了《韩人诉愿巴黎和会消息》。① 诉愿制度在民国时期得到了法制化的发展。1911年，中国发生了一系列重大事件，其中湖北革命政府的成立和《鄂州临时约法草案》的公布尤为引人注目。湖北革命政府的成立标志着辛亥革命的胜利果实开始在地方上得到体现，《鄂州临时约法草案》的公布，则是湖北革命政府和中国近代法制建设进程中的一项重要成果。这部约法草案由宋教仁起草，其中第16条规定“人民得陈述于行政官署”，这一规定初步确立了诉愿制度。这一制度的设立，不仅保障了民众的合法权益，也促进了行政机关的公正执法和廉洁奉公。② 随后在1912年3月11日，南京临时政府公布的《中华民国临时约法》中，进一步明确了人民有陈诉于行政机关之权。③ 这一规定是对《鄂州临时约法草案》中诉愿制度的继承和发展，也是中国近代诉愿制度的初步确立。它标志着中国法制建设在保障民众权益、促进政府公正执法方面取得了重要进展。随后，在1914年的中华民国约法中，人民的“陈诉权”被改为“诉愿权”，并制定了相应的诉愿条例。1930年4月，南京国民政府公布了新的《诉愿法》，这一法律的颁布对于当时我国的行政法制建设具有重要意义。该法对诉愿的提起、管辖、审查和效力等方面作出了详细规定，为民众提供了明确的行政救济

---

① 《韩人诉愿巴黎和会消息》，《申报》1919年第16567号，第6版。

② 参见谷丽娟、袁香甫《中华民国国会史》（上），中华书局，2012，第147页。

③ 参见卞修全《近代中国宪法文本的历史解读》，知识产权出版社，2006，第88页。

途径，同时也规范了行政机关的行为。[①] 在 1930 年 4 月 5 日，中华民国行政院颁布了《诉愿案件送达书类办法》。这一办法的出台，为诉愿案件的送达程序提供了具体的操作规范。它规定了送达的对象、方式、期限等，确保了诉愿案件能够及时、准确地送达相关行政机关，从而保障诉愿程序的顺利进行。

诉愿的管辖机关也有明确规定。原则上，诉愿的管辖机关是原处分官署的上级机关，再诉愿机关则是诉愿机关的上级机关。例如，不服县市政府之处分者，应向省政府主管厅提起诉愿；不服省政府各厅之处分者，应向省政府提起诉愿等。

在审查内容上，诉愿案件的受理机关还要对原行政处分的效力进行裁决。这意味着诉愿制度不仅关注行政行为的合法性，还关注其实际影响，以及对公民权益的保护。对于诉愿的提起与管辖，诉愿的管辖机关原则上是原处分官署的上级机关，再诉愿机关则是诉愿机关的上级机关。具体的管辖规定根据行政处分的不同级别和种类而有所区别。

诉愿的审查与处理。诉愿的审查主要关注行政处分的合法性以及是否造成公民权利或利益的损害。受理诉愿的机关有权进行书面审查或言辞审理，具体方式取决于受理机关的自由裁量权。在审查过程中，受理机关会对原行政处分的效力进行裁决，并作出相应的处理决定。

诉愿制度在民国时期与行政诉讼密切相关，两者共同构成了行政争讼制度。虽然诉愿和行政诉讼在程序、审查方式和管辖等方面存在差异，但它们在保护公民权益、监督行政机关行为方面发挥了重要作用。

（二）北洋政府的行政法律制度

北洋政府时期，随着近代行政法制的逐步发展，诉愿制度作为行政救济的重要手段之一，得到了相应的重视和规范。北洋政府颁布《诉愿条例》（1914

---

① 1912 年 3 月 11 日，南京临时政府公布《中华民国临时约法》第 8 条规定，“人民有陈诉于行政官署之权”；1913 年《中华民国宪法草案》第 14 条规定，“中华民国人民依法律有请愿及陈诉之权”；1914 年北洋政府公布的《中华民国约法》第 8 条规定，“人民依法律所定，有请愿于行政官署及陈诉于平政院之权”；1923 年《中华民国宪法》第 16 条规定，“中华民国人民依法律有请愿及陈诉之权”；1931 年《中华民国训政时期约法》第 22 条规定，“人民依法律有提起诉愿及行政诉讼之权”，自此，诉愿首次明确载入国家“宪法”；1936 年《中华民国宪法草案》第 18 条规定，“人民有依法律请愿、诉愿及诉讼之权”；1946 年《中华民国宪法》第 16 条规定，“人民有请愿、诉愿及诉讼之权”。参见夏新华、胡旭晟《近代中国宪政历程：史料荟萃》，中国政法大学出版社，2004，第 10—20 页。

年 5 月)，是中国近代史上第一部现代意义上的行政复议法规立法。同年 7 月 21 日，北洋政府颁布了《诉愿法》。《诉愿条例》和《诉愿法》为公民提供了对行政机关不当行为的申诉途径，保障了其合法权益。《诉愿条例》的制定是北洋政府诉愿制度的初步确立。该条例详细规定了诉愿的提起、受理、审查和决定等程序，明确了诉愿的适用范围和条件。通过这一条例，北洋政府为公民提供了一个相对便捷和有效的申诉机制，使其能够针对行政机关的违法或不当行为提出申诉，并寻求救济。①

随后，北洋政府进一步完善了诉愿制度，制定了更为详尽的《诉愿法》。这部法律在继承《诉愿条例》的基础上，对诉愿制度进行了更为全面和系统的规定。它详细规定了诉愿的管辖机关、提起方式、审查程序以及决定的效力等内容。通过这部法律的实施，北洋政府的诉愿制度得到了进一步的加强和完善，为公民提供了更加全面和有效的行政救济途径。

北洋政府制定《诉愿条例》和《诉愿法》的意义是其为公民提供了对行政机关的监督机制，促进了行政机关的依法行政。通过诉愿制度，公民可以对行政机关的行为提出质疑和申诉，从而促使行政机关更加审慎和公正地行使职权。同时，诉愿制度也为公民提供了权益保障的途径，使其能够在受到行政机关不当行为侵害时得到及时和有效的救济。②

然而，需要指出的是，北洋政府时期的诉愿制度仍然存在一些局限性和不足。例如，诉愿制度的实施可能受到政治因素的影响，导致某些申诉难以得到公正处理。此外，由于当时社会环境和法律制度的限制，诉愿制度可能无法完全适应所有情况，需要不断完善和调整。

（三）南京国民政府的行政法律制度

南京国民政府于 1930 年 3 月 24 日公布的《诉愿法》是中国近代行政法制建设中的一项重要举措，这是中国历史上第一部在全国范围内生效的诉愿制度规范，标志着中国近代诉愿制度的建立与实施。该法全文共计 14 条，详细规定

---

① 参见夏新华、胡旭晟《近代中国宪政历程，史料荟萃》，中国政法大学出版社，2004，第 136 页。

② 参见徐红军《改革开放以来中国行政复议制度变迁研究（1978—2018）》，博士学位论文，华东政法大学法制史，2020。

了诉愿的提起、管辖、审查、决定等各个环节，为民众提供了对行政机关不当行为的申诉途径，保障了其合法权益。①

诉愿制度的核心功能定位在于民众权益救济和行政权力监督，法治基于人性本“恶”，相信官吏若无法律约束会导致滥用权力，② 当民众的权利或权益因政府行为受损害时可以提起诉愿。诉愿的提起要件、管辖、期限、审查及决定等构成了诉愿制度的基本框架，确保了诉愿制度的规范化和有效性。南京国民政府的诉愿制度是在吸收、效仿日本行政不服审查制度的基础上发展而来的，带有强烈的公法属性。这一制度的实施，不仅有助于维护公民的合法权益，促进社会的公平正义，还有利于推动行政机关依法行政，提高行政效率。《中华民国训政时期约法》于 1931 年 5 月公布，其中第 22 条明确规定了人民依法享有提起行政诉讼及诉愿的权利。这一规定再次以宪法性文件的形式确认了人民的行政救济权利，为《诉愿法》的实施提供了宪法保障。③ 在南京国民政府时期，相关部门还对行政诉愿的程序和细化等作了制度规定和安排。例如，《实业部诉愿审理委员会规则》（1930 年 7 月）中实业部诉愿审理委员会的设立和运作规则得到了明确规定，为诉愿案件的审理提供了组织保障。这些规定和安排使得行政诉愿制度更加完善、更加具有可操作性。④ 1930 年，南京国民政府以 46 号训令饬知各机关：“在行政法院未成立以前，对于行政官署违法处分，得暂行援用旧有之诉愿法提起诉愿。”⑤ 凸显了诉愿制度对于权利保障的作用。1937 年 1 月 8 日《诉愿法》再次修正，⑥ 进一步强化和细化了诉愿的规定。

需要指出的是，尽管南京国民政府的诉愿制度在一定程度上发挥了积极作用，但由于历史背景和社会环境的限制，其在实际操作中可能存在一些问题和

---

① 参见廖义男《我国诉愿制度沿革》，载《诉愿专论选辑》（十一），台北市政府诉愿审议委员会 2000，第 68 页以下；参见蔡志方《我国诉愿制度之过去、现在与未来》，载《行政救济与行政法学》（三），学林文化事业有限公司，1998，第 142 页。

② 参见宋智敏《从行政裁判院到行政法院——近代中国行政诉讼制度变迁研究》，法律出版社，2012，第 24 页。

③ 参见谢振民《中华民国立法史》（上册），中国政法大学出版社，2000，第 67 页。

④ 《中华民国法规大全（第六册：实业）》，商务印书馆发行，民国二十三年（1934）辑印，第 7—8 页。

⑤ 管欧：《现行诉愿法释义》，商务印书馆，1937，第 13 页。

⑥ 《立法院修正诉愿法与行政诉讼法》，《中华法学杂志》1935 年第 10 期。

不足。民国时期的诉愿制度在某些方面确实存在一些局限性，这些局限性主要体现在以下几个方面：一是诉愿等级制度的限制。在民国时期，诉愿等级奉行二级制，即人民不服处分得提起诉愿，不服诉愿决定得提起再诉愿，经再诉愿决定，则诉愿程序宣告终止。这种制度限制了人民对行政决定的上诉次数，可能导致某些行政决定的错误无法得到及时纠正。二是民国时期的政治因素可能干扰诉愿的公正处理，法律制度的不完善可能导致诉愿处理的不规范等。三是诉愿管辖的限制。诉愿管辖以隶属管辖为原则，即依循上级官署对下级官署的指挥监督权来确定诉愿管辖官署。这种管辖方式可能导致某些特定的行政决定无法得到合适的审查，因为诉愿的管辖可能受到行政体系内部关系的限制。四是诉愿程序的限制。诉愿以书面审查为原则，虽然受理机关也可以进行言辞审理，但言辞审理属于该受理机关的自由裁量权，当事人并没有请求进行言辞审理的权利。这可能导致诉愿的审查过程缺乏充分的辩论和质证，从而影响审查结果的公正性和准确性。

综上所述，民国时期的诉愿制度是一项重要的法律制度，为公民提供了对行政机关不当行为的申诉途径，有助于维护公民的合法权益，促进行政机关依法行政。然而，由于历史背景和社会环境的限制，诉愿制度在等级、管辖、程序和决定效力等方面都存在一定的局限性。这些局限性可能导致某些行政决定的错误无法得到及时纠正，从而影响行政效率和公正性。因此，在设计和完善现代行政救济制度时，需要充分考虑这些历史经验和教训，不断完善和发展行政救济制度，以确保行政救济制度能够更加公正、高效和有效地保护公民的合法权益。

第二节　新民主主义革命时期我党行政复议制度的主张及其实践探索

在革命根据地时期，中国共产党领导下的根据地逐渐形成了司法为政治服务、司法为民的“政法传统”。[①] 这是我国司法传统的内在学理，是对法律阶级

① 参见刘全娥《陕甘宁边区司法改革与“政法传统”的形成》，人民出版社，2016，第24—28页。

性的阐释，被作为好的经验继承。

在党的二十大报告中“人民”两字出现的次数高达 105 次，再次强调“落实以人民为中心”的发展思想，充分体现人民性。报告中专门用两个章节来讲人民，分别是第六章“发展全过程人民民主，保障人民当家作主”和第九章“增进民生福祉，提高人民生活品质”。① 从报告中足以看出贯穿始终的“人民至上”，感受到我党一直坚守的为民情怀。正如习近平总书记指出：“我们党来自人民，党为人民而生，因人民而兴。”② 党的二十大报告提出坚持“发展全过程人民民主，保障人民当家作主”③ 等具体要求，与中国行政复议的历史密切相连。

人民性贯穿于中国共产党人百年发展的追求。1945 年黄炎培（著名教育家）与毛泽东在延安窑洞交谈中讲到，有很多政权“其兴也勃焉，其亡也忽焉”的历史周期率。针对黄炎培先生提出的“历史周期率”之问，毛泽东主席给出了答案：人民监督。如何开展人民监督，延安时期的中国共产党进行了包括三三制在内的一系列生动实践。1949 年通过的具有临时宪法性质的《共同纲领》第 19 条规定了人民的控告权。④ 五四宪法第 7 条为公民提供了向各级国家机关提出书面或口头控告的权利，同时也规定了公民在国家工作人员侵犯其权利受损时有取得赔偿的权利。⑤ 这两项规定确实为中国行政复议制度的初创提供了重要的宪法依据，从人民政权性质的角度强调了公民权益的保护和国家机关的责任。从人民政权性质的角度来看，公民有权对国家机关的工作进行监督，有权对侵犯自己合法权益的行为提出控告，并请求得到相应的赔偿。中国共产党在中华人民共和国成立初期创建的行政复议制度，创建的目的明确、重点突出，其制度具有鲜明的人民性特色，以维护人民群众的根本利益为出发点和归宿点。

① 习近平：《高举中国特色社会主义伟大旗帜为全面建设社会主义现代化国家而团结奋斗——在中国共产党第二十次全国代表大会上的报告》，《人民日报》2022 年 10 月 26 日第 1 版。

② 《习近平在“不忘初心、牢记使命”主题教育工作会议上的讲话》，2019 年 5 月 31 日，https://www.ccps.gov.cn/xtt/201906/t20190630_132707.shtml，访问日期：2023 年 10 年 22 日。

③ 习近平：《高举中国特色社会主义伟大旗帜为全面建设社会主义现代化国家而团结奋斗——在中国共产党第二十次全国代表大会上的报告》，《人民日报》2022 年 10 月 26 日第 1 版。

④ 参见任严《共同纲领与我国的根本政治制度》，《中国人大》2010 年第 5 期。

⑤ 《中华人民共和国宪法》（1954 年），人民出版社，1954，第 5 页。

一、第二次国内革命战争时期党的行政复议

在第二次国内革命战争时期，中国正处于一个政治局势急剧逆转的阶段。蒋介石在南京建立政权后，经过一系列新军阀混战，最终建立起在全国范围内的统治。这一时期，国民党各派系军队伤亡约104万，国共之间进行了长达10年的武装战争，史称第二次国内革命战争或土地革命战争。

1930—1934年10月，中央苏区制定和颁布的法律、法令达130部以上。这一系列法治建设为当时的社会治理提供了相应的依据和保障。《中华苏维埃共和国宪法大纲》指出，苏维埃全部政权是属于工人、农民、红军士兵及一切劳苦大众的。这充分体现了“政权真正属于人民”的思想，为政治清明奠定了根基。① 在这样的背景下，行政复议作为一种行政救济手段，以监督政权为重要目的之一的行政复议职能得到了发挥。在这一过程中，中国共产党也努力维护人民的权益，尽可能在有限的条件下实施行政复议等行政救济措施。1931年，江西兴国县高兴区苏维埃政府制作了控告箱，有关人员在箱顶盖上清楚地写着：“各位工农群众们：还是一切的什么事情都可以来这里控告。”② 这是苏维埃政府制度设计中控告申诉职能的发端和雏形，直白文字见证了人民政权以人民为中心的红色基因。

由于战争的影响，政府的行政职能和法治建设都可能受到严重冲击，行政复议制度的实施可能面临诸多困难和挑战，其具体实施可能受到了极大的限制。但是这一时期的行政复议制度在保障人民权益、监督行政机关行为方面发挥了重要作用，为后来的法治建设提供了宝贵的经验和教训。

二、抗日民主政权的行政复议

延安时期是中国革命的重要时期，也是中国民主法制建设的重要阶段。当时中国正处于半殖民地半封建的状态，社会矛盾尖锐，人民生活贫困，法律制度不健全，行政执法不规范，人民群众的合法权益得不到有效保障。为了解决

① 参见中国中共党史学会《中国共产党历史系列辞典》，中共党史出版社、党建读物出版社，2019，第132页。

② 《苏维埃时期“检察档案”见证红色检察开端》，《法治日报》2021年5月14日第3版。

这些问题，延安时期，在毛泽东的领导下，中国共产党在延安设立了陕甘宁边区政府，陕甘宁边区政府在行政复议方面进行了积极的探索和实践。首先，陕甘宁边区政府设立了组织机构，负责受理行政复议案件。其次，陕甘宁边区政府还制定了相关规定，对行政复议的范围、程序、效力等进行了明确的规定。这些措施为行政复议制度的建立和完善奠定了基础。该制度旨在保护公民等主体合法权益，保障法律、法规和规章的贯彻实施。

《延安精神概览》中第十一节“继承和发扬延安精神就是要坚持司法为民”提出：当前继承和发扬延安精神，坚持司法为民中，进一步把人民司法工作不断推向前进。落实到具体工作中，就是落实各项便民、利民、护民措施，使广大人民群众从中切实享受到优质的法律服务，突出解决人民群众反映强烈的焦点、热点问题。对老百姓的告诉和申诉，在任何时候都不能有不耐烦和推拒的思想和态度，而绝不能有粗暴蛮横的做法和态度。不能因为出现不好的工作作风和态度冷了群众的心。①

行政复议制度在陕甘宁边区政府得以体现。《陕甘宁边区政府关于新区建立统一战线模范政权的意见给王维舟、朱开铨的便函》（1940 年 6 月 7 日）：“维舟、开铨同志：李之钦同志带来之报告及其他文件，均照收到，请勿念。关于在新区建立统一战线模范政权问题，除以前之决定和各次信上所指之外，再提出如下意见，仅供参考。一、关于正式选举问题。如果不能实行的，即提出理由发还，并请其复议。林伯渠、高自立。六月七日。”② 此函提出到了复议的概念，说明在陕甘宁边区政府内部运作中，相关领导已经十分重视对政府不同意见的回应，并提出了复议措施。《陕甘宁边区各级参议会组织条例》（1942 年 4 月边区政府公布）第 22 条规定，政府委员会作为一个组织，对参议会通过的“决议案”认为不当，“送回原参议会复议”。③ 具体复议的处理结果在第 23 条中作了说明，可以提出复议意见，请原参议会变更，与后期行政复议做法相同，行政复议决定在未变更前仍须照原案执行。1941 年 5 月颁布实施的《陕甘宁边

① 参见中共延安市委宣传部《延安精神概览》，当代中国出版社，2005，第 181 页。

② 中共延安市委统战部：《延安时期统一战线史料选编》，华文出版社，2010，第 78 页。

③ 甘肃省社会科学院历史研究室：《陕甘宁革命根据地史料选辑 第一辑》，甘肃人民出版社，1981，第 174 页。

区施政纲领》第6条规定，对于公务人员违法法律的行为，人民有控告的权利。[①] 这体现了人民政权的性质，鼓励边区人民对政府公务人员非法行为提出控告。

陕甘宁边区的行政复议制度重点体现于经济领域。《陕甘宁边区营业税修正暂行条例施行细则》（1941年10月公布）中第五章复查的第18条规定，“纳税义务人”对于营业税纳税的通知结果不服的，说明理由，可以“请求当地主管征收机关重新调查”，作为原级复议的一种，“主管征收机关再提交评议委员会复决一次”，根据复议结果“照数纳税”。第19条进一步扩大了纳税义务人的权益，规定了二级复议制度，该义务人接到前条复查决定之通知后仍不服时，得于10日内向边区税务总局提起行政诉愿。[②] 在实施细则的附件中详细说明，所附《税务人员待遇及抚恤办法》规定：行政诉愿对于行政机关不正当的处分，或违法行为，向他的直接上级行政机关提出诉愿（告状）请求查办的就叫行政诉愿，还有一种“行政诉讼”是向法院告状才用的。[③] 1941年10月公布的《陕甘宁边区各县市税务局三十一年度营业税征收程序》规定，对于评议委员会之审查决定不服时，得提出证据，请求再议，经第二次评议决定后，仍有不服，得依营业税修正暂行条例施行细则第19条之规定提起诉愿，但在诉愿未确定前之税款，仍应照评议委员会之决定缴纳，其缴纳税款之多少，于诉愿确定后，再行决定补退。这一规定有国民政府二级复议的特点。[④] 1941年《陕甘宁边区保障人权财权条例》将复议作为维护边区人权的方式之一，体现了人民政权的性质和要求，第7条规定，如果人民的权益受损，则人民可以不限定形式和方式，有权利“控告任何公务人员非法行为”。可以说革命政权之下的人民已经明确获得了行政复议权。违反纪律损害人民权利的官员将受到包括撤职在内的各

① 参见刘怡《集合抗战民意的〈陕甘宁边区施政纲领〉》，《中国档案报》2020年1月10日第1版。

② 参见《陕甘宁边区营业税修正暂行条例施行细则》（1941年10月公布），载甘肃省社会科学院历史研究室《陕甘宁革命根据地史料选辑　第二辑》，甘肃人民出版社，1983，第188页。

③ 参见《税务人员待遇及抚恤办法》，载甘肃省社会科学院历史研究室《陕甘宁革命根据地史料选辑第二辑》，甘肃人民出版社，1983，第190页。

④ 参见《陕甘宁边区各县市税务局三十一年度营业税征收程序》（1941年10月公布），载甘肃社会科学院历史研究室《陕甘宁革命根据地史料选辑　第二辑》，甘肃人民出版社，1983，第260页。

种惩戒。[①]

《陕甘宁边区农业统一累进税试行条例》（1943 年 9 月公布）第 21—24 条规定，与《陕甘宁边区营业税修正暂行条例施行细则》的规定相类似，是多级复议制度，纳税人对纳税结果不服的，“向乡参议会请求从新调查评议之”；对结果不满意“请求区政府复查之”；还不满意的，“向县政府提起行政诉愿”。[②]《陕甘宁边区户籍条例（草案）》（推测为 1943 年）第三章诉愿与罚则中第 28 条提出，对于人事登记纠纷或者户籍事件，行政相对人可以“用书面或口头诉愿于县政府”，对于县政府决定不服的，“得向民政厅提起再诉愿”，再不服的，“得向边区政府提起再诉愿”。1949 年 7 月颁行的《陕甘宁边区营业税暂行条例》第 16 条规定：“纳税人如对评议委员会评议之结果有意见时，得向税务机关申请复议，复议结果即作为确定。如仍不服，应先行交纳税款，再向上级政府提请申诉。”对税纳人提出不服意见，《陕甘宁边区营业税暂行条例》指出：“接受人民意见，或上级政府指示，复查复议土地数量、产量与征收额等事项。”[③]

陕甘宁边区政府非常重视民众的呼声，关心民众对国家机关工作人员的申诉。西安八路军办事处纪念馆王晓莉在《延安时期谢觉哉对党的群众路线的探索与贡献》中认为谢觉哉提出群众要有自己的组织。谢觉哉十分重视在统一战线中帮助人民群众建立自己的组织，他特别重视人民集体组织的申诉权。“理性的政府重视人民群体组织向政府提出利益受损时的申诉。”[④] 党在延安时期局部执政的民主法治建设中坚持全心全意为群众服务，实行简便利民的诉讼手续，审判案件不拘形式。[⑤] 马锡五审判案件时，采取一系列简便利民的诉讼手续和形式，包括携卷下乡、亲赴案件发生地、就地审判、组织巡回法庭、定期巡视、

---

① 参见杨永华《中国共产党廉政法制史册究》，人民出版社，2005，第 200—201 页。

② 参见《陕甘宁边区农业统一累进税试行条例》（1943 年 9 月公布），载甘肃社会科学院历史研究室《陕甘宁革命根据地史料选辑　第一辑》，甘肃人民出版社，1981，第 352 页。

③ 参见甘肃省社会科学院历史研究室《陕甘宁革命根据地史料选辑　第三辑》，甘肃人民出版社，1983，第 136 页。

④ 王晓莉：《延安时期谢觉哉对党的群众路线的探索与贡献》，载王长寿、樊为之、王天丹主编《延安时期党的群众路线理论与实践研究》，陕西人民教育出版社，2014，第 179 页。

⑤ 参见雷云峰主编《陕甘宁边区大事记述》，三秦出版社，1990，第 298 页。

随时随地受理案件。[①] 马锡五审判方式体现了抗日人民政权的本质特点，也是抗日战争时期陕甘宁边区和各根据地的新民主主义司法制度本质的典型体现。[②]

2024年1月1日施行的新《行政复议法》没有将行政机关人事管理关系纳入行政复议范围，而在边区政府，对政府机关的人事管理内部行政行为，在行政复议方面做了有益的探索和实践。“人民向政府控告权”在《陕甘宁边区各级政府干部奖惩暂行条例草案》（1943年4月颁布）第9条中得到了进一步体现。根据《陕甘宁边区政纪总则草案》（1943年4月颁布）第22条规定：“凡政务人员，对政府工作或负责人员，有建议和批评之权利。”但是批评不是无原则无纪律的，也有一定的纪律要求，“须依照一定的组织手续提出”，不允许在背后乱说。这也体现了中国共产党民主集中制原则，关于原则问题的争议，在服从政府决定的同时，可“向上级申诉直至边区政府”。该规定对政府机关的人事复议也作出了规定：“各级政府主管长官对所属工作人员的任免奖惩，均须依照边区政府法令办理。如工作人员对主管长官的惩罚认为不当时，得向主管长官直接提出，或依级向上申诉，各下级政府长官对此项申诉不得阻止或留难”（第23条）。对人民的复议或者控告，“须随时负责转呈上级政府”（第24条）。[③]《中国共产党延安时期廉政建设史论》第二编第七章批评与自我批评中指出：“第六，允许申诉。”刘少奇指出：“必须给被批评被处罚的同志以一切可能的申诉的机会。在给同志做鉴定和组织结论的时候，通常均应通知本人，当面做结论。如果他不服，在经过辩论之后，应向上级申诉。”“党员的上诉权不能剥夺。一切的上诉书，任何党的组织不能扣压，关于思想原则问题，党员并可越级直接向高级党委或中央上诉。”[④] 允许被批评者申辩，这是正确开展批评与自我批评的必要条件，也是延安时期开展批评和自我批评的一个特征。不允许申辩，是不利于弄清事实，使批评收到好的效果。刘少奇还进一步指出：在思想原则

① 参见马锡五《新民主主义革命阶段中陕甘宁边区的人民司法工作》，《政法研究》1955年第1期。

② 参见杨忠虎、宋炜主编《中国共产党延安时期局部执政史论》，陕西人民出版社，2005，第315页。

③ 参见中国延安干部学院《中国共产党延安时期廉政建设史论》，中央文献出版社，2011，第319页。

④ 参见《刘少奇选集》上卷，第213页。

问题上少数服务多数。少数同志在组织上行动上绝对服从多数的条件之下，有权利保留自己意见。这些对行政机关的内部管理事项开展行政复议的做法，突破日德法系将内部管理事项作为特别事项，不得进行行政复议的理论藩篱，具有重大的意义。

当然，中国共产党这些关于行政复议主张的规定和实践，在革命战争时期只能在一定范围的红色革命根据地实施，而且受战争等影响，对人民免受公务人员侵害损害进行复议和司法保护落实机制也不健全。① 因此，尽管革命根据地作了类似行政复议方面的规定，也不能就此说明行政复议制度已经完全建立。但不可低估的是，其对人民权利保障和政府行政纠纷探索的先行意义。新中国诞生后，它对行政复议制度的最终建立也具有有益的参考经验。

1942—1945 年 4 月党的七大召开前，中国共产党在领导敌后抗战的同时，在以延安为中心的全党范围内，开展了深入的整风运动，倡导批评和自我批评，主要就是解决党的内部矛盾，经过批评和斗争，承认错误，分清是非，在新的基础上达到新的团结。这其中，注意虚心听取人民的意见，及时纠正行政过程中的某些做法。行政复议制度是延安时期在实践中逐步形成并不断完善的一项重要制度。该制度对于保障人民群众的合法权益、维护社会稳定发挥了重要作用。

延安行政复议制度的建立，具有重要的历史意义和现实价值。首先，它为公民、法人和其他组织提供了一种有效的行政救济途径，保障了其合法权益。其次，它有利于提高政府的公信力和形象，促进政府依法行政，推进法治政府建设。最后，它有利于维护社会稳定，促进社会和谐。在延安行政复议制度的建立过程中，有几个关键的因素值得关注：一是党中央的高度重视和大力支持是该制度得以建立的重要保障；二是延安时期的历史背景和社会环境为该制度的建立提供了良好的条件；三是延安行政复议制度的建立得到了广泛的群众参与和支持。

总之，延安行政复议制度的建立是一项重要的历史遗产，具有重要的现实意义和价值。我们需要加强对该制度的改革和完善，以适应时代的发展和社会

---

① 参见谭宗泽《行政诉讼结构研究》，法律出版社，2009，第 97 页。

的要求。只有这样，我们才能更好地保护公民、法人和其他组织的合法权益，推进法治政府建设，促进社会稳定。

三、解放战争时期的行政复议

毛泽东在战争之余也十分关注法治建设，他曾指出，要从新的观点出发研究法律，要注意中国特色，新民主主义的法律就与社会主义、资本主义的法律有所区别。① 其指出了新民主主义法律的特点。《陕甘宁边区宪法原则》基于共产党政权的性质，保障人民的复议权，指出人民有控告公务人员的权力。② 从人民的控告中洞察群众心态，洞悉群众心声，解放区的人民政权高度重视人民群众的控告。《苏皖边区政府关于修正营业税征收章程的布告（1946年5月）》中章程第21条：本章罚则之执行，各级人民政府有协助之责，但被罚人如不服征收机关之决定，得向上级机关或者司法机关征收申诉，以司法之裁定为最后决定。③

允许群众对税收征收进行复议的政策，在实践中发挥了极好的效果，充分激发了群众的革命积极性，在晋西北地区，“群众监督，组织群众到邻村学习、考察税收执行情况，并与本村实际情况做比较，由评议委员会评议、计算，最后把分数列榜张贴，再请群众公评，如有不服的，还可以请政府复查，复查不服，可以请各级民意机关（村代表会，县议会）公开评议。”④ 保证了晋西北地区粮食的征收。

1947年10月10日，中央批准发布《中国土地法大纲》，规定了人民的民主权利，农民可以批评及弹劾干部，甚至有权“自由撤换及选举”在政权机关中的“一切干部”（第15条），这一规定，自然包括了农民及代表有复议、控告等方面的权利，保障了土改中人民的利益及意志的实现。⑤

---

① 参见中央全面依法治国委员会办公室《中国共产党百年法治大事记（1921年7月—2021年7月）》，人民出版社、法律出版社，2022，第78页。

② 参见邹瑜《法学大辞典》，中国政法大学出版社，1991，第162页。

③ 参见朱耀龙、柳宏为《苏皖边区政府档案史料选编》，中央文献出版社，2005，第268页。

④ 《1945年春农民配合八路军反攻赶运军粮》，载魏宏运主编《抗日战争时期晋察冀边区财政经济史资料选编4-财政金融篇》，南开大学出版社，1984，第355—358页。

⑤ 参见中共中央党史研究室《中国共产党历史》（第一卷下册），中共党史出版社，2002，第247页。

《陕甘宁边区颁发土地房窑证办法》（1948 年 2 月）第 4 条规定了土地登记委员具有“调解本乡登记土地、房窑中，所发生的纠纷事件”之职责。[①]《土地房窑证办法》的颁布，从法律上巩固了土地改革所取得的胜利果实。[②] 华北临时人民代表大会于 1948 年 8 月召开的会议公布了“华北人民政府施政方针”。这一方针旨在确保政府机构的廉洁与高效，其中明确规定了对于失职贪污以及其他不法分子的批评或处罚措施。这一规定体现了当时对政府公职人员廉洁自律的高度重视，以及对于违法行为的严厉打击。[③] 到了 1949 年 2 月，中共中央发布了《关于废除国民党的六法全书与确定解放区的司法原则的指示》。这一指示中，中共中央明确决定废除国民党的“六法全书”，这标志着国民党统治时期法律体系的终结。同时，中共中央强调人民的司法工作应当以人民的新的法律作为依据，这体现了新政权对于法制建设的重视，以及对于人民利益的维护。党要求干部进行马克思主义教育，解放区的司法工作必须以新的法律为依据，这样就废除了国统区的诉愿制度。诉愿制度原本是国民党政府处理民众申诉的一种机制，但由于其存在诸多弊端，且与新政权的司法原则不符，因此被废除。这一举措有助于建立更加公正、高效、全新的行政复议体系，为人民的权益提供了有力保障。

1949 年元旦，蒋介石迫于战争形势“求和”，“求和”的前提之一是使用国民党政府法统。同年 1 月 14 日，毛泽东根据形势发展，针锋相对提出了废除国民党法统等和平八项条件。[④] 谢觉哉写了“废除旧法律建设新法律”的社论（1949 年 3 月），他于同日的日记中写道：“我们的司法工作者要知道，不懂政治就不懂法律。司法服务于政治。”[⑤] 1949 年张友渔先生指出：“解放初，我们废除国民党的‘六法全书’，这是完全正确的，因为‘六法全书’代表国民党的法统，不废除这个法统，我们就不能确立自己的革命法制。”[⑥]

---

① 参见《陕甘宁边区颁发土地房窑证办法》（1948 年 2 月），载甘肃省社会科学院历史研究室《陕甘宁革命根据地史料选辑第三辑》，甘肃人民出版社，1983，第 181 页。

② 参见黄正林《陕甘宁边区乡村的经济与社会》，人民出版社，2006，第 135 页。

③ 参见《中国新民主主义革命时期根据地法制文献选编》第一卷，第 81 页。

④ 参见范进学《废除南京国民政府“六法全书”之思考》，《西北政法学院学报》2003 年第 3 期。

⑤ 谢觉哉：《谢觉哉日记》（下），人民出版社，1991，第 327 页。

⑥ 李林：《新中国法治建设的重大进展》，《北京日报》2009 年 6 月 23 日，第 1 版。

"共产党人必须随时准备修正错误"[①]，毛泽东说。纠正错误，接受人民的批评意见，改进工作是中国共产党一贯主张和实践。从1948年1月起边区政府正式建立了严格规范的报告制度，建立健全复议、申诉等制度，政府自我纠错机制也逐步强化。新中国行政复议制度就此创立。董必武同志指出，"在解放区时期，人民的法律已有了经验"。[②] 在解放区、在根据地，人民民主政权当然用自己的制度，包括行政复议制度。

总之，中国共产党在新中国成立前后积极探索和实践行政复议制度，以期建立一种公正、透明、高效的行政管理机制，保障人民权利、促进社会公正、维护国家法制统一。

---

① 毛泽东：《论联合政府》（1945年4月24日），《毛泽东选集》第三卷，人民出版社，1991，第1061—1062页。

② 董必武：《董必武政治法律文集》，法律出版社，1986，第46页。

第二章　我国行政复议制度之初建与发展（1949—1966）

1949年，中华人民共和国成立。在这一历史时期，中国的行政复议制度开始初步建立。为了保障人民群众的合法权益，维护国家的法制统一，我国在税收等领域规定了行政复议制度，负责处理行政争议案件。1954年《中华人民共和国宪法》颁布实施，明确规定了公民有申诉、控告的权利。此外，还有一些行政法规和规章对行政复议制度进行了规定。在这一阶段，行政复议制度得到了进一步完善和发展。

第一节　行政复议制度建立必要性之考虑

行政复议制度可以推进国家治理体系现代化。通过建立完善的行政复议制度，可以推动行政机关依法行政，提高行政效率和质量，增强政府的公信力和执行力。中央人民政府认为建立行政复议制度是必要的，促进行政机关依法行政，体现政权人民属性，提高行政效率和质量，推进国家治理体系和治理能力现代化。

一、历史必然性与行政复议制度建立

历史必然性是指社会发展的客观规律，即在一定的历史条件下，某种社会现象或制度的产生、发展和消亡是不可避免的。法治建设在新中国成立之时就明确选择了与国民党法统决裂，全新地构造中国社会主义法制的道路。新中国

用立法的形式整理、巩固新民主主义革命的基本经验和成就，与旧中国法制决裂，以全新的革命理念奠定了新政权的宪制基础和框架。① 以国家立法的形式，提炼和固定了根据地与解放区的成功做法和经验，结合苏联实践，结合中国的实际情况包括历史传统，建立了行政复议制度并将之推向全国。

行政复议制度作为一种解决行政争议的法律制度，其建立具有历史必然性。孟德斯鸠总结历史经验时提出："一切有权力的人都容易滥用权力"，认为权力可以产生腐败。"而任何一项分权力的滥用，都可能造成权力系统的运转故障。"② 在中国历史上背负着太重的专制负担，官贵民轻的意识还在一定程度上存在，行政复议应时而生，由行政机关专门针对行政机关的违法行为、不合理行为等进行监督控制，以"权力制约权力"，监督各级行政机关依照法律规定和程序正常运作。

新中国成立后，随着制度建设的不断完善和发展，政府自我纠错、自我监督机制也逐步强化，中国特色行政复议制度此时生根萌芽。1950 年 12 月《税务复议委员会组织通则》（政务院第 63 次会议）创设了"复议"的法律概念③，其组织和运作模式为建立新中国的行政复议制度奠定了坚实的基础。此后，又有关于海关、农业税等多部单行法律法规以及各地制定的规范性文件，规定了行政相对人不服政府决定时的行政复议办法，但具体名称和程序规定并不统一。行政复议制度作为一种对行政行为进行审查和纠正的机制，保障行政权力的合法行使。中华人民共和国成立后，行政复议制度可以对行政行为进行有效监督，防止滥用职权、玩忽职守等行为的发生。

政法工作是新中国成立初期的一项重要工作，承担着巩固和保障新生人民政权的职能。马克思列宁主义法律观和毛泽东思想法律观在新中国的法学界占据了绝对优势地位。司法改革运动最终树立起了社会主义的法律观，这就是从司法为民发展而来的人民司法。如果说用西方的司法理念在中国理论与实践二者之间割裂，新中国提出的"法律是阶级统治工具"的理念，依然存在于司法

① 参见陈颐《新中国成立 70 年来法治建设历程》，《人民论坛》2019 年第 10 期。

② 孟德斯鸠：《论法的精神》（上），孙立坚、孙丕强、樊瑞庆译，陕西人民出版社，2001，第 65 页。

③ 参见郜风涛主编《行政复议法教程》，中国法制出版社，2011，第 1 页。

实践之间的不协调性。① 司法为民成为执政为民的重要表现形式，行政复议制度是保障人民权利、促进社会公正、维护国家法治统一的重要制度。在新中国成立初期，中国共产党积极探索和实践行政复议制度，以期建立一种公正、透明、高效的行政管理机制，使得公民可以依法对政府机关的行为进行申诉和复议，保障了公民的基本权利。例如，在处理土地征收、房屋拆迁等涉及人民利益的问题时，通过行政复议制度，可以保障人民的合法权益。

总之，行政复议制度的建立具有历史必然性，它是社会发展、法治建设和民主政治的需要，也是国际经验的借鉴。通过建立和完善行政复议制度，规范行政行为，提高行政效率，实现行政公正。

二、新中国成立初期的法治建设对行政复议制度建立的影响

新中国成立前夕，中央宣布废除了国民党的诉愿制度在内的“旧法统”。1949 年新中国成立后，初期的行政复议制度随第一代中央领导集体的重视而被创建和完善。在新中国成立前的《陕甘宁边区营业税暂行条例》（1949 年 7 月颁行）第 16 条规定了纳税人不服行政行为的二级复议制度。②《食盐专卖条例》规定：“边区境内所产食盐，统由政府指定机关专卖。其他机关、团体、公私商号人等，一概禁止贩卖。”“专卖期限为五年，届时由政府另行复议。”③ 都提出了复议的概念。1949 年通过的具有临时宪法性质的《共同纲领》第 19 条规定了“人民和人民团体”对违法行为的“控告”的权力。④ 1949 年 10 月 21 日，政治法律委员会正式成立，至 1954 年撤销。⑤

《中央人民政府政务院关于加强人民司法工作的指示》（1950 年 11 月 3 日）明确提出，人民司法建设工作者在实际工作中应该“研究判例”，在实践中不断

① 参见马毓晨《中国司法理念的变迁》，中国法制出版社，2022，第 175 页。
② 参见甘肃省社会科学院历史研究室《陕甘宁革命根据地史料选辑　第三辑》，甘肃人民出版社，1983，第 136 页。
③ 黄正林：《陕甘宁边区乡村的经济与社会》，人民出版社，2006，第 247 页。
④ 参见《人民政协入宪的历史沿革》，《人民政协报》2014 年 9 月 20 日第 2 版。
⑤ 参见《中国共产党组织史资料》附卷一（上），中共党史出版社，2000，第 76 页。

总结经验做法，以制定新社会“新的法律”。[①] 新中国成立之初，相比婚姻法对人的解放，土地改革法实现了对物的解放。在土地改革法中明确农民有自由批评及弹劾的权力，[②] 赋予人民监督政府的权力，具有重大意义。税收复议委员会制度为建立中国的行政复议制度作了重要探索。[③] 这一制度在实践中取得了良好的效果，为中国的现代化建设奠定了坚实的基础。行政复议制度运用最多的是在税法的管理规定中。故新中国提出“复议”的法律概念不是偶然的，而是一种历史必然。

新中国成立初期，社会矛盾复杂尖锐。1950 年 10 月 1 日，董必武在《人民日报》发表文章，明确指出，“进行法治的建设”，[④] “法治的建设”首次由政务院领导予以提出。

1953 年 12 月 28 日—1954 年 3 月，毛泽东带领宪法起草小组部分成员在杭州开展宪法起草工作，完成四读稿。随后，中央政治局连续召开 3 次扩大会议进行讨论修改，并提交全国政协常委会讨论，修改后形成宪法草案初稿，提交宪法起草委员会。1954 年 3 月—6 月，宪法起草委员会先后 7 次举行正式会议，对草案初稿进行研究和讨论。[⑤]

1953 年 12 月，从 1952 年下半年开始的全国高等学校院系调整基本完成。调整后有高等政法学院 4 所，分别是北京政法学院、华东政法学院、中南政法学院、西南政法学院；另有中国人民大学、武汉大学、东北人民大学（1958 年更名为吉林大学）设法律系。1954 年北京大学复设法律系。1963 年西安政法学院更名为西北政法学院。上述院系后来被称为法学教育的“五院四系”。“文化大革命”期间，除北京大学法律系和吉林大学法律系外，其他法学院系均被撤

---

① 参见《中央人民政府政务院关于加强人民司法工作的指示》，《人民日报》1950 年 11 月 5 日第 2 版。

② 参见《税务复议委员会组织通则》，《人民日报》1950 年 12 月 23 日第 3 版。

③ 参见中央全面依法治国委员会办公室《中国共产党百年法治大事记（1921 年 7 月—2021 年 7 月）》，人民出版社、法律出版社，2022，第 69 页。

④ 参见中央全面依法治国委员会办公室《中国共产党百年法治大事记（1921 年 7 月—2021 年 7 月）》，人民出版社、法律出版社，2022，第 68 页。

⑤ 参见中央全面依法治国委员会办公室《中国共产党百年法治大事记（1921 年 7 月—2021 年 7 月）》，人民出版社、法律出版社，2022，第 78 页。

销、停办。[①]

1954 年《宪法》第 7 条正式明确规定了中华人民共和国公民有书面或者口头“控告权”和受损失“赔偿权”，该规定提供了新生的人民政权行政复议制度创建的宪法依据。新中国成立之初，我们党在废除旧法统的同时，开始创立社会主义新法统。五四宪法及国务院组织法、人民法院组织法、地方各级人民代表大会等一批基本法律，以国家根本大法和基本法律的形式确定了新中国的基本政治制度、经济制度、立法体制、司法制度以及社会主义法制的基本原则。

中国共产党对于建设社会主义法治的信念是毋庸置疑的，其认识深刻而清晰。在 1956 年 9 月，我国的法治建设取得了重要的进展。刘少奇同志在党的八大报告中强调了完备法治的重要性，并提出国家机关和工作人员必须严格遵守国家法律，以保障人民的民主权利。这一观点标志着中国政治生活从斗争方式向法治方式的转变，体现了对法治精神的深入理解和重视。[②] 同月 19 日，董必武在党的第八次全国代表大会上也作了关于加强人民民主法治的发言。他明确提出了依法办事是加强人民民主法治的中心环节，并强调了依法办事的两方面意义：一是必须有法可依，这意味着在社会生活的重要领域需要有明确的法律作为依据，能够有章可循；二是有法必依，这要求所有人，都必须严格遵守法律，确保法律的权威性和严肃性。[③] 董必武的发言与刘少奇同志的报告相辅相成，共同推动了中国法治建设的发展。他们的观点不仅在当时具有重要意义，还对后来的法治建设产生了深远的影响。针对政法队伍水平参差不齐，周恩来强调：“大家加强思想意识和工作作风的修养，搞好工作。”[④] 他主张对旧司法人员进行改造，“是可以改造，而且应该改造的”。[⑤] 帮助他们不断提高政治思想觉悟。

---

① 参见中央全面依法治国委员会办公室《中国共产党百年法治大事记（1921 年 7 月—2021 年 7 月）》，人民出版社、法律出版社，2022，第 78 页。

② 参见刘少奇《中共中央向第八次全国代表大会的政治报告》，载《社会主义教育课程的阅读文件汇编》（第一编），人民出版社，1957，第 150 页。

③ 参见中央全面依法治国委员会办公室《中国共产党百年法治大事记》，人民出版社、法律出版社，2022，第 88 页。

④ 中共中央文献研究室：《周恩来年谱（1949—1976）》上卷，第 7 页。

⑤ 中共中央文献研究室：《周恩来年谱（1949—1976）》上卷，第 74 页。

由于种种原因，新中国法治建设在经历了1950年初期短暂发展后步入寒冬，行政复议制度也随之变迁。历史法学派的观点认为，法律与语言和风俗一样，强调法律是历史演进的产物，不是由立法者或法学家的意志创造出来的，而是社会发展的自然结果。在历史法学派看来，法律具有稳定性和连续性，反对轻易改变或破坏已有的法律体系，主张从历史的角度研究法律，了解法律的历史沿革和社会背景，以便更好地理解和实施法律。① 由于法律深深植根于国家的民族精神之中，法律移植可能难以真正融入被移植国家的法治体系。法律移植可能忽视了被移植国家的历史、文化和社会背景，导致移植的法律与被移植国家的法律体系和社会环境格格不入。“文化大革命”期间，由于我国法治建设遭到全面破坏，行政复议工作也陷入停顿。

第二节　行政复议制度初建之内容和特质

新中国成立后到1966年，行政复议制度主要历经了初创阶段和初步完善阶段。

一、行政复议制度的初创阶段（1949—1950）

我国的行政复议制度起源于具有领导关系的财税部门。1950年1月15日，政务院批准、财政部公布的《财政部设置检查机关办法》第6条规定，接受检查的部门，不认可检查措施，可向上级机构“申请复核处理”。② 这一规定中的“申请复核处理”实质上就是行政复议的雏形，为后来行政复议制度的建立和完善奠定了基础。1949年的《共同纲领》第19条也明确规定了人民或者团体的控告权。③ 这一规定为行政复议制度的实施提供了有力的法律支持，确保公民和团体在受到行政行为侵犯时，有途径进行申诉和维权。

《税务复议委员会组织通则》（1950年12月政务院政务会议）的通过，标

① 参见许章润主编《萨维尼与历史法学派》，广西师范大学出版社，2004，第30—40页。

② 参见《湖南政报》，1951年01期。

③ 《中国人民政治协商会议共同纲领》，载中央档案馆《建党以来重要文献选编》第26册，中央文献出版社，2011，第758页。

志着中国行政复议制度的正式建立，它明确规定了税务复议委员会组织和运行，为行政复议的实施提供了制度保障。① 首先，行政复议的宗旨在于促进公平正义的实现。通过税务复议制度，可以确保国家公平合理的税收政策得以贯彻，从而维护纳税人的合法权益，实现税收的公平性和合理性。同时，税务复议制度还致力于调整税务工作中的公私关系，解决因公共利益和个人利益冲突引起的“民告官”案件，保障公民和法人对政府行政行为的监督权。其次，税务复议委员会具有较高的中立性和超脱地位。它不依附于税务部门而设立，而是受当地人民政府领导，这使得复议委员会能够客观、公正地处理税务争议，避免利益冲突和偏见。同时，复议委员会的成员具有广泛的代表性，包括财政经济委员会、税务机关、工会等代表，以及专家等外部人士，这有助于保证复议决定的专业性和权威性。此外，税收复议委员会的运作也体现了不同于一般行政程序的特点。一方面，它实行相对人参与协商制度，允许纳税义务人在复议过程中列席申述理由、参加协商，这有助于增强复议决定的透明度和公信力，同时保障纳税人的合法权益。另一方面，它实行委员集体议决制度，复议决定必须经过半数委员的同意，这有助于确保复议决定的公正性和合法性，防止个别委员的偏见或不当行为影响复议结果。

上述规定清楚地表明，新中国成立初期创立的行政复议制度本意建立完善专门解决行政争议、监督政府的政府系统内部法律救济机制，从行政复议机构较高的独立性、成员的广泛代表性和专业性、程序的高度参与性以及按照少数服从多数原则进行议决等内容看，它既不同于单方处分相对人权利义务的行政执法，也不同于依托行政隶属关系进行的层级监督。这是因为新中国成立初期还没有建立行政诉讼制度，层级监督在一定程度上代行行政诉讼的功能。因此《税务复议委员会组织通则》第 6 条规定，对行政复议决议不服，还可以向上级税务机关提出申诉，这意味着相对人还可以寻求层级监督作为行政行为最后的救济手段。

尽管《税务复议委员会组织通则》的通过和实施，特别是其中好的程序设计，为中国行政复议制度的建立奠定了坚实基础，为公民和法人提供了有效的

---

① 《税务复议委员会组织通则》，《人民日报》1950 年 12 月 23 日第 3 版。

法律救济途径，但是从整体上看，新中国行政复议制度的发展进程缓慢。由于一些历史、社会和文化等因素，税务领域通则确立的复议委员会行政复议模式，未能在中央人民政府的机关其他管理领域得到规范和推广，在专门为它制定的税务等财经领域也没有很好地实行，税收复议委员会作用没有得到充分发挥，行政复议在程序、性质等方面被忽视。当然，由于这一时期的行政复议工作还处于初创阶段，处理行政复议工作方法方式还属于摸索阶段，只能在事关新中国政权运转的税收等领域予以创建，同时由于行政复议工作的规章制度不健全，因而存在诸多的问题。同一时期，理论界关于行政复议的研究，也几无建树，没有发现这方面的论文。

比较《税务复议委员会组织通则》（1950年12月15日政务院第63次政务院会议通过，12月19日公布）和《实业部诉愿审理委员会规则》（1932年9月24日实业部修正）（见表2-1）①，可以看出历史的延续。《税务复议委员会组织通则》主要关注税务方面的问题，而《实业部诉愿审理委员会规则》则涉及更广泛的实业部门行政行为，主要规定了实业部如何审理公民、法人或其他组织对其作出的具体行政行为的申诉。可以发现两者有相似之处，这两个文件都旨在解决行政争议，保护公民、法人和其他组织的合法权益。

表2-1 《税务复议委员会组织通则》和《实业部诉愿审理委员会规则》比较

	《税务复议委员会组织通则》	《实业部诉愿审理委员会规则》	异同比较
程序	第二条：审理委员受当地人民政府领导，其委员人数由当地人民政府的酌定之 第三条：复委会之委员除当地财政经济委员会等代表为当然委员外，并由当地人民政府聘请公正人士或有关专家若干人充任之，任期一年	第二条：审理委员会设委员七人至十三人，由部长指派之并就委员中指定一人为主席	复委会受当地人民政府领导，审理委员会由部长指派 税务复议委员会“受当地人民政府领导”，不依附税务部门而设立，具有较高的中立和超脱地位；税务复议委员会的成员具有广泛的代表性，并且注意吸收外部公正人士和专家参与，实行相对人参与协商制度

① 《中华民国法规大全（第六册：实业）》，商务印书馆，民国二十三年（1934）辑印，第7—8页。

续表

	《税务复议委员会组织通则》	《实业部诉愿审理委员会规则》	异同比较
审理时间	第六条：复委会接到纳税义务人申请复议书后，应迅速作成复议决议书，移送主管税务机关核转原申请人照办，如仍有不服，得向上级税务机关提起申诉 第八条：复委会所为之决议，须经过半数委员之同意。有争议应将决议及税务机关代表意见一并报请当地人民政府商同其上级税务机关解决之	第四条：主管司收到诉愿书及其关系书类应于二日内移付委员会审理 第七条：决定受理之案件分送各委员审理完毕后，应即由主席定期召集会议决定后七日内作成决定书 第八条：前二条之决定书由全体委员签名盖章呈请部长核定 第九条：委员会遇有应开言词辩论之案件，全体委员均须出席	税务复议案件审理突出迅速，体现效率。实业部规定对一些程序作出了规定，但最关键的审理时间没有说明 实业部规定突出了部长的权力。税务复议委员会突出了当地人民政府和上级机关的权力

1950 年 12 月《印花税暂行条例》由政务院发布，其 21 条明确提出对处罚不服，可以“提请复议”，再次明确了“复议”一词在税务争议解决中的应用。① 复议作为一种法律程序，为纳税人提供了一种途径，可以对税务机关的行政处罚进行申诉和审查，确保税务行政的公正性和合法性。究其立法本意此处的“复议”应为原级复议，即向作出原处罚决定的税务机关提出复议。同时，纳税人也有权了解复议的进展情况，并可以对复议结果提出异议或寻求进一步的法律救济，《印花税暂行条例》提出也可向“上级税务机关申诉”。政务院发布的《印花税暂行条例》中的复议规定，为纳税人提供了一种有效的法律手段，用于解决与税务机关之间的争议和纠纷。通过合理利用这一机制，纳税人可以更好地维护自己的合法权益，促进税务行政的公正和透明。

① 《印花税暂行条例》，《人民日报》1950 年 12 月 23 日第 2 版。

二、行政复议制度的初步完善阶段（1951—1966）

随着有关行政复议法律法规的颁布，中国行政复议法律法规规定的范围和领域越来越大，中央人民政府相继颁布的《中华人民共和国暂行海关法》（以下简称《暂行海关法》）等法律规范，都规定了行政复议制度，我国规定税务行政复议的法规日益增多。1951年3月23日中央人民政府政务院第77次会议通过，同年5月1日起施行的《暂行海关法》对海关行政复议制度作了规定，其第188条规定："受处分人不服海关处分时，得于接到处分通知书或公告之日起十四日内向海关提出申请书，关长应重予审核，并得变更原处分。如维持原处分时，就加具意见转报海关总署审理。受处分人对变更处分仍不服时，应于接到变更处分通知之日起七日内，提出再申诉，由关转报海关总署审理。以上列期限内不提申诉，处分即属确定。"此规定只有行政复议的救济渠道，没有提到行政诉讼。第189条规定："海关总署对申诉案件的决定，应制成决定书，发由原海关送达申诉人，无法送达时，应公告之。海关总署的决定为最后决定。"① 1951年政务院发布的行政法规《城市房地产税暂行条例》第12条规定，不认同房地产评价结果的，可以向评价委员会进行"申请复议"。当然申请行政复议不影响税款交纳。1954年5月6日《国营企业内部劳动规则纲要》（政务院第215次政务会议审议通过）第22规定："处分公布以后，受处分者如有意见，在10天以内可向上级领导机关申诉。但在上级领导机关未作决定之前，仍按照原处分执行。"②《农村粮食统购统销暂行办法》于1955年8月国务院第17次全体会议审议通过，第36条明确了农民对交售任务等，"如认为有不公平或徇私舞弊情事时，可向国家机关提出申诉；接受申诉的国家机关，必须负责及时处理。"③ 这些都大大丰富了行政复议制度，监督了行政机关执法行为，保障了人民权益。这些复议、申诉等相关方面的规定，虽然名称都不全是复议两字，但其内容本质，都实际上是行政复议的制度规定，监督了行政机关执法行为。

---

① 中央人民政府海关总署：《中华人民共和国暂行海关法》，人民出版社，1951，第352页。

② 《国营企业内部劳动规则纲要》，《人民日报》1954年7月14日第2版。

③ 《关于市镇粮食定量供应和农村粮食统购统销国务院公布两项暂行办法》，《人民日报》1955年8月25日第1版。

1957 年后，行政复议工作在中央和地方继续得到了发展，如 1957 年全国人大常委会通过的法律《国境卫生检疫条例》第 7 条第 2 款规定，行政相对人对处分决定不满，可以采取申诉或者复议的方式，其对象也不是固定的，可以选择向原机关或者原机关的上级机关。[①] 1957 年的《治安管理处罚条例》确实对复议管辖、原行政行为暂缓执行、复议终局等方面作出了规定。这一条例的制定，进一步完善了中国的行政复议制度，为公民提供了更加明确和具体的法律救济途径。[②] 罗瑞卿在向人大常委会介绍说明《治安管理处罚条例》起草的草案时，认为当事人提出“申诉”后，“仍由县、市公安局复核”。这些案件情节简单，及时处理有教育意义，把申诉案件“送到省、专公安机关复核”，往返误事，也无必要。申诉案件的处理是行政职权，交给检察院（司法机关）处理，也无必要。[③] 罗瑞卿的说明进一步明确了行政复议的适用范围、程序和要求，使公民能够更加清楚地了解如何行使自己的复议权利。同时，他也强调了行政复议机关在处理复议案件时应遵循的原则和标准，确保复议决定的公正性和合法性。这一说明的提出，不仅增强了公民对行政复议制度的认识和理解，也为行政复议制度的实施提供了有力的法律保障。

1958 年 6 月《农业税条例》规定了二级复议机构，其第 27 条规定纳税人即农民发现纳税中有错误的情况，向乡级政府要求“复查和复议”。对复议等结果不满意，为了保护农业纳税人权益，《农业税条例》规定了纳税人有二次复议的权力，对不满之处“向上级人民委员会请求复查。”[④] 财政部副部长吴波在《关于中华人民共和国农业税条例（草案）的说明》中提出：“许多原来的行之有效的规定，特别是有利于发展农业生产的各项规定，在新的农业税条例中都保留下来了。”[⑤] 在税收领域保留行政复议的做法，一直是新旧解放区行之有效的规定。此外的复议是二级复议制，由原级乡、民族乡、镇人民委员会复议和

① 参见《中华人民共和国国境卫生检疫条例》，《人民日报》1957 年 12 月 24 日第 4 版。

② 参见《中华人民共和国治安管理处罚条例》，《人民日报》1957 年 10 月 23 日第 4 版。

③ 参见《关于中华人民共和国治安管理处罚条例草案的说明》，《人民日报》1957 年 10 月 23 日第 4 版。

④ 《中华人民共和国农业税条例》，《人民日报》1958 年 6 月 5 日第 2 版。

⑤ 吴波：《关于中华人民共和国农业税条例（草案）的说明》，《人民日报》1958 年 6 月 5 日第 2 版。

上级人民委员会复查。新中国成立初期的行政复议涵盖了人事机关内部争议，1957 年《国务院关于国家行政机关工作人员的奖惩暂行条例》明确，机关工作人员对人事争议不服，如对纪律处分有异议，可“向处理机关要求复议”，同时，也可直接向上级申诉。[①] 这样的规定确保了工作人员的权益得到保障，也促进了行政机关内部的公正与公平。这些规定都是为了确保国家行政机关工作人员在受到纪律处分时，能够有一个公正、透明的申诉机制，从而维护他们的合法权益，同时也保障了行政机关的决策和执行能够得到有效的监督和纠正，为行政机关人事复议提供了有益探索。

在各地，1958 年《农业税实施办法》（湖南省）第 31 条规定，为纳税人提供了有效的法律救济途径，规定了纳税人可以“复查和复议”，纳税人还可以对复议行为提出异议，请求上一级人民委员会重新审查，从而维护自己的合法权益。值得注意的是，新中国成立初期行政复议是终局裁决，相对人不服行政复议结果也不得向人民法院起诉。[②]

随着“左”的思想愈演愈烈，行政复议工作陷入停顿。20 世纪 60 年代至 70 年代中后期，由于当时特殊的时代背景，税务行政复议制度不仅停滞不前，而且可以说几乎是荡然无存了。笔者总结了 1950—1958 年部分含有行政复议内容的法律法规（见表 2-2）。

表 2-2 1950—1958 年部分含有行政复议内容的法律法规[③]

地区/单位	时间	名称
全国	1950 年 11 月	《财政部设置财政检查机构办法》
全国	1950 年 12 月	《税务复议委员会组织通则》
全国	1950 年 12 月	《印花税暂行条例》
全国	1951 年 5 月 1 日	《暂行海关法》

① 参见《国务院关于国家行政机关工作人员的奖惩暂行规定》，《人民日报》1957 年 10 月 29 日第 4 版。

② 参见董占东主编《行政复议行政强制执行　行政赔偿行政诉讼讲话》，人民交通出版社，1991，第 12 页。

③ 图表中关于法律法规使用简称，如《中华人民共和国城市房地产税暂行条例》，简称为《城市房地产税暂行条例》；《中华人民共和国农业税条例》简称为《农业税条例》。

续表

地区/单位	时间	名称
全国	1951 年	《海关进出口税则暂行实施条例》
全国	1951 年	《城市房地产税暂行条例》
全国	1954 年 5 月 6 日	《国营企业内部劳动规则纲要》
全国	1955 年 8 月	《农村粮食统购统销暂行办法》
全国	1957 年	《治安管理处罚条例》
全国	1957 年	《国境卫生检疫条例》
全国	1958 年	《工商统一税条例实施细则（草案）》
全国	1958 年 6 月	《农业税条例》
地方	1958 年	《湖南省农业税实施办法》

在新中国成立初期有关行政复议的规定随着时间推移，出台时间越晚，在规则、程序和内容等方面越接近《行政复议条例》，为改革开放后的行政复议工作打下了基础。

随着行政复议制度的不断完善，其范围逐渐扩大，覆盖到更多的行政领域。在初创阶段，行政复议制度开始明确行政复议的程序，包括申请、受理、审查、决定等环节。这些程序的规定旨在保证行政复议的规范性和合法性。政府开始设立专门的行政复议机构，负责处理行政复议案件。这些机构通常隶属于行政机关，但具有一定的独立性，以保证行政复议的公正性和权威性。

行政复议制度在初创阶段的特点表现在以下 3 个方面：一是初步建立行政复议制度框架。在初创阶段，行政复议制度开始形成基本的框架和体系，为后续的发展奠定了基础。二是强调行政复议制度的人民性、公正性和权威性。行政复议机构由人民政府主导，政府通过设立独立的行政复议机构和明确的程序规定，强调行政复议的公正性和权威性，以保障公民、法人和其他组织的合法权益。三是逐步扩大行政复议范围。在初创阶段，行政复议的范围通常局限于一些特定的行政领域，如税务、海关等。随着行政复议制度的不断完善和发展，其范围逐渐扩大，以适应社会经济发展的需要。在粮食统购经销管理等活动领域以及与公民、法人或其他组织关系密切的治安管理活动中都明确规定了行政复议的条款，从而作为被管理（处罚）人不服管理方行政处罚措施的一种救济方式，虽然这一时期行政复议制度还不完善，如对复议决定不能诉讼等，实际上这是对公民诉讼权利的一种限制。

初创阶段的行政复议制度是在新中国成立初期的特定历史背景下形成的。当时，为了巩固新生的人民政权，加强行政管理和法治建设，政府采取了一系列措施来推动行政复议制度的发展。这些措施包括制定相关法律法规、设立行政复议机构、明确行政复议程序等。在这一过程中，政府不断总结经验教训，对行政复议制度进行改进和完善，以适应社会经济发展的需要。通过这些措施的实施，行政复议制度得以初步建立并逐步完善。

三、行政复议早期制度的历史启示

新中国的行政复议制度自 1950 年代初开始建构，经历了多个阶段的发展，这一发展历程不仅体现了我国法治建设的不断深化，也为行政复议制度的发展提供了宝贵的历史启示。

首先，行政复议制度的建立需要充分考虑党的领导和实际需求。在 20 世纪 50 年代，中国的社会、经济和政治环境都发生了巨大变化，行政复议制度的建立需要适应这些变化，解决当时存在的行政争议问题。因此，行政复议制度的设计和实施需要紧密结合实际情况，确保制度的针对性和有效性。提高政治站位，牢牢坚持党对复议工作的绝对领导。坚持党管政法。“党的统一领导的原则，在任何时候都必须坚持”。①

其次，坚持复议为民。行政复议制度作为法治建设的重要组成部分，对于保障公民权益和维护社会稳定具有重要意义。在 20 世纪 50 年代，我国法治建设尚处于起步阶段，行政复议制度的初步确立显示了国家对于法治的重视和决心。通过行政复议制度，公民可以对行政机关的行政行为进行申诉和监督，从而保障自身合法权益不受侵犯。行政复议制度是维护人民群众合法权益的重要机制，行政复议制度的创建始终都以围绕人民群众的根本利益为出发点。“各级

① 中共中央文献研究室：《周恩来年谱（1949—1976）》上卷，第 318 页。

人民政府是人民自己的政府。”① 应该把人民群众的利益需求放在首要的、突出的位置，牢固树立为人民服务、真心实意对人民负责的思想。②

最后，不断改革完善符合中国国情的行政复议制度。20 世纪 50 年代行政复议制度的初步确立只是一个起点，随着社会的不断发展和进步，行政复议制度也需要不断适应新的形势和需求，进行必要的改革和完善。通过总结经验、发现问题并进行改进，行政复议制度可以更加有效地发挥其在法治建设中的作用。

综上所述，行政复议制度的历史启示强调了政治建设和法治建设的重要性、适应国情和实际需求的原则以及制度的不断完善和发展。这些启示对我们当前和未来的行政复议制度建设具有重要的指导意义。

① 中共中央文献研究室：《周恩来年谱（1949—1976）》上卷，第 156 页。

② 参见李洪雷《中国行政诉讼制度发展的新路向》，《行政法研究》2013 年第 1 期。

第三章　我国行政复议制度从中断到恢复（1966—1990）

在“文化大革命”期间，我国行政复议制度基本上处于停滞状态。然而，随着我国1978年的改革开放，国家开始重建法律制度，行政复议制度也逐渐得到恢复和发展。在恢复初期，行政复议制度面临着许多挑战和困难。由于长期的停滞和缺乏经验，行政复议机构的人员配备、制度建设等方面都存在不足。然而，政府和社会各界逐渐认识到行政复议制度在解决行政争议、维护社会稳定方面的重要作用。在这一时期，行政复议也被视为一种权利救济途径，为受到行政行为侵害的当事人提供了一种有效的法律救济手段。

“文化大革命”时期，仅有少数治安法在适用，行政复议工作无法正常进行。在20世纪60年代至改革开放前，行政复议制度发展一度停滞，仅有个别制度对行政复议作了规定。例如《海损事故调查和处理规则（试行）》（1971年）由交通部发布，其中的第14条内容对行政复议作了规定。发生在“文革”初期的砸烂公检法，在当时的斗争形势下，不可能有什么行政法意义上的复议或者申诉，直到改革开放后，我国逐步重建了行政复议制度，为发展社会主义民主、健全社会主义法制、开展社会主义经济建设奠定良好的政治基础。[①]

1978年中共十一届三中全会的召开，确实是中国历史上的一个重要时刻，在这次会议上强调的“有法可依、有法必依、执法必严、违法必究”，是对过去

---

① 参见中央全面依法治国委员会办公室《中国共产党百年法治大事记（1921年7月—2021年7月）》，人民出版社、法律出版社，2022，第113页。

法治建设经验的总结，更是对未来法治国家建设的明确指引。同年 12 月 29 日，中共中央批转出台了“清查冤假错案的报告”，明确“真正做到全错全平”，对历史上形成的冤假错案“有错必纠”①。在这一背景下，中国法学界开展的“人治与法治”大讨论具有深远的意义。这场讨论不仅深化了人们对法治重要性的认识，也为中国的法治建设提供了理论支持。通过讨论，大家形成了中国需要法治的基本共识，这为后续的法治建设奠定了坚实的基础。②

1986 年 7 月 3 日，首次法律知识讲座由中央书记处在北京怀仁堂为中央领导同志举办。这是中央领导同志带头学习法律知识、加强法制建设的一项重要举措。③ 回顾历史，我们可以看到，从立法、执法、司法等各个方面，中国都在不断完善法治体系，提高法治水平。同时，广大人民群众对法治的认识和信任也在不断提高。

第一节 行政复议的立法情况

1980 年 8 月，邓小平明确而又深刻地指出，要建立一种不因领导人改变而改变的法律制度。④ 法治建设毕竟已经迈出了坚实的步伐。从 1979 年到 1990 年，立法运动蓬勃生起，法律法规大量出台，其中全国人大及其常委会制定了 99 部法律，国务院制定了 700 多件行政法规。1979 年《选举法》第 25 条规定申诉制度⑤，八二宪法重申了五四宪法的申诉制度⑥，这实际上都是行政法意义上的复议制度。1979 年 7 月《选举法》第 25 条关于对选民可“提出申诉”规定，是改革开放首次规定申诉概念的单行法律，尽管欠缺申诉主体等可操作性

---

① 参见中央全面依法治国委员会办公室《中国共产党百年法治大事记（1921 年 7 月—2021 年 7 月）》，人民出版社、法律出版社，2022，第 118、119 页。

② 参见何勤华《中国法学史纲》，商务印书馆，2012，第 385—386 页。

③ 参见中央全面依法治国委员会办公室《中国共产党百年法治大事记（1921 年 7 月—2021 年 7 月）》，人民出版社、法律出版社，2022，第 144 页。

④ 邓小平：《党和国家领导制度的改革》（1980 年 8 月 18 日），《邓小平文选》第二卷，第 333 页。

⑤ 《选举法》第 25 条规定：“对于公布的选民名单有不同意见的，可以向选举委员会提出申诉。选举委员会对申诉意见，应在三日内作出处理决定。”

⑥ 五四宪法第 97 条规定了公民有向各级国家机关提出书面控告或者口头控告的权利。八二宪法第 41 条规定了公民对于任何国家机关和国家工作人员的违法失职行为，有向国家机关提出申诉、控告或者检举的权利。

的条款，在实践中也鲜有运作，但也是破天荒的规定，充分体现了国家对行政复议制度的重视。八二宪法第41条重申五四宪法中关于公民“申诉、控告或者检举权”的规定，为行政复议制度能否单独制定法律法规奠定了坚实的宪法基础。行政复议制度一直在财税系统先行，随后的1980年出台的两部所得税法《中外合资经营企业所得税法》第15条和《个人所得税法》第13条规定，明确纳税人可以一级复议，即向上级税务机关申请复议。1981年《外国企业所得税法》也作出了类似的规定。① 1982年出台《民事诉讼法（试行）》则是更进一步在行政诉讼和行政复议没有单独立法的背景下，为解决行政诉讼案件通用的程序制定了规则。② 1990年《行政复议条例》出台是复议制度史上重大事件，构建了独立的行政复议制度。1978年改革开放后至1990年《行政复议条例》通过的12年间是行政复议立法的重要时期，这一时期的行政复议立法单行规定，为统一的行政复议制度出台奠定文本基础。与德国、法国、日本等大陆法系国家和地区相比较，中国特色行政复议制度形成，受宏观层面之经济政治发展、文化等因素的影响。

随着我国民主法治建设的不断加快，行政复议制度的发展也进入了一个全新的时期。对于行政复议的法律规范，查阅相关资料，发现近10年来，中国已有100多部法律、行政法规规定了行政复议。③ 另有不同版本的行政法教材也对改革开放至1990年左右这一阶段的行政立法情况作了回顾梳理。④ 有行政复议制度内容的法律法规数量增多，如公民出境入境管理法、邮政法都用条款规定了行政复议制度。

1989年《行政诉讼法》原则性规定了复议管辖等。⑤ 《行政复议条例》（1990年）具备《行政诉讼法》配套性质。《行政复议条例》包括申请复议范围、复议管辖、审理与决定共10章51条，对行政复议活动的各个环节作了具

① 《外国企业所得税法》（1981年）第16条规定：“外国企业同税务机关在纳税问题上发生争议时，必须先按照规定纳税，然后再向上级税务机关申请复议。”

② 《民事诉讼法（试行）》（1982年）第3条规定：“法律规定由人民法院审理的行政案件，适用本法规定。”

③ 参见国务院法制局编《行政复议条例释义》，中国法制出版社，1991，第159页。

④ 新中国第一部行政法学统编教材《行政法概要》于1983年6月由法律出版社出版。

⑤ 参见赵威、方军、吉雅杰《行政复议法起草问题及条文释解》，中国人民公安大学出版社，1999，第3页。

体明确的规定，标志着新中国行政复议制度的正式建立。① 在《行政复议条例》的框架下，各地也开始制定地方性的行政复议法规或规章，以细化和完善行政复议的具体操作。

1990 年之前行政复议具体做法由分散的单行法条款规制。当然判断在一项法律、法规立法中是否规定行政复议内容，不能看是否有“复议”这个词，主要看其规定的行为是否具备行政复议的特征。② 原国务院法制局编的《行政复议法条例释义》中提到，不完全统计含有行政复议条款的有 100 余部法律、行政法规，但是本文检索到只有 74 部。

一、1978—1990 年含有行政复议条款的法律法规发布年份

据统计，1978—1990 年含有行政复议条款的法律法规共 74 部（见表 3-1）。

表 3-1　1978—1990 年含有行政复议条款的法律法规

公布时间年	数量（部）	名称
1978	0	
1979	1	《选举法》
1980	2	《中外合资经营企业所得税法》《个人所得税法》
1981	1	《外国企业所得税法》
1982	2	《商标法》《民事诉讼法（试行）》
1983	3	《商标法实施细则》《国务院关于城镇非农业个体经济若干政策性规定的补充规定》《国务院关于城镇劳动合作经营的若干规定》
1984	10	《专利法》《产品税条例（草案）》《国营企业调节税征收办法》《国营企业所得税条例（草案）》《增值税条例（草案）》《资源税条例（草案）》《国营企业奖金税暂行规定》《营业税条例（草案）》《国务院关于农村个体工商业的若干规定》《盐税条例（草案）》

① 参见中央全面依法治国委员会办公室《中国共产党百年法治大事记（1921 年 7 月—2021 年 7 月）》，人民出版社、法律出版社，2022，第 158 页。

② 参见国务院法制局《行政复议条例释义》，中国法制出版社，1991，第 2 页。

续表

公布时间年	数量（部）	名称
1985	7	《公民出境入境管理法》《外国人入境出境管理法》《专利法实施细则》《集体企业所得税暂行条例》《国营企业工资调节税行政收费暂行规定》《港口建设费征收办法》《违反外汇管理处罚施行细则》
1986	5	《治安管理处罚条例》《邮政法》《矿产资源法税收征收管理暂行条例》《国务院关于坚决制止向企业乱摊派的通知》《税收征收管理暂行条例》
1987	16	《城乡个体工商户管理暂行条例》《水路运输管理条例》《民用航空器适航管理条例》《麻醉药品管理办法》《兽药管理条例》《医疗事故处理办法》《尘肺病防治条例》《电力设施保护条例》《长江干线航道养护费征收办法》《耕地占用税暂行条例》《投机倒把行政处罚暂行条例》《进出口关税条例》《价格管理条例》《海关法行政处罚实施细则》《公路管理条例法》《海关法》
1988	15	《土地复垦规定》《水法》《城市节约用水管理规定》《野生动物保护法》《全国地质资料汇交管理办法》《企业法人登记管理条例》《全民所有制工业企业法》《私营企业暂行条例》《河道管理条例》《航道管理条例》《精神药品管理办法》《医疗用毒性药品管理办法》《现金管理暂行条例》《标准化法》《女职工劳动保护规定》
1989	6	《技术合同法实施条例》《种子管理条例》《进出口商品检疫法》《测绘成果管理规定》《行政诉讼法》《集会游行示威法》
1990	7	《盐业管理条例》《全民所有制小型工业企业租赁经营暂行条例》《全民所有制矿山企业采矿登记管理暂行办法》《防治陆源污染物污染损害海洋环境管理条例》《国防计监督管理条例》《标准化法实施条例》《行政监察条例》

从上表我们可以看出立法于1984年迎来小高峰，达到10部，主要是该年度出台了大量税法草案。达到最高值的1987年，立法达到16部。1987年对应

与党的十三大，这一时期改革开放和发展法制已经深入人心。[①] 因此，1987 年包括随后的 1988 年，我国将社会主义民主与社会主义法制建设提上议程，为监督政府行政行为、解决公民权利保障等问题，在相关立法中大量加入有关行政复议的条款。

二、74 部法律、行政法规分布的行政管理领域

74 部涉及行政复议条款的法律、行政法规主要分布在 9 个行政管理领域（见表 3-2）。

表 3-2 74 部法律、行政法规分布的行政管理领域

领域	数量（部）	名称
公安管理	4	《公民出境入境管理法》《外国人入境出境管理法》《治安管理处罚条例》《集会游行示威法》
资源管理	7	《城市节约用水管理规定》《野生动物保护法》《全国地质资料汇交管理办法》《土地复垦规定》《水法》《矿产资源法》《全民所有制矿山企业采矿登记管理暂行办法》
知识产权保护	4	《商标法实施细则》《专利法》《商标法》《专利法实施细则》
工商行政管理	12	《企业法人登记管理条例》《国务院关于城镇劳动者合作经营的若干规定》《技术合同法实施条例》《种子管理条例》《国务院关于城镇非农业个体经济若干政策性规定的补充规定》《国务院关于农村个体工商业的若干规定》《全民所有制工业企业法》《城乡个体工商户管理暂行条例》《私营企业暂行条例》《投机倒把行政处罚暂行条例》《盐业管理条例》《全民所有制小型工业企业租赁经营暂行条例》
交通管理	5	《河道管理条例》《民用航空器适航管理条例》《航道管理条例》《水路运输管理条例》《公路管理条例》
食品药品卫生	6	《医疗用毒性药品管理办法》《医疗事故处理办法》《精神药品管理办法》《麻醉药品管理办法》《兽药管理条例》《尘肺病防治条例》

① 党的十三大报告第五部分“关于政治体制改革”里提出建立社会协商对话制度，完善社会主义民主政治若干制度，加强社会主义法制建设等。

续表

领域	数量（部）	名称
税收、金融和行政收费	22	《国营企业调节税征收办法》《国营企业所得税条例（草案）》《资源税条例（草案）》《产品税条例（草案）》《盐税条例（草案）》《中外合资经营企业所得税法》《集体企业所得税暂行条例》《增值税条例（草案）》《国营企业奖金税暂行规定》《国营企业工资调节税暂行规定》《税收征收管理暂行条例》《耕地占用税暂行条例》《进出口关税条例》《外国企业所得税法》《营业税条例（草案）》《长江干线航道养护费征收办法》《港口建设费征收办法》《个人所得税法》《价格管理条例》《现金管理暂行条例》《国务院关于坚决制止向企业乱摊派的通知》《违反外汇管理处罚施行细则》
技术质量	4	《进出口商品检疫法》《标准化法》《测绘成果管理规定》《国防计量监督管理条例》
其他	10	《女职工劳动保护规定》《邮政法》《民事诉讼法（试行）》《海关法》《选举法》《海关法行政处罚实施细则》《行政诉讼法》《行政监察条例》《防治陆源污染物污染损害海洋环境管理条例》《电力设施保护条例》

1. 税收、金融和行政收费领域。

从上表中可以看出，相关立法数量为22部，位列第一位，占全部（74部）立法数量的30%。这从历史上看，我国行政复议制度肇始于财政和税收领域，改革开放后这一个历史性的做法和经验得以传承。税收、金融和行政收费领域早期的行政复议条款确实相对较多，这主要是由于这些领域涉及大量的行政行为和决策，直接关系到公民、法人和其他组织的权益。行政复议作为一种法律救济手段，为公民、法人和其他组织提供了对行政行为进行申诉和维权的途径。在税收领域，行政复议条款主要针对税务机关作出的涉及纳税义务、税收征收管理等方面的具体行政行为。这些条款规定了纳税人可以依法申请行政复议，以维护自己的合法权益。同时，行政复议条款也要求税务机关在作出行政行为时，必须遵守法定程序，确保行政行为的合法性和公正性。在金融领域，行政复议条款主要涉及金融监管机构对金融机构的监管行为，以及金融机构与客户之间的纠纷解决。这些条款为金融机构和客户提供了通过行政复议途径解决争议的可能，有助于维护金融市场的稳定和公平。在行政收费领域，行政复议条款主要针对行政机关在收费过程中可能存在的违法行为或不当行为。这些条款规定了申请人可以就收费行为提出行政复议申请，以纠正不当收费或维护自己的合法权益。早期行政复议条款的设立，为税收、金融和行政收费领域的争议解决提供了有力的法律保障。22 部单行立法涵盖各类市场主体的权益救济保护，然而，随着社会的不断发展和法律制度的不断完善，行政复议制度也在不断进行改革和完善，以适应新的社会需求和法律环境。

2. 工商行政管理领域。

在含有行政复议条款立法中，工商行政管理领域为 10 部，约占 14%，数量第二。改革开放、国内市场建设后，主要归因于工商行政管理工作涉及大量行政决策和行为，这些决策和行为直接关系到市场主体的权益，包括企业、个体工商户等。行政复议作为一种法律救济手段，为这些市场主体提供了对工商行政管理部门的具体行政行为进行申诉和维权的途径。

在早期的工商行政管理中，行政复议条款的设立有助于规范工商行政管理部门的行为，确保其依法行使职权。这些条款明确了公民等申请人提出行政复议的条件、程序和期限，规定了复议机关的职责和权力，以及复议决定的效力等。通过行政复议，市场主体可以对工商行政管理部门作出的涉及营业执照、行政许可、行政处罚等方面的具体行政行为进行申诉。复议机关会对申请进行审查，如果发现行政行为存在违法或不当之处，会作出相应的复议决定，从而维护市场主体的合法权益。

3. 资源保护领域。

资源管理领域立法数量分别为 7 部，位列第三位。资源具有巨大的市场价值和经济价值，资源管理涉及土地等，需要注意的是，虽然行政复议条款在资源保护领域较为常见，但具体的条款内容和适用范围可能因不同地区的法律规定而有所差异。因此，在具体应用中，需要结合当地的法律法规进行理解和分析。资源管理与保护也与人民群众的生命安全息息相关，因此产生行政争议日益增多，权利保障也提上了议事日程，这一阶段的立法都回应了相关现实需求。

综上所述，1978—1990 年间，我国各个领域的行政复议制度逐渐发展并展现出各自的特色：一是税务行政复议。税务行政复议是这一时期行政复议制度的重要组成部分。税务行政复议主要处理与税收相关的争议，例如纳税人对于税务机关的税务处理决定不服的情况。税务行政复议的特色在于其专业性，涉及税务知识的运用和税务政策的解读。此外，税务行政复议在程序上相对简化，注重效率，以迅速解决税务争议。二是海关行政复议。海关行政复议主要处理与海关管理相关的争议，如进出口货物的关税计算、违禁品处理等。海关行政复议的特色在于其涉及国际贸易和海关监管的特殊性，需要熟悉国际贸易规则和海关法律。此外，海关行政复议也注重保护企业的合法权益，促进贸易的顺利进行。三是治安管理行政复议。治安管理行政复议主要处理与治安管理相关的争议，如治安处罚、户籍管理等。这一领域的行政复议特色在于其涉及公民的基本权利和社会秩序的稳定。治安管理行政复议注重保护公民的合法权益，同时也强调对社会秩序的维护。四是其他领域。除了上述几个主要领域外，其他领域的行政复议制度也各具特色。例如，工商行政复议主要处理企业登记、商标注册等争议。这些领域的行政复议制度都体现了专业性和针对性，以解决各自领域内的特定争议。

第二节　单行法确立的行政复议制度内容

关于涉及行政复议规定的分散立法均为单独条款规定，故难以在单行法中规定行政复议案件办理的各个方面。但是相关单行法的各个方面的规定，构成了行政复议各项制度，为之后的统一立法所吸收。行政复议单行法确立的行政复议制度内容主要包括以下几个方面。

一、确立的有限行政复议案件范围

1990 年之前，行政复议受案范围规定，主要依靠单行的行政法律法规。其中，规定得最多是行政处罚。

1. 侵犯人身权的行为。

1986 年出台的《治安管理处罚条例》第 39 条规定明确了提出行政复议的

双主体，即被处罚的人或者被侵害人，作为主体可“向上一级公安机关提出申诉”。[①] 1957 年《治安管理处罚条例》第 18 条“执行治安管理处罚的程序”也规定了申诉和裁决，但对于人身权的权益规定不尽详细。考虑我国行政复议案件数量近半数在公安部门，考虑对人身自由权的保护，这条规定的重要性不言而喻。

2. 行政处罚决定。

行政处罚占行政复议行为类型的主导地位。多数立法则使用“行政处罚决定”表述，如《矿产资源法》等；有的立法使用“处罚决定”，如《进出口商品检验法》第 28 条等。1990 年《行政复议条例》将对“行政处罚不服的”作为列举的可以申请复议的行为第一位。

3. 侵犯财产权的行为。

在财产权的救济中，主要有以下几类：第一，缴纳税款和滞纳金。《税收征收管理暂行条例》第 40 条规定纳税人等行政主体可“申请复议”。《房产税暂行条例》《耕地占用税暂行条例》立法中也有类似条款。我国行政复议制度肇事于税务、财经等领域，行政复议制度在保障社会稳定和促进经济发展方面发挥了积极作用，及时解决了大量税务行政争议，化解了社会矛盾，维护了社会稳定。同时，行政复议制度也促进了经济发展，为企业和投资者提供了更加公平和透明的法治环境，保障了市场经济的正常运行。第二，罚款。《公路管理条例》第 36 条规定，行政相对人对罚款不服的，可以“提出申诉。”《水路运输管理条例》（1987 年）第 27 条[②]也作出了类似的规定。第三，行政收费。《长江干线航道养护费征收办法》对行政收费行为明确了可以提出行政复议，其第 34 条规定，当事人对行政收费决定不服的，可“向交通部申请复议”。收费的相关规定与税收和滞纳金的相关规定类似。

4. 向企业乱摊派的行为。

摊派行为指的是一些组织或机构强制企事业单位收取费用等行为，特别是

---

① 张维炜：《一场颠覆“官贵民贱”的立法革命——行政诉讼法诞生录》，《中国人大杂志》2014 年第 2 期。

② 《水路运输管理条例》第 27 条规定：“当事人对交通主管部门的处罚决定不服的，可以向上一级交通主管部门申请复议；……。”

没有法律依据的摊派行为，构成了行政违法行为。如果企业认为这种摊派行为侵犯了其合法权益，可以通过行政复议的途径维护自己的权益。为维护企业正常经营秩序，企业可以根据《国务院关于坚决制止向企业乱摊派的通知》（1986年）反映乱摊派的行为。[①] 如果行政复议机关认定摊派行为确实存在，可能要求其对企业的损失进行赔偿。

5. 行政裁决行为。

《全民所有制矿山企业采矿登记管理暂行办法》等法律规定行政机关对民事或者行政争议进行裁决，甚至基于裁决也可以行政复议。这些规定没有被其后的行政复议立法所吸纳。1990年国务院修改的《全民所有制矿山企业采矿登记管理暂行办法》第8条规定，对矿区范围发生争议的，应当于30日内报送上一级人民政府裁决。《全民所有制小型工业企业租赁经营暂行条例》第22条规定了合同主体认为仲裁决定有误，也可以提起行政复议。

1990年《行政复议条例》总则中第2条使用了“合法权益”一词，而在第二章“申请复议范围”中第9条采用列举方式规定了行政相对人可以申请行政复议的9种情况，其操作性比第2条强，而第9条的规定主要以“人身权和财产权”为主，一定程度上将“合法权益”具体替换成为“人身权和财产权”，这导致大家有时候认为《行政复议条例》仅保护公民的人身权和财产权。

二、复议申请人

1. 行政决定的当事人。

当事人是指行政处罚决定直接针对的对象，即被处罚人。如《水路运输管理条例》（1987年公布）第27条规定的“当事人”。

2. 治安案件中的利害关系人。

在治安案件中，为了保护当事人的人身权益，申请人的主体范围较之其他行政案件的主体范围更宽，在分散立法阶段没有排除利害关系人的申请人资格。利害关系人对公安机关的处罚不服，可以提起行政复议。

---

① 《国务院关于坚决制止向企业乱摊派的通知》第4条规定：“对乱摊派的行为，企业有权抵制，抵制无效时，可向上级经委、审计、财政和税收、财务、物价大检查办公室反映，有关机关应及时处理。”

三、复议管辖

一般而言，当事人向上一级行政机关申请复议。这一制度主要是为了避免行政争议在行政系统内迟迟不能解决，确保当事人的权益得到及时保护。这里所指的上一级行政机关主要从专业管理的角度出发，沿袭新中国成立初期行政复议制度的相关规定，是指上级特别是上一级主管机关。例如《麻醉药品管理办法》（1987 年）第 34 条“申请复议”规定，以及《医疗用毒性药品管理办法》（1988 年 11 月）第 12 条关于复议的规定。①

在 1978—1990 年间，是行政复议制度的初步建立与探索阶段。随着改革开放的推进，行政复议作为一种行政救济机制开始得到重视，并在多个领域进行了初步尝试和探索。在这一阶段，行政复议机制往往依附于行政诉讼制度。这种依附性体现了当时行政复议制度尚未完全独立的特点。以此为基础，这一时期行政复议机关呈现出专业性和领域性的特点。例如，税务行政复议、海关行政复议等针对特定领域的上级行政机关逐渐建立，这些机关在解决特定领域的行政争议时更加专业和高效。虽然这一时期行政复议机制尚未形成完整的体系，但已经开始逐步规范化。通过制定相关法规、规章和规范性文件，行政复议的受理、审查、决定等程序逐步明确和规范，为后来的行政复议制度发展奠定了基础。

四、复议期限

1. 申请复议期限。

申请行政复议的期限从 5 日到 3 个月不等。例如《治安管理处罚条例》（1986 年）第 39 条规定的是 5 日，《专利法》第 43 条规定的是 3 个月。行政复议单行法关于复议期限的规定不统一，不符合一般性保护的救济原则。有的期限的规定过短，不利于公民权利救济，如治安管理处罚条例规定的复议期限就是 5 日。这不利于公民获得行政复议权利救济。

① 《医疗用毒性药品管理办法》，《人民日报》1989 年 1 月 5 日第 5 版。

2. 复议审理期限。

行政复议审理期限在含有行政复议条款的规定中也不尽一致。例如《尘肺病防治条例》(1987年)第24条规定的是30日。《行政诉讼法》第38条规定了在2个月内作出决定①,并明确了该条款作为复议期限的一般规定与单行法中特殊条款如何适用的问题。

五、复议送达

早期行政复议决定送达的规定相对较少,这可能是由于当时行政复议制度尚处于初步建立阶段,相关法律规定尚未完善。只有《海关法行政处罚实施细则》等规定采取直接送达以及公告送达等送达方式。② 然而,即便规定较少,行政复议的送达方式依然需要遵循一定的原则和程序,以确保申请人能够及时、准确地接收到复议决定和相关文件。在早期,行政复议的送达可能主要依赖于直接送达和邮寄送达等传统方式。随着行政复议制度的不断发展和完善,送达方式也逐渐丰富和多样化,例如增加了留置送达和公告送达等方式,以适应不同情况下的送达需求。尽管早期行政复议送达的规定较少,但复议机关和相关部门仍然需要尽力确保送达的准确性和及时性。他们可能会根据实际情况和需要,采取灵活多样的措施来确保申请人能够收到复议决定和相关文件。

六、行政复议与行政诉讼的关系

我国实行行政复议与行政诉讼关系涉及行政争议解决资源的合理配置,十分重要。其主要分为3个发展阶段:一是各自平行发展的草创和萌芽阶段(1949—1976年);二是单行法融合阶段(1976—1990年);三是成熟定型阶段(1990至今)。为了说明行政复议和行政诉讼关系的历史,上述引用的法律皆为1976—1990年之间的法律。1976—1990年《行政诉讼法》制定之前,各相关单行法律和行政法规对行政复议与行政诉讼关系的规定不尽相同。随着《行政诉

---

① 《行政诉讼法》(1989年)第38条规定:"公民、法人或者其他组织向行政机关申请复议的,复议机关应当在收到申请书之日起两个月内作出决定。法律、法规另有规定的除外。"

② 《海关法行政处罚实施细则》(1987年)第27条规定:"海关送达处罚通知书和复议决定书,可以直接送交当事人签收;也可以邮寄送达,以挂号回执上注明的收件日期为送达日期。无法送达的应当公告;公告即视为送达。"

讼法》的颁布（1989 年 4 月 4 日）统一对行政复议和行政诉讼的关系和衔接作了规定，1990 年《行政复议条例》出台标志着独立行政复议制度的建构。早期单行法规定的关于行政复议与行政诉讼关系主要有以下几种。

1. 不复议直接起诉。

当事人直接向法院提起行政诉讼。如《国境卫生检疫法》第 21 条规定了当事人可以直接“向当地法院起诉”。

2. 由当事人选择。

发生行政争议后，相对人既可以先复议，不服再提起司法诉讼；也可以在行政复议非必经前置程序时，不经行政复议直接提起行政诉讼。这一制度赋予了当事人选择权，有助于更好地维护其合法权益，如《海关法》第 53 条规定当事人可以申请复议，也可以直接到法院起诉。

3. 行政复议前置。

复议前置是穷尽行政救济原则的体现，要求当事人在提起行政复议之前必须先行申请行政复议，对复议决定不服再向人民法院起诉。此种情形存在于税收、收费等行政领域。如《中外合资经营企业所得税法》第 15 条、《个人所得税法》第 13 条规定个人和企业同税务机关在纳税问题上发生争议时，必须先按照规定纳税，然后再向上级税务机关申请复议，对复议决定不服再向法院起诉。《投机倒把行政处罚暂行条例》第 11 条规定被处罚人先申请复议，对复议决定不服再向法院起诉。

4. 复议机关最终裁决。

在特定情形下，复议决定可能为终局裁决，复议机关的最终裁决是在行政复议过程中，复议机关对复议申请进行审理后，作出的具有法律效力的决定。这一决定对复议申请人、被申请人和相关当事人具有约束力，通常标志着行政复议程序的结束。复议机关的最终裁决是行政复议程序的重要环节，对复议申请人和其他当事人具有重要影响。

以上这些制度共同构成了行政复议单行法确立的行政复议制度框架，为行政争议的解决提供了有力的法律保障。

第三节　1966—1990 年行政复议立法与制度分析评价

“文化大革命”期间，行政复议制度一度陷入停滞状态，在“文化大革命”后，行政复议制度迈出了恢复发展的步伐，取得了显著的进步和成就，具体表现为：一是法律法规的颁布，累计有 74 部法律、行政法规对行政复议有所规定；二是初步建立与探索，这一时期处于初步建立与探索阶段，虽然尚未形成完整的行政复议体系，但已经展现出其重要性和潜力；三是专业性与领域性，不同领域的行政复议机制逐渐展现出专业性和领域性，如税务行政复议、海关行政复议等，这些机制在处理特定领域的行政争议时更加专业和高效。通过实践探索和经验积累，行政复议在保障公民、法人和其他组织合法权益、促进社会稳定方面发挥了积极作用。虽然存在一定局限性，但这一时期的立法进展和制度特点为后来的行政复议制度发展提供了重要基础和借鉴。

由于当时整个国家民主法制建设环境的制约，这一阶段行政复议制度尚处于恢复与初步发展阶段，尚未完全独立和成熟。因此，在程序设计、规则制定等方面仍有待进一步完善。即使到 1989 年《行政诉讼法》公布时，统一行政复议制度仍未建立，只是相关单行行政法律法规的零散规定。因此，这一时期行政复议制度在立法形式和立法内容上还存在不少问题和不足。①

一、立法层面的不足

1. 法律法规不完善。

在改革开放初期，行政复议相关的法律法规尚未形成完整的体系，存在很多空白和模糊地带。这使得行政复议的实践操作中缺乏明确的法律依据，影响了行政复议的公正性和效率。行政复议的名称不统一，有的称申诉，有的称复议，有的称之为行政复议，有的称之为复审等。②

① 参见王万华《新中国行政诉讼早期立法与制度——对 104 部法律、行政法规的分析》，《行政法研究》2019 年第 4 期。

② 参见国务院法制局《行政复议条例释义》，中国法制出版社，1991，第 2 页。

2. 立法滞后。

随着社会经济的快速发展和行政管理的日益复杂，行政复议面临的问题也日益增多。然而，立法层面的更新和修订相对滞后，难以及时适应新的形势和需求。74 部单行法律法规规定皆为行政决定，受案范围小，没有将抽象行政行为、内部行政行为的争议纳入复议渠道。有些受案范围规定不合理。

二、体制机制层面的不足

1. 复议机构设置不统一。

在这一时期，行政复议机构的设置并未形成统一的标准和模式。这导致各地复议机构的职能、权限和程序存在差异，影响了行政复议的一致性和权威性。在相关行政复议的条款中，还有不少立法空白，如缺乏行政复议机构和办案人员方面的具体规定。①

1982 年《中华人民共和国商标法》明确在原行政处理机关内另设复议机构。如设在国家商标局内的“商标评审委员会”和设在国家专利局内的“专利复审委员会”。该复议机构虽然设在原行政处理机关内，但它自成体系，工作独立，复议裁决以自己的名义作出；复议机构采用委员会制，以少数服从多数原则作出裁决。有些行政法学者将此称为“行政裁判”。②

2. 复议程序不规范。

行政复议程序缺乏统一、规范的操作流程，容易导致程序上的不公正和滥权现象。同时，复议程序中的透明度不足，难以保障当事人的合法权益。

3. 监督机制不健全。

行政复议制度作为一种行政内部监督机制，其作用的发挥受到诸多限制。在缺乏有效外部监督的情况下，行政复议制度可能出现不公正、不透明的问题，难以真正发挥监督作用。

---

① 参见高文英《浅谈我国的行政复议制度》，《中国法学》1987 年第 2 期。

② 参见刘莘、应松年主编《中华人民共和国行政复议法讲话》，中国方正出版社，1999，第 32—33 页。

三、实践层面的不足

公众认知度低。由于行政复议制度在公众中的宣传普及不足，许多人对行政复议的概念、程序和作用缺乏了解。一些部门和地方受利益驱动，乱发文件、乱收费、乱摊派，而抽象行政行为还没有纳入行政复议范围。一些行政机关在受理和办理行政复议案件时，向申请人收取费用。[①] 这导致行政复议的申请率较低，许多行政争议无法通过行政复议得到解决，作用发挥有限。

综上所述，1966—1990 年间行政复议立法与制度存在的不足主要体现在立法层面的不完善、制度层面不规范和实践层面不公正等方面。为了改进这些不足，我国相关部门应加强立法建设、完善制度设计、提高公众认知度并减少行政干预等措施。

① 参见赵威、方军、吉雅杰《行政复议法起草问题及条文解释》，中国人民公安大学出版社，1999，第 319—322 页。

第四章　我国行政复议制度进一步发展阶段（1990—1999）

进入 20 世纪 90 年代，随着我法治建设不断深入，行政复议制度也迎来了进一步的发展。这一时期，行政复议制度在立法、机构建设、程序规范等方面都取得了显著的进步，为公民、法人和其他组织提供了更加有效的权利救济途径。1990 年，国务院颁布了《行政复议条例》，这是我国第一部关于行政复议的专门法规，标志着行政复议制度进入了规范化、法制化的发展阶段，也标志着行政复议制度的统一。该条例对行政复议的范围、管辖、法律责任等方面作出了明确规定，行政复议制度在立法、机构建设、程序规范和功能拓展等方面都取得了显著的进步。这些进步不仅为公民、法人和其他组织提供了更加有效的权利救济途径，也推动了我国法治建设的不断深入。

第一节　行政复议制度的统一

新中国行政复议制度的统一是个逐步发展的过程。1990 年国务院正式颁布了《行政复议条例》，标志着我国正式确立了统一的行政复议制度。这一转变不仅提高了行政复议的效率和质量，也更好地保护了公民等合法权益，推动了行政机关的依法行政。

一、出台《行政复议条例》

1978—1990年间，我国经济急剧发展，引发行政纠纷增多，进入信访渠道，[①] 而信访渠道在案结事了、化解行政纠纷的彻底性存在问题。因此，需要发挥行政复议功效，尽快统一行政复议立法。当时立法状况，导致人们对是否以行政复议为名来建立统一的制度产生了异议。也有的学者提出了“行政复查”的学术概念，以区别于行政诉讼。[②] 1989年公布的《行政诉讼法》对行政复议和行政诉讼制度作了区分，明确使用了复议和复议机关的概念，对统一和规范行政复议制度起到了重要的导向作用。此后，行政法学界趋向于统一使用行政复议的概念。1990年《行政复议条例》正式颁布，行政复议概念从学术研究到制度层面得以全面确立。[③]

行政复议条例的制定。行政复议条例的起草工作，是在中华人民共和国行政诉讼法颁布前后开始的，国务院法制局组织了起草工作。1989年7月，《关于起草〈行政复议条例〉、〈行政强制执行条例〉的函》由国务院法制局制定下发，提出“为了保证《中华人民共和国行政诉讼法》的有效实施，保障行政机关合法、高效地行使职权，目前急需制定《行政复议条例》和《行政强制执行条例》，鉴于这两个法规涉及面较广、难度较大，起草工作应由部门、地方和专家学者参加。近几年，你（们）在行政复议和行政强制执行方面进行了许多有益的探索，取得不少经验和成果”。请湖南、吉林、哈尔滨、重庆等省市人民政府法制局及国家物价局、西南政法学院、中国政法大学等单位对行政复议程序进行研究，并各自起草行政复议条例草案。要求“法规起草，既要考虑实际情况，又要借鉴有益的经验”。[④] 其中湖南省人民政府法制局于1989年9月25日提出了行政复议初稿，回复国务院法制局：“根据你们的要求，我们起草了一份《行政复议条例（代拟稿）》供参考。由于力量不足，水平有限，没有完成好任

---

① 参见沈岿《行政法变迁与政府重塑、治理转型——以四十年改革开放为背景》，《中国法律评论》2018年第5期。

② 参见国务院法制局《行政复议条例释义》，中国法制出版社，1991，第2页。

③ 参见应松年主编《行政法与行政诉讼法学》，法律出版社，2005，第416页。

④ 关于《起草〈行政复议条例〉、〈行政强制执行条例〉的函》，1989年7月15日，专门档案。

务，请谅解。”[①] 1989 年行政诉讼法配套立法座谈会召开时，《行政复议条例（代拟稿）》作为行政诉讼法配套立法座谈会材料之六，供座谈会代表研究讨论。同年 10 月，国务院法制局在武汉召开了行政复议立法研讨会，与会代表就行政复议立法的宗旨、原则、体例、内容等重大问题进行了讨论和论证。此后，在全国试点城市政府法制工作会议和全国政府法制局长行政诉讼法研讨会上，对条例草案进行了讨论修改。后来，国务院法制局将条例草案正式下发各省份和有关部委，以及有关专家学者征求意见。其中，公安部法制司提出了 10 条修改意见。西南政法学院王连昌回复认为：“总的，我认为该法规草案已基本成熟，不予作大的改动。”王连昌同时提出了 20 条具体修改意见，“信告仅供参考”。[②]

关于立法的必要性，国务院法制局对立法草案说明中提到：近 10 年来，我国已有 100 多个法律、行政法规规定了行政复议。据调查，在向法院提起诉讼的行政案件中，有近 90%是前期已经经过行政复议的案件。随着行政诉讼法的颁布和施行，行政复议在法制建设和行政管理中的重要地位将会更加明显，对行政复议的要求也会越来越高。目前，行政复议在制度建设方面还存在不少问题。复议的管辖和案件的程序等，缺乏统一的规定，行政机关也缺乏专门负责复议工作的机构和人员。这种状况已在实践中造成了诸多不良后果。对此，社会各界尤其是各行政机关反映强烈，呼吁尽快完善行政复议立法。近几年的行政复议实践，也为完善行政复议立法创造了条件，积累了经验。因此，在目前条件下，制定《行政复议条例》是非常迫切和十分必要的。[③]

国务院法制局原副局长黄曙海于 1990 年 7 月 26 日提出意见：本条例是实施行政诉讼法的配套法规，急于出台，建议报请国务院常务会议审议发布。法制局原局长孙琬钟批示：请德华同志审核。国务院原副秘书长席德华提意见报中央领导同志：为配合行政诉讼法 10 月 1 日起实施，建议尽早提请常务会讨论。行政复议总得有机构和人员来办，但第 23、24 条能否这样表达是个问题。

① 《行政复议条例（代拟稿）》，1989 年 9 月 25 日，专门档案。

② 《对行政复议条例的意见》，1990 年 3 月 26 日，专门档案。

③ 参见《国务院法制局关于〈行政复议条例（草案）〉的说明》，载国务院法制局《行政复议条例释义》，中国法制出版社，1990，第 159—165 页。

对此机构有领导提出：又要增加机构编制。能否在开始时简化一些，只保证有人办此事。[①] 国务院法制局对条例草案作了修改。修改内容主要有：1. 考虑到批准机关拥有对需要批准的具体行政行为复查和监督的权限，并把握对其是否需要批准的依据，因此，因法律、法规规定需要逐级批准的具体行政行为引起的复议案件，根据权责统一原则应由最终批准的行政机关管辖。为了使草案第16条规定更加明确，修改为："对法律、法规规定需要上级批准的具体行政行为不服申请的复议，由最终批准的行政机关管辖。"2. 考虑到目前我国行政复议机构人员少、任务重等情况，将草案第38条"受理之日起5日内"中的5日修改为7日；在草案第43条第2款后增加一句"处理期间，复议机关停止对本案的审理"。3. 为体现申请复议行为的严肃性，使复议申请书在内容上全面、详尽地表述申请人的复议请求，申请人申请复议时，应当递交复议申请书，口头申请不予受理。将草案第32条第2款删去。4. 关于损害赔偿问题。《行政诉讼法》第68条已经作了明确规定。但是考虑到有的具体行政行为由于种种客观原因，按法律、法规要求很难完全做到准确、恰当，经复议机关确认这些具体行政行为给申请人造成的损害，被申请人不一定负责赔偿。在草案第44条第1款中增加了赔偿的相关规定。此外，对草案在文字上还作了一些修改。5. 需要说明的几个问题：（1）关于《行政复议条例》的目的问题。在我国国家的利益和人民群众的根本利益是一致的。《行政复议条例》应当体现这一精神，即既保护法人等合法权益，又维护行政机关的正常工作秩序。草案对此已有充分体现。比如，第1条立法目的的规定，第5条行政复议实行一级复议制的规定，第9、10条复议范围的规定，第29、30、31条复议条件的规定，以及第39条复议期间具体行政行为不停止执行的规定，等等。（2）关于不服各部门归口管理的国家局的具体行政行为的复议管辖问题。从目前来看，作出具体行政行为的中央一级国家行政机关，如部委、国务院直属机构、归口管理的国家局等。对这些机关的具体行政行为不服申请的复议，应由这些机关自己管辖。考虑到以后这些机关在名称上发生变化和立法的规范化，《行政复议条例》不宜把这些机关一一列出，而用"国务院各部门"一词代之为好。因此，草案第11条第2款未作

---

① 《行政复议条例（草案）》，1990年8月10日，专门档案。

修改。(3) 关于不服共同行政行为的复议管辖问题。一般来说，两个以及以上机关共同作出行政行为，主要有两种情况：一是同一级政府的两个或两个以上的部门共同作出的具体行政行为；二是同一系统的两个或两个以上的部门共同作出的具体行政行为。因第一种行为引起的复议案件，只能由这些部门所从属的政府管辖，而不能分别由这些部门的上一级主管部门管辖，否则，容易造成上一级主管部门在这类复议案件的管辖上，相互扯皮，引起行政诉讼，也难以确定被告。因第二种行为引起的复议案件，只能由其共同上一级主管部门管辖。《行政复议条例》规定“由它们的共同上一级行政机关管辖”（第 13 条）就是考虑了这两种情况。因此，草案第 13 条未作修改。(4) 关于复议申请收费问题。行政复议是行政机关依据公民、法人和其他组织的申请对自身实施监督的重要制度，也是有效地解决行政争议，减少行政诉讼的重要手段。《行政复议条例》应使公民、法人和其他组织感觉到复议对解决行政争议更有效、更方便，才能把行政争议解决在行政机关内部，才能有效地发挥复议的监督作用。因此，草案似不宜急于规定复议申请收费，如确需收取一定费用，可待今后另作规定。① 该修改意见经依林、纪云、学谦和俊生等领导审批后，报请总理签署。1990 年 12 月 24 日国务院总理李鹏签署中华人民共和国国务院令第 70 号，发布《行政复议条例》。② 该条例施行，具有重要意义。

二、修订《行政复议条例》

政府各个工作部门行政活动有较强的专业性和技术性，行政复议管辖采取“条条管辖”式，随着时间的推移，“条条管辖”模式的弊病便逐渐显露出来，看起来，主要的问题就是不便民，而且也不有效。主张改变原有“条条管辖”模式的呼声极为强烈，行政复议职能不强由于这种管辖模式的不合理性所致。还有一条近乎于玩笑但却耐人寻味的理由，就是“条条管辖”易受部门利益左右。“条条管辖”的这一责难，很容易被“条条管辖”的拥护者用近似的理由来反驳，因此，将“条条管辖”为主改为“条块结合”更符合实际，将第 11 条具

① 《行政复议条例（草案）》，1990 年 11 月 28 日，专门档案。

② 参见汪一鸣、张建华主编《行政复议概要》，湖南出版社，1990，第 33 页。

体修改为：复议由上一级主管部门或者本级人民政府管辖。这样不但消除上述弊端，赋予了申请人选择复议机关的权利，有助于防止和克服部门保护主义和地方保护主义。①

1994 年 4 月，国务院法制局向国务院上报了《关于修改〈行政复议条例〉部分条款的报告》，提出《行政复议条例》实施 3 年多来，现在的问题是与行政执法的实际状况相比，行政复议制度尚未发挥其应有的监督作用。分析原因，除了工作方面的问题，如认识不足、重视不够、宣传不力、基础工作薄弱等，条例自身存在的问题也是一个重要原因，如复议管辖不顺、复议范围与行政诉讼范围不衔接、对不积极受理复议申请的做法监督力度不够等。因此，通过修改条例及时解决这些问题，是十分必要的。经过 3 年多的实践，修改条例的时机也已成熟。我们在广泛征求各地区、各部门意见和建议的基础上，起草了《国务院关于修改〈行政复议条例〉的决定（草案）》，对影响条例实施的 3 个主要条款作了修改。如无不妥，建议此件报请国务院领导审核批准后，以国务院令的形式发布施行。②

1994 年 9 月 2 日，《国务院关于修改〈行政复议条例〉的决定》（国务院第 24 次常务会议）通过，同年 10 月 9 日公布施行。决定将行政机关对自然资源权属的处理决定纳入行政复议受案范围等。这样规定，主要的立法意图似乎在于充分体现有效、公正和便民的原则。行政复议是一种监督救济活动，其有效、公正与否，直接影响着这项制度的存在及其价值。同时，根据“任何人不得成为自己行为的法官”的规则，复议机关一般也应该具有一定的超然性，由谁复议，明智地采取了由当事人选择“条条管辖”与“块块管辖”的方式。③ 这种超然与否的判断，在很大程序上要看行政相对人的态度与感觉。

1994 年，国务院法制局商国家统计局后下发关于建立行政复议、应诉案件统计制度的通知，明确统计报表分为“行政复议案件统计报表”和“行政应诉案件统计报表”，每半年向法制局报送一次。④

---

① 参见国务院法制局《行政复议条例的修订》，《中国法律年鉴》1995 年第 1 期。

② 《关于修改〈行政复议条例〉部分条款的报告》，1994 年 7 月 15 日，专门档案。

③ 参见江必新、李江《行政复议法释评——兼与行政复议条例之比较》，中国人民公安大学出版社，1999，第 120—122 页。

④ 《国务院法制局关于建立行政复议、应诉案件统计制度的通知》，1994 年 8 月 3 日，专门档案。

三、出台配套制度

各地的配套制度制定主要经历了以下几个阶段：一是调研和起草阶段，各地政府或相关部门首先对当地的行政复议实践进行深入调研，了解实际情况和需求，然后基于调研结果，起草配套制度的初步方案；二是征求意见和修改完善阶段，起草完成后，各地政府或相关部门会广泛征求社会各方面的意见和建议，对初步方案进行修改和完善；三是审议和发布阶段，修改完善后的配套制度会提交给当地政府或相关部门进行审议，经审议通过后，正式发布实施。

1. 行政法规与部门规章（1990—1999）（见表4-1）。

表4-1　1990—1999年行政法规与部门规章

发布单位	发布时间	名称
司法部	1991年6月24日	《关于涉及公证事项的司法行政复议有关问题的批复》
国务院	1992年10月23日	《中华人民共和国进出口商品检验法实施条例》
国务院	1993年7月15日	《中华人民共和国商标法实施细则》
国务院	1997年10月22日	《中华人民共和国军品出口管理条例》
司法部	1990年7月30日	《司法行政机关行政复议和应诉工作规定（试行）》
审计署	1990年8月10日	《审计署关于审计行政复议问题的通知》
卫生部	1990年10月6日	《卫生部关于设立卫生部行政复议机构的通知》
财政部	1991年3月14日	《财政部门贯彻实施〈行政复议条例〉的若干规定》
国家技术监督局	1991年4月12日	《技术监督行政复议实施办法》
国家中医药管理局	1991年5月11日	《国家中医药管理局关于成立“国家中医药管理局行政复议办公室”的通知》
国家科委	1991年7月11日	《国家科委行政复议办法（试行）》

续表

发布单位	发布时间	名称
商业部	1991年10月19日	《商业行政复议暂行条例》
海关总署	1991年11月19日	《海关行政复议实施办法》
监察部	1991年11月30日	《检察机关处理不服从行政处分申诉的办法》
国家工商行政管理局	1991年12月27日	国家工商行政管理局对《关于〈城乡个体工商户管理暂行条例〉中“先执行后申请复议”制度有关问题的请示》的答复
广播电影电视部	1992年1月12日	《关于广播电影电视行政复议若干规定》
能源部	1992年2月19日	《行政复议工作暂行规定》
中国人民银行	1992年3月1日	《中国人民银行行政复议办法（试行）》
地质矿产部	1992年3月12日	《地质矿产部行政复议与行政应诉规定》
交通部	1992年8月6日	《交通行政复议管理规定》
进出口商品检验局	1993年6月1日	《进出口商品复验办法》
国家税务总局	1993年11月6日	《税务行政复议规则》
国家土地管理局	1994年3月17日	《国家土地管理局关于对土地权属纠纷案件人民政府处理后是否可以申请行政复议问题的批复》
国家医药管理局	1994年7月30日	《国家医药管理局药品行政保护复审办法》
国务院法制局	1994年11月22日	《对关于贯彻实施〈行政复议条例〉有关问题的请示的复函》
国内贸易部	1994年12月13日	《国内贸易部行政复议工作办法》
专利局	1995年1月10日	《中华人民共和国专利局行政复议规程》
国家进出口商品检验局	1995年5月10日	《商检行政复议实施办法》
国家工商行政管理局	1995年11月2日	《商标评审规则》
国家医药管理局	1996年9月6日	《医疗器械产品注册管理办法》
国家工商行政管理局	1996年12月17日	《工商行政管理暂行规定》
国家国有资产管理局	1997年4月4日	《关于加强国有资产产权纠纷调处及行政复议工作有关问题的通知》

2. 地方性法规与地方规章（1990—1999）（见表 4-2）。[①]

表 4-2 1990—1999 年地方性法规与地方规章

发布单位	发布时间	名称
北京市人民政府	1991 年 1 月 8 日北京市人民政府发布 1995 年 8 月 2 日北京市人民政府修正发布	《北京市人民政府关于实施行政复议制度的若干规定》
天津市人民政府	1993 年 6 月 2 日	《天津市实施〈行政复议条例〉办法》
天津市政府法制办公室	1993 年 2 月 2 日	《天津市行政复议案件审理规则》
辽宁省人民政府	1995 年 11 月 17 日	《辽宁省行政复议实施办法》
吉林省人大常委会	1992 年 10 月 5 日吉林省第七届人大常委会第 33 号公告公布	《吉林省行政复议若干规定》
厦门市人民政府	1992 年 5 月 5 日	《厦门市各级人民政府行政复议程序暂行规定》
广东省人民政府	1992 年 9 月 16 日	《广东省行政复议实施办法》
深圳市人民政府	1994 年 5 月 8 日	《深圳市人民政府行政复议工作规则》
四川省建设委员会 四川省人民政府法制局	1992 年 6 月 18 日	《四川省建设行政复议管辖暂行规定》
贵州省人民政府	1992 年 6 月 5 日	《贵州省环境保护行政复议程序规定》
云南省人民政府	1985 年 8 月 14 日	《云南省行政复议规定》
宁夏回族自治区政府	1993 年 8 月 7 日	《宁夏〈行政复议条例〉实施办法》
广西壮族自治区人民政府	1991 年 11 月 20 日	《广西壮族自治区人民政府委托关于各地区行署受理行政复议案件的通知》

在此期间，国务院法制局政府法制监督司起草了《行政复议法》需要研究

① 参见张桂龙等主编《行政复议法新旧规定对照分解手册》，法律出版社，1999，第 387 页。

的若干问题征求意见的函及调研提纲。上海市法制办就提纲提出了意见。1. 关于复议管辖。总的倾向由同级政府管辖。主要理由是：（1）属地管辖与组织法设定的县级以上人民政府的职权规定精神是一致的。《地方各级人民代表大会和地方各级人民政府组织法》第59条规定县级以上人民政府的职权包括“改变或者撤销”下级政府或者工作部门错误的、不合适的规范性文件。属地管辖与地方各级政府对其所属部门的领导是完全一致的；而上一级主管部门则主要侧重业务上的指导。在本部门、本系统之内的监督指导应该更多地体现在具体行政行为作出之前，重在引导和规范，而不是事后救济；而行政复议作为一种行政救济，对相对人合法权益的保障制度，应该是强有力的，所以，由具有更强的权威性的同级政府来承担比较适当。（2）属地管辖比条线管辖更有利于完善行政复议的机制。行政复议是一种准司法程序，要体现这种执法的公正性，复议机关的地位必须相对超脱，从这一点上说，同级政府要比上一级主管部门有效。部门保护和地方保护两者之间，部门保护是立法中更迫切需要解决的问题。导致地方保护的原因很多，要加以制约和防止，仅仅限制属地管辖解决不了问题。避免复议中的地方、区域保护主义，应该从建立、健全复议机关、复议机构内部监督机制这些根本问题上花力气，给予保障。并且，复议机关必须承担相应的法律责任，无论部门保护还是地方保护，其市场都是越来越小，相比之下，选择属地管辖倒更具有便民、降低成本、减轻复议机构多头设置等优势。（3）属地管辖有利于强化区、县政府法制机构的监督功能。政府法制机构的复议职能未能得到充分体现，据统计，1995年，上海市共发生745起行政复议案件，大多数均由上一级主管部门来承接，而20个区（县）政府法制机构直接承担的复议案件仅16例，年均1家1例都不到。实行属地管辖，各区、县政府的复议机构要承担不断增多、业务范围广、办案质量要求高并承担相应法律责任的复议案件的审理工作，客观上必然要求有独立的机构、足够的人员编制、必要的经费保障，这将有利于政府法制机构职能的强化。同时，也有利于提高行政复议队伍素质，促进政府依法行政意识、水平和能力的提高。（4）属地管辖是可行的。首先，由上一级主管部门和同级政府间进行两可选择转向属地管辖，地方各级政府复议机构的工作量虽有增加，但可以承受。按上海1995年的复议案件统计，如果将公安部门单列，平均每个区、县政府法制机构一年才承担约

11.2起复议案件的审理，平均每月不到1起。其次，地方政府复议机构可以充分利用包括鉴定人员、各行业的专家、大量资料在内的各种资源优势来弥补业务不熟悉的缺陷，保证行政复议的质量和效率。在实践中，法院的行政审判庭就是很好的先例。当然，制定国家法律，必须考虑到其在全国范围的可行度。如果属地管辖目前条件尚不成熟的话，也应选择有利于体现便民利民原则，由申请人选择同级政府或者上一级主管部门管辖。2. 关于复议程序。（1）不赞成口头申请复议。口头申请的设想可能是考虑到申请人文化程度低、在较短的申请期限内能免去烦琐的书面申请，能体现便民原则，有利于保护申请人的利益。但是，口头申请的形式非常难在事后得到确认，从理论上讲，提出复议申请，引起一种行政法律关系的产生，具有法律效力，以书面形式固定和明确是有必要的。从成本来讲，口头申请的允许必然要求复议机关相应建立接待制度，增加人力、物力等办案成本；从实践来讲，口头申请也缺乏法律的严肃性，随意性很大。行政复议毕竟不同于信访工作。书面申请的局限可以通过引入委托代理人制度来加以弥补。（2）对审理方式赞成引入调查、质证和听证制度。在法律条文中不再突出书面审理，并明确赋予复议机关采用质证、举行听证等审理方式的权利是有必要的，也是与《行政处罚法》的有关规定相一致的。行政处罚是具体行政行为中的一种，顺序也在先。在后的行政复议如果没有质证或听证的规定，反而显得不相称或滞后。规定质证和听证，一方面给予申请人以充分的权利，更体现复议程序的行政机关内部监督特点，同时也有利于复议机构全面了解案情，准确作出审理结论。3. 关于对复议活动的监督。（1）对复议活动加强内部监督是很有必要的，也是符合《行政处罚法》立法精神的，因此总体表示赞成。（2）申请人对复议决定不服可以向上一级行政机关申诉，我们的理解是对“司法最终裁决”所不能解决的问题的救济，一是申请人错过了起诉期限；二是法院的行政审判有一定范围，只是对具体行政行为的合法性进行审查，而行政复议还对合理性进行审查，在我们的办案实践中，遇到相当多的具体行政行为在法律上没有漏洞，但在公正性上却存在明显不当的问题，行政复议应该为相对人解决公正的问题，因此给予相对人以申诉的权利是必要的。但是，对申诉程序的法律效力应当加以适当规定，是否可以仅仅从上一级行政机关监督职能的角度来作出审查，而不产生像申请复议一样的法律效力。4. 其他几个具体问题。(1) 对于行政公署的复议管辖权和各类开发区管理委员会在复议活动中的法律地位问题，未进行深层次调研，提不出具体意见。(2) 赞成引入复议代理制度和回避制度。(3) 赞成引入证据制度，但要明确规定举证责任。一般情况下，被申请人对其行为所凭的事实、法律法规依据、行为程序都负有举证责任；但是申请人对其合法权益受到侵犯的主张，也应当举出相应的事实依据。另外，还有复议机构调查取证的程序、证据分类，各自效力如何？都需进一步作出明确规定。5. 其他建议。(1)《行政处罚法》第 37 条第 2 款提出了“先行登记保存”的强制措施，对此，建议在受案范围中赋予申请人复议的权利。(2) 建议对《行政复议条例》第 39 条申请人申请停止执行以及可以停止执行的条件作进一步的规定，比如执行后将难以弥补损失的，或者执行将给申请人带来十分重大的影响等。① 对这些意见，立法小组进行了充分吸收。

在 1990—2000 年间，随着《行政复议条例》的出台和实施，各地的行政复议配套制度也逐渐制定和完善。这些配套制度的制定过程和特点因地区而异，但总体来说，都旨在更好地实施行政复议制度，保障公民、法人和其他组织的合法权益。各地制定的行政复议配套制度在内容上各有侧重，但总体来说，具有以下几个特点：一是结合地方实际，各地的配套制度都紧密结合当地的实际情况和需求，确保制度的可行性和有效性；二是注重程序规范，各地的配套制度都注重对行政复议程序的规范，确保行政复议的公正、公开、透明；三是强化监督机制，各地的配套制度都加强了对行政复议的监督机制，包括内部监督和外部监督，确保行政复议决定的合法性和公正性；四是保障公民权利，各地的配套制度都致力于保障公民、法人和其他组织的合法权益，确保他们在行政复议过程中得到充分的救济和保障。各地的行政复议配套制度在制定过程和特点上呈现出多样性和灵活性。这些配套制度的制定和实施，为行政复议制度的深入发展和有效实施提供了有力保障。

---

① 参见《关于〈行政复议法〉有关调研问题的复函》，1996 年 5 月 6 日，专门档案。

第二节　行政复议制度的主要内容和变化

一、1990 年行政复议制度的主要内容

1. 关于行政复议的范围。《行政复议条例》对行政复议范围的规定，基本上与行政诉讼的受案范围大体相同。包括以侵犯法定经营自主权争议、行政许可争议、行政不作为争议和法规规定的其他可以申请复议的行政争议。对那些虽然不属于行政复议的受案范围，但只要法律、法规有复议规定的，当事人就可以对该具体行政行为申请行政复议。①

2. 关于行政复议管辖。1990 年行政复议条例规定，行政复议主要施行“条条管辖”。对此，不少老百姓有意见：一是在行政工作实践中，下级主管部门会向上级主管部门先汇报、沟通，如果只能向上一级主管部门申请复议，不利于保护申请人的合法权益；二是向上一级主管部门申请复议，多数要到异地，很不方便。考虑到这些问题，国务院于 1994 年对行政复议条例进行了修改，主要是对复议管辖的规定由以“条条为主”修改为“条条”和“块块”都有管辖权。但是，法律、法规对复议管辖有规定的，从其规定。自行政复议条例修订后，到人民政府申请行政复议的案件数量有了很大增加。但是，由于法律、法规中只有一部法律《集会游行示威法》和一件行政法规《卫星地面接收设施接收外国卫星传送电视节目管理办法》规定行政复议由同级人民政府管辖，因此，根据绝大多数法律、法规的规定，中国的行政复议管辖实际上仍以“条条”为主。

3. 关于一级复议制。《行政复议条例》第 5 条规定行政复议实行一级复议制。② 行政复议作为行政机关内部监督纠错的一种制度，应当体现行政效率的原则，程序力求简便，以缩短解决争议的周期，不宜也不必照搬司法机关办案的程序，避免“司法”化的倾向，因此，行政复议原则上实行一级复议制。

---

① 参见李大勇《行政复议与行政诉讼的制度竞争》，《法律科学（西北政法大学学报）》2023 年第 2 期。

② 参见国务院法制局《行政复议条例释义》，中国法制出版社，1990，第 147 页。

4. 关于终局复议。法律中规定复议决定为终局的有商标法、专利法等。商标法规定对驳回商标申请、他人对予以公告的商标的异议的，以及对规定撤销注册商标的决定不服申请复审的，由商标评审委员会作出终局决定。①

二、行政复议制度的主要改进和变化

在 1990—1999 年间，行政复议制度经历了重要的改进和变化。这一时期的发展主要集中在行政法规的统一规范阶段，标志着行政复议制度在我国得到了更加系统、全面的确立。总的来说，1990—1999 年间行政复议制度的主要改进和变化体现在其更加系统、全面的确立，以及与社会发展和法治建设相适应的不断完善和调整等方面。这些改进和变化为行政复议制度在我国的深入发展奠定了坚实的基础，也为公民、法人和其他组织提供了更加有效的行政争议解决途径。

1. 受案范围更加明确且明显扩大。

《行政复议条例》相较于之前的单行法律、法规，确实在复议范围上作出了更为明确和扩大的规定。这一变化反映了我国在行政复议制度上的不断完善和进步，旨在更好地保障公民的合法权益，促进行政机关依法行政。明确的复议范围有助于公民了解哪些行政行为可以申请行政复议，从而更有效地维护自身权益。同时，扩大复议范围也意味着更多的行政行为将受到监督和审查，有助于提升行政机关的执法水平和公信力。《行政复议条例》也对不能申请复议的范围作了列举，如抽象行政行为等。②

2. 复议程序更加完善。

行政复议制度还不断适应社会发展和法治建设的需要，对行政复议的受理范围、审查程序、决定形式等方面进行了不断完善和调整。这些改进使得行政复议制度更加符合实际需要，更加公正、高效地解决行政争议。第一，明确期间的计算。第二，明确申请复议的期限。《行政复议条例》第 22 条规定，其他复议管辖，即法律或者其他法规和规章对此作出规定的，从其规定。③ 第三，

---

① 《我国行政复议制度的历史发展基本情况和存在的问题》，《法制工作简报》1999 年第 1 期。

② 参见王青斌《行政复议不作为的法律治理》，《现代法学》2020 年第 3 期。

③ 参见何勤华《中国法学史》（第三卷），法律出版社，2006，第 138 页。

明确送达的要求、方式以及日期确定，如邮寄送达以收件日期为准。

3. 复议决定规定更加全面。

行政复议制度中的复议决定规定确实得到了更加全面的发展。这一时期，行政复议制度不断完善，复议决定的类型、内容以及法律效力等方面都得到了更加明确和细致的规定。首先，复议决定的类型更加多样化，除了维持、撤销、变更等传统的复议决定类型外，还逐渐引入了责令履行、确认违法等新的类型。这些不同类型的复议决定能够更好地适应不同情形的行政争议，确保复议决定更加符合实际情况。其次，复议决定的内容也更加全面，复议机关在作出行政复议决定时，会对当事人的权益进行充分的考虑和保护，复议决定中会明确阐述复议机关的观点、理由和依据，并对当事人的权益进行明确的认定和处理。此外，复议决定的法律效力也得到了进一步的提升。复议决定一旦作出，即具有法律效力，对当事人具有约束力。同时，复议决定也是当事人申请司法救济的重要依据，为当事人提供了更加有效的法律保障。这一时期的复议决定规定的全面化，不仅提升了行政复议制度的权威性和公信力，也增强了行政复议在解决行政争议中的作用。它使得行政复议制度更加完善、更加符合实际需要，为公民、法人和其他组织提供了更加有效的行政争议解决途径。

三、行政复议组织机构设置和人员配置

在实践中，行政复议机构缺乏刚性制度约束，不健全、人员不足的情况普遍。[①] 1984 年税务机关尚未设立复议机构；1987 年仅天津等极个别城市公安机关单独设置复议机构。《行政复议条例》制定时，当时一致意见是交复议机关内法制部门，建立法制部门是为了处理行政机关法律事务，这是自然之义。[②] 地方各级人民政府的复议机构基本上已比较健全，特别是省、市两级，绝大部分都设有法制工作机构。县一级政府，据有关部门 1996 年的统计，有 70％的县政府设有法制工作机构，承担复议工作。

---

① 参见刘莘《行政复议改革之重——关于复议机构的重构》，《行政法学研究》2012 年第 2 期。

② 参见应松年《中国行政复议制度的发展与面临的问题》，《中国法律评论》2019 年第 5 期。

1. 成立行政复议委员会和行政复议办公室。

1990年10月，地质矿产部经部务会议研究决定，成立地质矿产部行政复议办公室，为处级行政机构，挂靠部政策法规司，直接对部长负责，编制5人。1990年财政部成立行政复议委员会。1990年10月，中国人民银行总行成立行政复议委员会，主任由1名副行长兼任，副主任2人，委员7人。复议委员会下设行政复议处，负责处理有关日常工作，编制5人，由人行条法司代管。1990年11月13日，化学工业部办公厅以（1990）化办政字第153号文印发了《国务院关于贯彻实施〈中华人民共和国行政诉讼法〉的通知》，正式明确了部行政复议、应诉工作由政策法规司负责，具体工作由该司经济法规处兼管。①

1991年4月2日，劳动部办公厅发出通知，决定成立劳动部行政复议办公室，由部政策法规司刘贯学司长任主任，行政复议办公室设在政策法规司，日常工作由政策法规司二处承担。②

1992年，交通部开始设立行政复议办公室。1992年3月31日，陕西省政府办公厅发出通知，通知说，省政府决定成立省政府行政复议办公室，由省政府秘书长巩德顺任主任。具体办事机构为省府法制局复议应诉代理处。1992年6月，福建省政府办公厅下发开展行政复议工作情况进行统计的通知。1992年6月26日，海南省机构编制委员会批复海南省法制局，同意成立“海南省人民政府行政复议办公室”，该办公室挂靠海南省法制局，具体业务由省法制局行政复议应诉指导处承担，编制5人。1992年7月18日，甘肃省人民政府决定，成立省政府行政复议委员会及其办公室。贾志杰省长、穆永吉副省长分别担任委员会主任和第一副主任。复议委员会办公室办公地址设在省政府法制局。③

2. 成立行政复议应诉机构。

行政复议机构是指复议机关内设的负责有关复议工作的机构。目前承担复议工作的复议机构包括地方各级人民政府和政府工作部门的复议机构。地方各级人民政府的复议机构基本上已比较健全，特别是省、市两级，绝大部分都设有法制工作机构。县一级政府，据有关部门1996年的统计，有70%的县政府

① 参见李培传主编《行政复议概览（1991—1992）》，中国法制出版社，1993，第868页。
② 参见李培传主编《行政复议概览（1991—1992）》，中国法制出版社，1993，第875页。
③ 参见李培传主编《行政复议概览（1991—1992）》，中国法制出版社，1993，第889页。

设有法制工作机构，承担复议工作。①

1998在审议《行政复议条例》草案时，有人大代表提出由监察部门审理行政复议案件，新华社予以了报道。有委员提出，同级政府工作机构如何纠正同级政府的错误行为，有委员说，这条规定在现实中可能出现同级政府的具体行政行为又交给政府的法制机构办理行政复议，这就成为部门纠正政府行为，难于操作，易产生官官相护的情况，因此行政复议申请还是要找被申请人的上级主管部门。另有委员提出，中国国情是涉及全面的具体行政行为，都是上级主管机关批准实施，上下级实为一体，建议由监察部门受理行政复议案件，执法主体是监察部门更客观。② 信息报导后，广东、福建、湖北等省政府法制局电话反映，政府法制机构人心惶惶，下一步工作难办。③

在1990—1999年间，行政复议机构在层级、权力和组织结构方面均有所发展和完善。一是层级方面，在这一时期，行政复议机构在地方各级人民政府和政府工作部门中普遍设立，这样的设置方式确保了行政复议机构在地方各级政府中的层级对应性，使得行政复议工作能够更加顺畅地进行；二是权力方面，行政复议机构在这一时期被赋予了相应的权力，以确保其能够有效地履行行政复议职责，具体来说，行政复议机构对具体行政行为进行合法性、合理性审查，并有权作出行政复议决定，这些权力的赋予使得行政复议机构在解决行政争议方面发挥了重要作用；三是组织结构方面，在组织结构上，行政复议机构通常由政府法制工作机构或者指定的部门负责。这些机构或部门内部往往设有专门的行政复议工作人员，负责处理行政复议案件。此外，一些地方还建立了行政复议委员会或者行政复议庭等专门机构，以加强行政复议工作的专业性和权威性。这些组织结构的设置使得行政复议机构能够更加高效地运作，确保行政复议工作的质量和效率。

各地也加强了行政复议人员队伍建设。1991年4月6日，辽宁省人民政府法制办公室与辽宁省人事厅联合下发了《关于对全省行政复议应诉人员进行岗位专业培训和资格认证的通知》。至1992年底，全省经培训已核发复议应诉资

① 《我国行政复议制度的历史发展基本情况和存在的问题》，《法制工作简报》1999年第1期。

② 《同级机构怎能纠正同级政府》，《广州日报》1998年11月30日第2版。

③ 《关于新华社报道行政复议法（草案）审议情况的报告》，1998年11月11日，专门档案。

格证书8000人。1991年4月6日—13日，5月21日—28日，湖北省政府法制办连续举办了两期复议应诉人员培训班，共有学员266人。1990年11月16日—12月3日，江苏省人民政府法制局在镇江市连续举办了两期行政复议人员培训班。来自各市、县、区人民政府，省各委、办、厅、局的220多名复议工作人员参加了培训。①

综上所述，1990—1999年间行政复议机构在层级、权力和组织结构方面均得到了完善和发展。这些改进为行政复议制度的深入实施和有效运行提供了有力保障，也为后续的行政复议工作奠定了坚实基础。

四、行政复议制度的实施

在1990—1999年间，行政复议制度的实施取得了显著的进展和成果。这一时期，行政复议作为解决行政争议的重要途径，得到了更加广泛和深入的应用。

首先，随着《行政复议条例》的正式实施，行政复议制度在各级行政机关中得到了普遍推广和应用。复议机关积极履行职责，受理了大量行政复议案件，为当事人提供了有效的救济途径。同时，复议机关还加强了对行政复议制度的宣传和培训，提高了行政机关和公众对行政复议制度的认识和了解。

其次，行政复议制度在程序上得到了进一步规范和完善。复议机关在受理、审理和作出复议决定的过程中，严格遵守程序规定，确保当事人的合法权益得到充分保障。同时，复议机关还积极探索和实践行政复议的新方式和新方法，如采用听证、调解等方式，促进当事人之间的沟通和协商，提高了行政复议的效率和公正性。

最后，行政复议制度在解决行政争议方面也取得了积极成效。大量行政争议通过行政复议途径得到了及时、有效的解决，维护了当事人的合法权益，促进了社会稳定和法治建设。同时，行政复议制度的实施还推动了行政机关依法行政和公正执法，提高了行政管理的水平和质量。

然而，需要注意的是，在行政复议制度的实施过程中，还存在一些问题和挑战。例如，部分复议机关在办理行政复议案件时存在拖延、不作为等问题；

---

① 参见李培传主编《行政复议概览（1991—1992）》，中国法制出版社，1993，第868页。

一些行政复议决定的质量还有待提高；行政复议与其他行政救济途径之间的衔接和配合也需要进一步加强。

针对这些问题和挑战，相关部门需要进一步加强对行政复议制度的监督和指导，完善行政复议的程序和规定，提高复议机关的办案效率和质量，加强行政复议与其他行政救济途径之间的衔接和配合，以更好地发挥行政复议制度在解决行政争议、维护社会稳定和促进法治建设方面的作用。

1. 行政复议案件情况。

从1991年1月—1997年12月，全国共发生行政复议案件约22万件。从作出的复议决定看，维持原行为的约占50%，以其他方式结案的约占20%，申请人复议后提起诉讼的约占25%。①

地方的行政复议案件基本上也是呈逐年上升的趋式。广西壮族自治区1991年共受案300余件，1992年受案600余件，而1998年的受案件数已达近1800件。这1800件案件的审查结果，撤销、变更和申请人撤回复议申请的约占50%。江西省1992年全年全省只有3件行政复议案件，1995年就达到1000余件，1998年升至3000余件。广东省8年来共受理行政复议案件18 000余件，其中维持的约占60%；申请人撤回的约占13%。8年多来，广大行政复议工作人员认真贯彻行政复议条例的规定。做好行政复议工作，使行政复议制度基本上起到了应有法定作用。②

通过分析相关数据可以看出：75%的申请人行政复议后不再走司法渠道，说明行政复议制度有效化解了行政争议，实现了案结事了。

2. 存在的主要问题。

在1990—1999年间，行政复议制度在实施过程中确实存在一些问题，这些问题主要体现在以下几个方面：

第一，行政复议的程序规定在某些方面还不够完善。虽然《行政复议条例》为行政复议提供了基本的法律框架，但在实际操作中，部分程序规定可能过于笼统，缺乏具体的操作指导，这可能导致复议机关在办理案件时存在一定的随

① 《我国行政复议制度的历史发展基本情况和存在的问题》，《法制工作简报》1999年第1期。

② 参见《中华人民共和国行政复议法释义》，http://www.npc.gov.cn/zgrdw/npc/flsyywd/susong/2000-11/29/content_8269.htm，访问日期：2023年10月4日。

意性和不确定性。复议申请范围较窄。对于行政机关的具体行政行为，不论是作为，还是不作为，只要当事人认为是违法的或者不当的，侵犯了自己的合法权益，都可以依法申请复议，这样才能充分发挥行政复议制度在解决行政争议方面的作用。

第二，申请行政复议的条条框框多。行政复议的受理范围在某些情况下可能存在限制。尽管行政复议的受理范围在不断扩大，但仍然存在一些行政争议无法通过行政复议得到解决，这使得部分当事人的合法权益无法得到及时有效的保障。行政复议决定的执行力度有待加强。在一些情况下，行政复议决定作出后，由于各种原因可能无法得到及时有效的执行，这影响了行政复议制度的权威性和公信力。

第三，有的行政机关怕当被告，对行政复议案件该受理不受理，或者采取拖字诀。① 部分复议机关在办理行政复议案件时可能存在不作为等问题。这可能是由于复议机关的人员配备不足、工作效率不高或者对行政复议制度的理解和执行不到位等原因导致的。

第四，行政复议与其他行政救济途径之间的衔接和配合也需要进一步加强。行政复议、行政诉讼、行政调解等制度应相互补充、相互支持，但在实际操作中，这些制度之间的衔接和配合可能存在一定的问题，影响了行政争议的解决效率。

总的来说，1990—1999 年间尽管行政复议制度存在一定的问题，但是总体上行政复议制度的实施取得了显著的进展和成果，为当事人提供了有效的救济途径，推动了行政机关依法行政和公正执法，促进了社会稳定和法治建设。

① 参见黄学贤、马超《行政复议：制度比较、功能定位与变革之途》，《法治研究》2012 年第 6 期。

第五章　我国行政复议制度之成熟阶段（1999—2007）

我国行政复议制度在1999—2007年进入成熟阶段，经历了一系列重要的发展和完善。这一时期的标志性事件是1999年4月《行政复议法》的通过，标志着行政复议走进一个新的历史发展阶段，为当事人提供了更加便捷、高效的行政争议解决途径，也为行政机关依法行政和公正执法提供了有力的保障。然而，也需要注意到，随着社会的不断发展和法治建设的深入推进，行政复议制度仍需继续完善和优化，以适应新的形势和需求。

第一节　行政复议制度状况

一、1999—2007年间国家经济社会发展对行政复议制度的影响

1999—2007年间，国家经济社会发展对行政复议制度的发展产生了深远的影响。这一时期的国家经济社会发展呈现出多元化和复杂化的特点，为行政复议制度的完善提供了重要的背景和动力。

首先，随着市场经济体制的不断完善，经济活动的频繁和多样化使得行政争议的数量和类型也大幅增加。这要求行政复议制度必须更加高效、公正地处理这些争议，以满足公民、法人和其他组织的维权需求。因此，行政复议制度在受理范围、审理程序、决定执行等方面进行了一系列的改进和完善，以适应经济社会发展的需要。

其次，国家法治建设的深入推进也为行政复议制度的发展提供了有力的保障。在这一时期，国家加强了对行政权力的监督和制约，推动了行政机关依法行政的进程。行政复议作为行政机关自我纠错的一种重要方式，得到了社会更多的重视和支持。行政复议制度的完善不仅有助于提高行政机关的执法水平和公信力，也有助于维护社会稳定和促进经济发展。

此外，公民法治意识的提高也对行政复议制度的发展产生了积极的影响。随着法治教育的普及和公民法律素质的提升，越来越多的公民开始通过行政复议途径维护自己的合法权益。这使得行政复议案件的数量大幅增加，行政复议制度在程序规定、办案质量、监督机制等方面进行了不断的改进和优化。

综上所述，1999—2007年间国家经济社会的发展对行政复议制度的发展产生了积极的影响。这一时期的经济社会发展和法治建设为我国行政复议制度的完善提供了重要的背景和动力，同时也对行政复议制度提出了更高的要求。未来，随着国家经济社会的持续发展和法治建设的深入推进，行政复议制度将继续发挥重要作用，为公民提供更加高效、公正的行政争议解决途径。

二、行政复议制度运行的实际状况

1991—1998年间，全国共受理行政复议案件24万件。1999—2007年间，行政复议制度运行状况确实表现良好，这主要得益于国家法治建设的持续推进以及经济社会发展的实际需求。

1. 行政复议运行状况良好。

首先，行政复议作为解决行政争议的重要途径，在这一时期得到了广泛应用。随着公民法治意识的提高，越来越多的公民、法人和其他组织开始选择行政复议作为维护自身权益的方式。行政复议机构积极履行职责，依法受理并审理了大量行政复议案件，有效解决了众多行政争议，维护了当事人的合法权益。

其次，行政复议制度在这一时期得到了进一步的完善和优化。为了适应经济社会发展的需要，行政复议制度在受理范围、审理程序、决定执行等方面进行了改进。行政复议机构加强了与其他行政机关、司法机关的协调配合，形成了有效的行政争议解决机制。教育部在对《行政复议条例（征求意见稿）》提出意见，建议将“书面复议”的原则改为“书面复议制”，“书面复议”可作为一种制度。[①] 同时，行政复议机构还注重提高办案质量和效率，加强了内部管理和监督，确保了行政复议工作的公正性和权威性。

最后，行政复议制度在这一时期还发挥了重要的监督和纠错作用。通过行政复议，行政机关能够及时发现和纠正自身在行政行为中存在的问题和不足，提高了依法行政的水平和能力。行政复议制度的实施，不仅有助于维护社会稳定，也促进了政府形象和公信力的提升。

综上所述，1999—2007 年间行政复议运行状况良好，为当事人提供了高效、公正的行政争议解决途径，为推进法治建设、维护社会稳定和促进经济发展发挥了积极作用。当然，随着社会的不断发展和变化，行政复议制度仍需要继续完善和优化，以适应新的形势和需求。

2. 制度运行出现了一些问题和困难。

在某些行政部门中存在着“官官相护”的现象，不撤销那些应当撤销的违法行政行为，也不变更那些应当变更的不当行政行为。[②] 在此背景下，将迅速改善健全行政复议制度纳入议程成为必要。

在理论层面，有学者指出，“行政复议审查深度强”。所以，“把行政复议打造成为化解行政争议的主渠道”[③]。“行政复议应当成为解决行政争议的主渠道”[④]，已成为共识，其根本原因在于“行政复议符合中国行政权相对强势的历史传统”。[⑤] “大复议、中诉讼、小信访”的行政救济机制改革思路，已经得到普遍认可。[⑥] “大信访、小复议”是无奈的现实。[⑦] 行政复议要真正成为主渠道，还需要在制度建设中吸纳这一政策理念，重构行政复议体制、复议程序和复议

---

① 《国家教委法规司对〈行政复议条例（征求意见稿）〉的修改意见》，1990 年 3 月，专门档案。

② 参见杨景宇关于《中华人民共和国行政复议法（修订草案）》的说明，载刘勉义、杨伟东《行政复议法释解与案例评析》，法律出版社，2000，第 210 页。

③ 曹鎏：《作为化解行政争议主渠道的行政复议：功能反思及路径优化》，《中国法学》2020 年第 2 期。

④ 应松年：《把行政复议制度建设成为我国解决行政争议的主渠道》，《法学论坛》2011 年第 5 期。

⑤ 高秦伟：《行政复议制度的整体观与整体设计》，《法学家》2020 年第 3 期。

⑥ 参见应松年《把行政复议制度建设成为我国解决行政争议的主渠道》，《法学论坛》2011 年第 5 期。

⑦ 参见马超《“主渠道”定位下的行政复议“司法化”反思——兼谈行政复议的改革方向》，《河南财经政法大学学报》，2020 年第 6 期。

决定制度。①

3. 行政复议客观上居于弱势地位。

目前在司法实际中，行政复议客观上还是居于弱势地位。从理论上说，行政复议案件数量应该远高于行政诉讼案件数量，在实践中，行政复议案件数量一直低于行政诉讼案件数量的现象持续多年，特别是在 2007《行政复议法实施条例》出台前，行政诉讼案件超过每年 10 万件，超过行政复议案件数目，近几年随着行政复议体制机制改革，每年复议案件数量超过诉讼案件数量达 20 万件以上。同时，行政复议中双被告制度的施行，极大影响了行政复议机关的形象和公信力，司法机关作为最终裁决机关，其意见决定行政复议机关的办案方向、程序和行政复议决定，导致部分行政复议机关在办案时看法院态度和法官眼色行事，而不是按法律程序办事，客观上导致了行政复议机关居于弱势地位。笔者通过表格的形式，对行政复议和行政诉讼的相关内容作了比较（见表 5-1）。

表 5-1 行政复议和行政诉讼相关内容比较

比较内容	行政复议	行政诉讼
受理机关	由上级行政机关受理或者本级行政机关受理	法院，多数由原来的铁路法院统一集中受理
受理期限	一般自知道之日起 60 天	一般自知道之日起 6 个月
审理期限	在 60 天内结案	一审程序审理期限是 6 个月，二审审理期限 3 个月，简易程序 45 天
裁决效力	除了国务院终裁和土地权属等案件行政终局外，对复议结果可以提起行政诉讼	高于行政复议，可对行政复议结果进行司法审查
受案范围	理论上广于行政复议	不断扩大受案范围，深度审查行政行为
程序	适用行政复议程序，便捷高效	适用行政诉讼程序，烦琐复杂
缴纳费用	免费	一般不超过 100 元

① 参见王万华《行政复议法的修改与完善——以“实质性解决行政争议”为视角》，《法学研究》2019 年第 5 期。

从制度设计比较上看，行政复议的制度优势并不明显，主要表现为：一是从效力上看，由于我国实现双被告制度，行政复议有时会在法庭上以被告形式出现，公信力不强；二是从受案范围看，近些年通过不断修改行政诉讼法以及司法解释，行政诉讼的受案范围不断扩大，将行政行为合理性、抽象行政行为等已经纳入司法审查的范围，行政复议修法不及时，其受案范围呈现跟随诉讼的趋势；三是从受理期限看，相关规定不利于扩大行政复议受案范围，60 天的申请期限比行政诉讼案件受理期限短，往往在行政相对人的犹豫不决中一晃而过，使大量行政争议被排除在行政复议的保护之外，不利于维护行政行为相对人的合法权益；四是从费用上看，由于行政诉讼的费用很低，免费的行政复议并没有体现出明显优势。

2007 年国务院法制办在河南召开了全国市县政府行政复议工作座谈会，部风涛副主任和行政复议司司长吕锡伟出席，河南省法制办、黑龙江省哈尔滨市、云南省大理自治州分别从不同侧面介绍了做好市县行政复议工作的做法、经验以及体会。29 个市县政府向会议提交了书面发言材料。会议对行政复议制度存在的困难和问题作了系统性梳理。①

第二节　《行政复议法》立法内容比较

一、立法概况

国务院法制局于 1996 年 3 月开始研究起草《行政复议法》。1996 年 3 月在江苏无锡召开会议，听取立法要解决的问题意见。之后就行政复议法立法问题赴美国、比利时等国考察。1998 年 6 月，形成了《行政复议法（征求意见稿）》，国务院法制办召开座谈会，将《行政复议法（征求意见稿）》印发国务院各部委、各省份以及专家等征求意见，形成了《中华人民共和国行政复议法》（草案）。② 1998 年 9 月 25 日，朱镕基总理主持国务院第八次常务会议讨论并原

① 参见国务院法制办行政复议司《行政复议工作指导手册》，2007，第 17 页。

② 参见方军《行政复议法律制度实施问题解答》，中国物价出版社，2001，第 195 页。

则通过了这个草案。之后，国务院将这个草案以第 84 号国函提请全国人大常委会审议。全国人大法律委根据常委会的审议意见，提出 3 处修改意见：一是关于行政复议过程中对抽象行政行为的处理问题，在对草案的审议过程中，对于行政复议过程中涉及的抽象行政行为即发布规范性文件，而老百姓认为不合法的不能提出审查申请，不利于充分保护老百姓的合法权益，也不利于启动对抽象行政行为监督机制，建议在草案中规定：公民、法人或其他组织认为具体行政行为所依据的规范性文件（不含规章，对规章的审查依照法定程序办理）不合法的，可以该规范性文件附带提出审查申请。二是关于国务院是否受理行政复议案件的问题，依照草案第 11 条、第 12 条规定，国务院不受理行政复议案件。对草案的审议过程委员认为，国务院作为国家最高行政机关，对国务院部门或者省级人民政府负有直接领导责任，受理涉及对国务院部门或者省级人民政府行政复议案件，有利于对下级行政机关的监督，有利于推进依法行政。上述规定修改为，“国务院作出的行政复议决定为终局决定”。从实际情况看，需要国务院受理的行政复议案件的数量也不多。以 1998 年为例，全国此类行政复议案件只有 14 件。至于国务院受理行政复议案件后，具体工作由法制办办理，不会影响国务院的正常工作。三是关于行政机关确认土地等自然资源的所有权、使用权的行政复议决定是不是终局决定的问题，草案第 27 条规定，行政机关确认土地、水流、草原等的所有权或者使用权的行政复议决定，是终局的行政复议决定。在对草案的审议过程中，一些委员认为，确认土地等自然资源的所有权或者使用权的复议决定，涉及法人等权利和利益。要求对草案上述规定进行修改，将草案上述规定修改为：如果某人合法获得的矿产、森林等财产权或使用权被侵犯，他们应首先寻求行政复议。国家或省级政府对行政边界的勘测和调整，以及确定矿产、草原等财产权或使用权，或征用土地的决策，都将通过行政复议作出最终裁定。这样修改，既维持了草案规定的基本精神，又充分考虑了人大委员们的意见要求。①

1999 年 10 月 1 日，我国《行政复议法》正式实施，这一举措标志该制度

① 《关于对行政复议法（草案）几处重要修改的报告》，1999 年 4 月 14 日，专门档案。

已日臻成熟。[①] 起草此法的核心原则包括 3 个方面：一是强调行政复议在行政机构内部监督中的角色；二是遵循方便民众的原则；三是加大对行政复议过程的监管力度，确保行政机关在发现错误时能及时更正。[②]

2001 年 5 月 14 日，国务院办公厅进一步发布了《关于国务院行政复议案件处理程序若干问题的通知》（国办发〔2001〕38 号），进一步明确了处理程序中的若干问题。经过 8 年多的实施，《行政复议法》发挥了重要作用。然而，《行政复议法》的规定还较为原则，有些方面的规定（如行政复议的范围、机构、律师参与行政复议活动等）仍不够完善，这阻碍了行政复议功能的充分发挥，也导致了实践操作中的诸多问题，使得行政复议机关在具体办理复议案件时面临相当大的困难。为了确保《行政复议法》的正确实施，国务院根据多年来的行政复议实践经验，2007 年制定生效了《行政复议法实施条例》。[③]

1. 国家层面的行政复议制度。

（1）全国人大常委会法制工作委员会作出答复。2001 年 9 月，全国人民代表大会常务委员会法制工作委员会给出了明确答复，并强调了行政复议不得加重处罚的原则。此外，该委员会还发布了文件（法工委〔2001〕21 号），规定行政复议机关不应增加处罚种类或加重对申请人的处罚。

（2）国务院法制办发文。如 2001 年 6 月和 8 月，国务院法制办分别出台了《行政复议专用章使用管理办法》和《提高行政复议文书质量的通知》。前者明确了国务院行政复议专用章使用的具体程序，后者针对复议法律文书中存在的不规范问题提出了解决方案，强调在复议法律文书中必须包含相关基本信息，并确保使用的印章是合法有效的。2001 年 10 月，国务院法制办公布的文档指出，若对国务院各部委及其管理的国家局的具体行政行为持有异议并提出复议申请的，应由相关部委及其管理的国家局自行处理。

---

① 参见赵威、方军、吉雅杰《行政复议法起草问题及条文释解》，中国人民公安大学出版社，1999，第 3 页。

② 参见杨景宇关于《中华人民共和国行政复议法（草案）》的说明，载刘勉义、杨伟东《行政复议法释解与案例评析》，法律出版社，第 211 页。

③ 参见石佑启、杨勇萍《行政复议法新论》，北京大学出版社，2007，第 50 页。

2. 部门规章及文件。

《地震行政复议规定》（1999 年 8 月 10 日），《气象行政复议办法》（2000 年 5 月 2 日），《广播电影电视行政复议办法》（2001 年 5 月 9 日），《质量技术监督行政复议实施办法》（2000 年 4 月 24 日），《公安机关办理行政复议案件程序规定》（2002 年 11 月 2 日），《粮食行政复议办法》（2005 年 7 月 4 日），《民航总局行政复议办法》（2006 年 2 月 20 日），《国家发展和改革委员会行政复议实施办法》（2006 年 4 月 30 日），《安全生产行政复议规定》（2007 年 10 月 8 日），《财政机关行政复议和应诉工作指导意见》（2003 年 1 月）①。

3. 地方层面的行政复议制度。

2000—2007 年间，我国地方特色的行政复议制度在不断地探索和创新，主要表现为：一是通过制定《行政复议法》实施性规定和办法，如《天津市人事局行政复议规定》等制度，进一步健全和规范行政复议办案规则和程序；二是制定办理程序规定，如《云南省行政复议案件集体议事规则》；三是制定办理指导意见，如《宁波市贯彻〈行政复议法〉若干问题的实施意见（试行）》等；四是制定《镇江市行政复议工作考核暂行办法》等，对办理行政复议案件的具体特殊之处作出的规定。②

一些地方开始尝试将传统文化与行政复议工作相结合，形成具有地方特色的行政复议品牌。以济宁市为例，他们积极探索将儒家文化“礼之用、和为贵”的思想与复议工作相结合，推动“和为贵”调解工作法向复议延伸，形成了具有济宁特色的行政复议品牌。曲阜市则坚持对中国传统文化的创造性转化和创新性发展，积极探索“法德润议”行政复议品牌。此外，一些地方还结合当地的地域特点和文化特色，积极拓展行政复议的工作思路。这些创新举措使得行政复议制度更加贴近群众，更具人文关怀，也提高了行政复议工作的实效性和公信力。这些探索和实践，不仅丰富了我国行政复议制度的内涵，也为其他地方行政复议制度的改革和创新提供了有益的借鉴和启示。

---

① 参见法律出版社法规中心《行政复议常见法律问题及疑难解决法条速查与文书范本》（序言），法律出版社，2018，第 4 页。

② 参见徐红军《改革开放以来中国行政复议制度变迁研究（1978—2018）》，博士学位论文，华东政法大学法制史，2020，第 83—85 页。

二、行政复议制度完善的主要内容

在这一阶段，行政复议制度在多个方面得到了显著的改进和完善。首先，行政复议的受理范围得到了进一步的明确和扩大，涵盖了更多的行政行为和行政争议，使得更多的当事人能够通过行政复议途径维护自己的合法权益。其次，行政复议的程序规定更加细致和严格，包括申请、受理、审理、决定等各个环节都有明确的规定，确保了行政复议的公正性和效率。此外，行政复议机构也得到了进一步的加强和完善，人员配备更加专业，办案能力得到了提升。在这一阶段，行政复议制度还注重与其他行政救济途径的衔接和配合。行政复议与行政诉讼、行政调解等制度相互补充、相互支持，共同构成了解决行政争议的法律体系。这种衔接和配合不仅提高了行政争议的解决效率，也增强了行政复议制度的权威性和公信力。

（一）行政复议范围扩大

总体上说，行政复议和行政诉讼的范围一致。[①] 行政复议乃是内部纠错。《行政复议法》规定，有不服行政处罚决定的 11 种情形之一的，包括对行政机关作出的警告、没收非法财物、暂扣或者吊销许可证等，公民、法人或者其他组织可申请行政复议。[②]

复议的范围扩大到部分有条件的抽象的行政行为。需要注意的是，有几种行为属于不能被受理的行为：一是刑法概念上的刑事司法行为；二是行政机关针对不特定对象发布的适用的规定，将规范性文件作为复议对象，直接在社会上产生较大影响，牵涉面广，对社会管理是不利的，但是，附带审查可以不直接宣布违法，也可以不适用，这对全社会的消极作用就小了很多；[③] 三是驳回当事人对行政行为提起申诉的重复处理行为，也就是不再理一件事的原则；四是行政法律行为尚未成立；五是其他不符合规定的情形。行政指导行为不具有强制力；行政机关对因历史遗留问题作出的处理，如私房政策的落实；投诉举

---

① 参见江必新、李江《行政复议法释评——兼与行政复议条例之比较》，中国人民公安大学出版社，1999，第 37 页。

② 参见曹康泰《中华人民共和国行政复议法释义》，中国法制出版社，1999，第 24 页。

③ 参见何晓佳《论行政复议与行政诉讼受案范围的衔接》，《电子科技大学学报》2008 年第 2 期。

报行为；行政机关内部的监察行为。[①]

（二）更加体现便民原则

《行政复议法》不仅在程序上更加简便易行，而且在服务上也更加人性化，为公民提供了更加便捷、高效的行政争议解决途径。在程序方面行政复议制度通过简化流程、缩短时限等方式，使当事人能够更快速地获得救济。例如，行政复议申请的受理、审理和决定等环节都得到了优化，减少了不必要的烦琐步骤，提高了办理效率。同时，行政复议机构还积极推行网上受理、电子文书等信息化手段，为当事人提供了更加便捷的服务。这一时期的行政复议制度在程序和服务上都进行了改进和优化，使得当事人能够更快速地获得救济，更好地维护自己的合法权益。

（三）提高了复议机关的级别，扩大了相对人对复议管辖的自由选择权

《行政复议法》第14条规定最高国家行政机关国务院可以裁决行政复议案件。将国务院作为行政复议的管辖机关，将极大提高行政复议的权威性和公正性；[②] 有助于克服原来管辖体制的弊端，又能体现行政复议的便民原则。[③]

行政复议参加人主要有：

①行政复议申请人。合法权益与被申请复议的特定行政行为之间存在法律上的利害关系，即合法权益存在被特定行政行为侵害的可能。这种可能性一定是实际存在的，而不是凭空臆想出来的。例如，某规划局在水清花园小区内批准规划建设一传染病医院，水清花园小区内的居民张三可以对某规划局审批行为申请行政复议，而相隔5公里的某小区居民李四就不可以对某规划局的审批行为申请行政复议。

②行政复议被申请人。行政复议被申请人与申请人相对应，是指申请人认为实施了侵犯其合法权益的具体行政行为，并由复议机关通知参加复议的行政主体被申请人存在适合不适合的问题，即行政相对人所告的正确认定的问题。

③行政复议第三人。从行政复议的实践来看，行政复议第三人主要有以下

---

① 参见刘勉义、杨伟东《行政复议法释解与案例评析》，法律出版社，2000，第211页。

② 参见杨巍《程序性的行政复议决定不属于行政机关最终裁决行为》，《人民司法》2021年第10期。

③ 参见杨伟东《行政复议与行政诉讼的协调发展》，《国家行政学院学报》2019年第6期。

几种情形：第一，行政处罚案件中的被处罚人或受害人。被处罚人和受害人中有一方不服行政处罚行为申请行政复议，另一方可作为第三人参加复议。第二，行政处罚中的共同被处罚人。其中有一部分人申请行政复议，其他的被处罚人可作为第三人参加行政复议。第三，在行政确权案件中主张权利的人。如在土地确权、专利确权案件中，被驳回请求的人申请复议，被授予权利的人或者其他被驳回请求的人，可以作为第三人参加行政复议。如在申请发明专利权的两人中其中一人被批准授予专利权，另外一人被驳回，被驳回的人提起复议，被批准授予专利权的人可以作为第三人。第四，两个或两个以上的行政机关基于同一事实作出相互矛盾的具体行政行为，行政相对人对其中一个具体行政行为不服申请行政复议，其他行政机关可以作为第三人参加行政复议。如村委会获得林业局审批将公路上的树木砍伐，公路局对村委会作出处罚。村委会申请行政复议时，林业局就是第三人。第五，行政机关越权处罚被申请行政复议时，越权的行政机关是被申请人，被越权的行政机关作为第三人参加行政复议。第六，行政裁决案件的一方当事人。被裁决民事纠纷中的一方当事人不服行政裁决申请行政复议的，另一方当事人可以作为第三人参加行政复议。第七，其他与被申请的具体行政行为有利害关系的行政相对人。如某新闻出版管理机关，以某书店出售非法出版物为由，对其进行处罚，该书店不服，申请行政复议，并称所售出版物是从某正规出版社购进的，该出版社可以作为第三人。

④行政复议代理人。受委托或者代替当事人参与到行政复议案件中的人，关于这方面的规定，《行政复议法》《行政诉讼法》没有太大的区别。

（四）确立了行政复议的证据制度

1999—2007 年间，行政复议的证据制度确实得到了确立和完善。《行政复议法》第 23 条、第 24 条、第 28 条等都对行政复议证据作了专门规定，虽然上述条文不多，但其中包含了对行政行为合法性进行监督的的主要内容。

行政复议的证据制度主要包括证据的收集、审查、采纳和使用等方面。证据的收集应当全面、客观，既要考虑申请人提供的证据，也要考虑被申请人提供的证据，以及行政复议机关依职权调查收集的证据。证据的审查则是对收集到的证据进行鉴别、核实，判断其真实性、合法性和关联性。只有经过审查属实的证据，才能作为认定行政复议案件事实的根据。

行政复议的证据制度还强调了证据的合法性和关联性。证据的合法性要求证据必须符合法律规定的形式和程序，非法手段获取的证据不能被采纳。证据的关联性则要求证据必须与案件事实存在客观联系，只有与案件事实有内在联系的证据才能被采用。这一制度的确立对于行政复议案件的审理和决策具有至关重要的意义，它确保了行政复议过程的公正性、客观性和科学性。

（五）更加规范行政复议申请期限

《行政复议法》第 9 条规定 60 日内可以申请行政复议。超期复议申请权丧失。但是，在行政复议法规定的特殊情况下，可以认为不丧失申请的权利。如行政相对人因不知道如何申请复议，错误地向信访机关、人民检察院等申诉而逾期，期限可以延长。①

如何在申请时间之外保护申请人的权益。一是有正当理由或不可抗力发生时，参照《行政诉讼法》《民法》等相关规定，因不可抗力等事项，期限自障碍消除之日起继续计算；二是因申请人自身原因超期限的，除去必须复议前置等案件外，可以依照行政诉讼法的规定提起行政诉讼。②

（六）复议程序调整

在复议程序方面，与以往的《行政复议条例》相比，《行政复议法》做了很多调整，强调便民、惠民的原则在复议程序方面，以更好地适应当时社会经济发展的需要，保障公民的合法权益，促进政府依法行政。行政复议的审理程序得到了优化。为了提高行政复议的效率和公正性，复议机关在审理程序上进行了多项改进。一是简化了申请手续，缩短了审理时限，加强了听证和调查取证等环节，这些措施使得行政复议程序更加便捷、高效，有助于及时解决行政争议；二是申请方式的改变，规定了两种申请方式：书面方式和口头方式，有助于为公民提供更加灵活、多样的救济选择，更好地满足他们的实际需求；三是缩短审查复议申请的期限，复议审查机关不需要花太多时间判断审查申请是否有效；③ 四是行政复议程序还加强了信息化建设，随着信息技术的快速发展，

---

① 参见马怀德《行政诉讼期间行政复议决定的法律效力》，《中国改革》2005 年第 3 期。

② 参见王林《一起行政批复是否超过行政复议法定期限的思考》，《黑龙江省政法管理干部学院学报》2021 年第 4 期。

③ 参见马怀德《行政诉讼期间行政复议决定的法律效力》，《中国改革》2005 年第 3 期。

行政复议机关开始利用信息化手段提高复议工作的效率和透明度，例如，建立电子化的复议申请系统、推广在线审理等方式，使得公民可以更加便捷地申请行政复议，同时也方便了复议机关对案件的审理和管理；五是审理方式更加简明；六是行政复议程序还注重与其他行政救济途径的衔接和配合。行政复议、行政诉讼、行政调解等制度在这一时期得到了更加紧密的衔接和配合，形成了多元化的行政争议解决机制。

（七）加强对复议申请人合法权益的保护

1999—2007年间，《行政复议法》加强了对复议申请人合法权益的保护，相对于以往的行政复议条例，其具体措施为：一是建立直接受理制度，行政复议机关在审查行政行为时，更加注重对申请人合法权益的考量，在判断行政行为是否合法、合理时，复议机关会充分考虑申请人的实际利益，避免对申请人造成不必要的损害，同时对于明显侵犯申请人合法权益的行政行为，复议机关会依法予以撤销或变更，为申请人提供及时有效的救济；二是行政复议机关还加强了对复议决定的执行力度，对于复议决定中需要行政机关履行的义务，复议机关会加强监督和检查，确保行政机关及时、全面地履行复议决定，这有助于维护复议决定的权威性，保障申请人的合法权益得到真正实现；三是为了加强对复议申请人合法权益的保护，行政复议机关还积极开展复议宣传教育工作。通过宣传行政复议制度的作用和意义，提高公民对行政复议制度的认识和理解，鼓励公民积极运用行政复议制度维护自己的合法权益。

此外，《行政复议法》赋予申请人和第三人阅卷的权利。根据该法的有关规定，申请人和第三人可以对被申请人作出具体行政行为的证据、依据、所出具的书面答复等相关资料进行查阅。行政复议机关涉及国家秘密或者个人隐私的除外，否则不得拒绝报名者的阅卷请求。

这一规定体现了行政复议法对于公开、公正原则的坚持，确保申请人和第三人在行政复议过程中能够充分了解案件情况，维护自己的合法权益。行政复议机关应当积极履行协助当事人查阅的义务，不得无故设置障碍。这有助于保障申请人和第三人的阅卷权，使他们在行政复议过程中能够充分行使陈述和申辩的权利。然而，需要注意的是，虽然申请人及其委托律师有阅卷的权利，但这一权限仅限于查阅，并无关于摘抄、复制、拍照的明确规定。这在实际操作中可能会给申请人及其代理律师带来一些不便。因此，在行政复议过程中，申请人及其代理律师需要充分了解自己的权利，并合理利用这些权利来维护自己的合法权益。

（八）完善了行政复议的法律责任，加大了监督行政复议活动力度

《行政复议条例》（1990 年）的第九章关于法律责任只有 3 条。在实际操作中，有的复议机关不受理的复议申请，不撤销的具体行政行为，有的在法定期限内不作复议，使行政复议制度落到实处。《行政复议法》第六章对法律责任的规定进行了强化，按照职责权限，督促指导。① 符合《国家赔偿法》的有关规定，应予补偿的，进行补偿和赔偿。②

三、行政复议机关和行政复议机构规定科学合理

1. 行政复议机关和机构的关系。

1999—2007 年间，行政复议机关与机构之间协作关系确保了行政复议工作的顺利进行和高效运作。行政复议机关通过制定相关政策和规定，为行政复议工作提供了明确的指导和规范。行政复议机构则通过专业化的工作，确保了行政复议案件得到公正、客观的处理。同时，两者之间的密切合作也促进了行政复议工作的不断优化和完善。当然两者也存在着矛盾之处，行政复议机关也疲于应付行政复议机构的请示报告，办事效率大打折扣。③

综上所述，1999—2007 年间行政复议机关与行政复议机构之间的关系是密切协作、共同推进行政复议工作的。这种关系确保了行政复议工作的顺利进行和高效运作，为维护公民合法权益、促进社会稳定发挥了重要作用。

2. 行政复议机关和机构规定体现了科学合理性。

在这一时期，行政复议机关的设置更加明确和统一，确保了行政复议工作的专业性和权威性。同时，行政复议机构也得到了进一步的加强和完善，形成了较为完备的组织体系。这些机构通常配备了具备专业知识和丰富经验的复议

---

① 参见王莉《行政复议意见书制度探析——以行政复议监督功能的实现为中心》，《浙江学刊》2012 年 03 期。

② 参见赵威、方军、吉雅杰《行政复议法起草问题及条文解释》，中国人民公安大学出版社，1999，第 111 页。

③ 参见刘莘《行政复议改革之重——关于复议机构的重构》，《行政法学研究》2012 年第 2 期。

人员，他们经过严格的选拔和培训，能够熟练掌握行政复议的法律法规和程序，有效处理各类行政争议。

此外，行政复议机关和行政复议机构在行政复议工作中注重遵循法定程序，确保复议决定的合法性和公正性。他们严格审查行政行为的合法性和合理性，充分听取当事人的意见和陈述，保障当事人的合法权益。同时，他们还积极推进信息化建设，利用现代科技手段提高复议工作的效率和质量。

3. 行政复议机构设置的模式。

根据多年来的行政复议实践，在征求各方面意见的基础上，行政复议机构设置方式曾出现杂乱无章的局面，影响行政复议工作正常开展的同时，也从促进政府法制建设的发展出发，影响了行政复议工作有机组成部分的现实。目前大多依托政府法制机关设置行政复议机构。从自身做起，把行政复议工作作为法制工作的一项任务，做到心中有数。[①] 笔者将《行政复议法》（1999 年）与《行政复议条例》中关于行政复议机关和机构的异同之处比较进行了总结（见表 5-2）。

① 参见赵威、方军、吉雅杰《行政复议法起草问题及条文解释》，中国人民公安大学出版社，1999，第 31—33 页。

表 5-2 行政复议法与行政复议条例关于行政复议机关和机构异同之处比较①

	行政复议法	行政复议条例	异同比较
行政复议机关和机构的职责	第一章　总则 第 3 条　依照本法履行行政复议职责的行政机关是行政复议机关。行政复议机关负责法制工作的机构具体办理行政复议事项，履行下列职责： （一）受理行政复议申请；（二）向有关组织和人员调查取证，查阅文件和资料；（三）审查申请行政复议的具体行政行为是否合法与适当，拟订行政复议决定；（四）对行政机关违反本法规定的行为依照规定的权限和程序提出处理建议；（五）处理或者转送对本法第 7 条所列有关规定的审查申请；（六）办理因不服行政复议决定提起行政诉讼的应诉事项；（七）法律、法规规定的其他职责	第四章　复议机构 第 23 条　复议机关应当根据工作需要，确立本机关的复议机构或者专职复议人员。第 24 条　县级以上的地方各级人民政府的复议机构，应当设在政府法制工作机构内或者与政府法制工作机构合署办公。第 25 条　在复议机构或者专职复议机关的领导下作，履行下列职责：（一）审查复议申请是否符合法定条件；（二）向争议双方、有关单位及有关人员调查取证、查阅文件和资料；（三）组织审查复议案件；（四）拟订复议决定；（五）受复议机关法定代表人的委托出庭应诉；（六）法律、法规规定的其他职责	1. 复议法没有专设复议机构一章，在总则里设一条，规定行政复议机关和复议机构及其职责 2. 复议法规定由行政复议机关负责法制工作的机构办理行政复议机构。复议机关负责法制工作的机构即复议机构 3. 复议机构增加受理复议申请的职责 4. 复议机构增加处理或者转送对规范性文件的审查申请的职责

4. 行政复议机构设置和人员配备。

行政复议机构设置和人员配备主要表现在以下 3 个方面：一是在国务院法制办中增设了行政复议工作机构，2005 年国务院法制办增加编制 19 个，具体承担复议案件处理等方面的工作职责；二是行政机关部门成立复议机构；三是各地政府法制机构，如 2006 年安徽省铜陵新设市行政复议办公室，增加编制两名。

四、制度施行实际成效

1999—2007 年间，行政复议制度在我国的施行取得了显著的成效。这一时

① 参见赵威、方军、吉雅杰《行政复议法起草问题及条文解释》，中国人民公安大学出版社，1999，第 133—134 页。

期的行政复议工作不仅体现了制度本身的完善与进步，更在维护公民权益、监督行政行为、促进法治政府建设等方面发挥了重要作用。

首先，行政复议制度在维护公民合法权益方面取得了显著成效。通过行政复议，公民可以对行政机关的具体行政行为提出异议，寻求合法权益的保护。在这一时期，行政复议机关积极受理和处理行政复议申请，对于侵害公民合法权益的行政行为进行纠正，有效地保障了公民的合法权益。

其次，行政复议制度在监督行政行为方面发挥了重要作用。行政复议作为行政机关内部的层级监督机制，对于促进行政机关依法行政、规范执法行为具有不可替代的作用。通过行政复议，行政机关可以及时发现和纠正自身在行政行为中存在的问题和不足，提高行政行为的合法性和合理性。复议案件数量在《行政复议法》出台后快速上升，维持高位运行状态。1999 年《行政复议法》出台后，我国当年的行政复议案件数量达 32 170 件，但是鉴于 1999 年数据收集资料不详，1999 年申请量和受理量仅包括 23 个省市区的行政复议案件，之后的 8 年中行政复议案件发生量总体平稳并有所增长，如 2000 年行政复议案件申请数量为 74 448 件，2001 年行政复议案件申请数量为 80 857 件，2022 年行政复议案件申请数量为 74 168 件，2003 年行政复议案件申请数量为 74 158 件，2004 年行政复议案件申请数量为 80 076 件，2005 年行政复议案件申请数量为 88 630 件，2006 年行政复议案件申请数量为 89 664 件，2007 年行政复议案件申请数量为 83 290 件（见图 5-1）。从中可以看出，行政复议制度在实践中日益发挥出良好的争议解决功能。①

此外，行政复议制度还促进了法治政府的建设。通过行政复议的实践，行政机关和公民都更加深入地认识到依法行政的重要性，法治意识得到了进一步提升。同时，行政复议制度也为公民提供了一个便捷、高效的法律救济途径，增强了公民对法治政府的信任和支持。

然然而，这一时期行政复议制度的施行也面临一些挑战和问题。例如，部分行政机关对行政复议制度的认识还不够深入，复议申请的受理和审查标准不够

---

① 参见中国法学会行政法学研究会、中国政法大学法治政府研究院《行政复议法实施二十周年研究报告》，中国法制出版社，2019，第 29—32 页。

统一；同时，行政复议决定的执行力度也需要进一步加强。

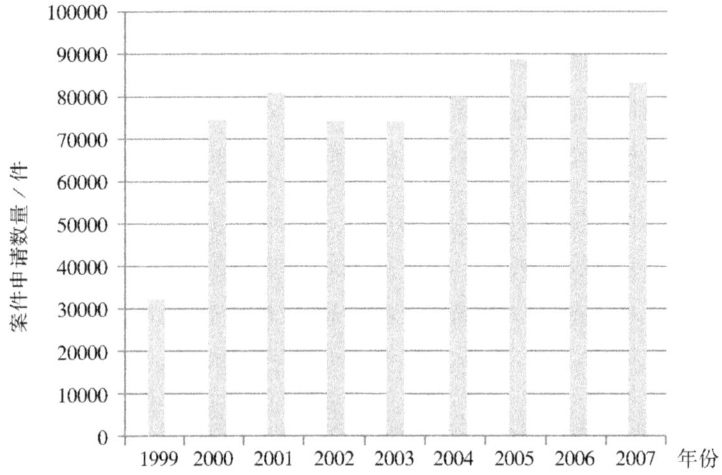

图 5-1　1999—2007 年全国行政复议案件申请数量

《行政复议法》从制度层面上克服了《行政复议条例》便民性不强的缺点与不足，从而使行政复议制度的功能得到较好的发挥。① 相较于 1991—1998 年的年均 3 万多起案件，1999—2006 年的年均案件数量达到了 7 万多起，到了 2007 年，这一数字已经与行政诉讼的数量持平，并且其影响力还在持续上升。

① 参见章志远《行政复议与行政诉讼衔接关系新论——基于解决行政争议视角的观察》，《法律适用》2019 年第 23 期。

第六章　我国行政复议制度之继续发展（2007—2019）

自2007年以来，以《行政复议法实施条例》出台为标志，我国行政复议制度进入了新的发展阶段，呈现出许多新的特点和趋势。这一时期，行政复议制度在立法、机构改革、程序创新等方面都取得了显著的进展，为公民、法人和其他组织提供了更加便捷、高效的行政争议解决途径，有力地推动了中国法治建设的进程。

第一节　国家整体建设深入推进

2006年初，国务院法制办行政复议司正式成立，承担具体办理行政复议案件等职责。2006年9月，中央两办正式印发了（中办发〔2006〕27号）文件。该文件按照中央领导同志批示精神，首次在中央文件中专列章节，对加强和改进行政复议工作提出了更为具体和明确的要求，以进一步推动行政复议制度的完善和发展。文件要求一是提高对行政复议工作重要性的认识；二是强调行政复议机关要切实依法履行行政复议职责；三是大力加强行政复议能力建设；四是加强行政复议指导。加强对基层政府行政复议能力建设的对策研究，在总结经验后及时就新时期加强和改进行政复议工作提出了要求。2006年十六届六中全会通过了《中共中央关于构建社会主义和谐社会若干重大问题的决定》，其中明确提出了加强和改进行政复议工作的重要性，强调行政复议在推动社会和谐稳定方面的关键作用。2006年12月全国行政复议工作座谈会在重庆召开，会上原国务委员华建敏作了题为“加强行政复议工作促进社会和谐稳定”的重要发言，拟定了加强行政复议工作的总体思路和需要重点抓好的 5 个方面的工作，并进一步提出了强调加强领导、强化责任的具体要求，以确保行政复议工作取得更大成效，为构建社会主义和谐社会做出积极贡献。①

一、行政复议制度完善的历史必然性

完善行政复议制度是建设法治政府的重要内容，是维护人民群众合法权益的重要途径。2006 年两办 27 号文件对行政复议工作提出了新的要求，这是根本性的指导方针。这一系列重大举措的出台，从根本上改变了我国行政复议制度的形势和环境。

（一）行政复议制度完善，是社会发展的必然要求

2007—2019 年，行政复议制度的完善具有深刻的历史必然性，这主要源于社会发展对法治建设提出的更高要求，以及行政复议制度本身在维护社会稳定、保障公民权益方面的重要作用。社会经济的发展和行政权的扩大使得行政争议日益增多，行政复议制度的完善成为化解行政争议、维护社会稳定的重要手段。在这一时期，我国行政权的行使范围不断扩大，行政争议也随之增多。行政复议制度的完善能够提供更加高效、便捷的争议解决机制，有效化解行政争议，维护社会和谐稳定。

（二）全国行政复议工作会议提出了具体的要求

2006 年 12 月全国行政复议工作座谈会提出了 6 项具体的要求：② ①必须坚持“以人为本、复议为民”；②必须畅通行政复议渠道，积极受理行政复议案件；③必须提高行政复议案件的办案质量；④必须创新改革行政复议方式方法；⑤必须加强基层行政复议能力建设，提高行政复议总体水平；⑥必须不断完善行政复议制度和机制，进一步规范行政复议行为。③ 通过行政复议，政府能够及时发现和纠正自身在行政过程中的不足和错误，提升自己的法治意识和依法

① 参见张越《行政复议法实施条例适用指南》，群众出版社，2007，第 1 页。

② 参见郜风涛《中华人民共和国行政复议法实施条例释解与应用》，人民出版社，2007，第 22—25 页。

③ 参见华建敏《加强行政复议工作 促进社会和谐稳定》，《求是》2007 年第 2 期。

行政水平。这有助于构建一个更加公正、透明、高效的政府形象，增强人民群众对政府的信任和支持。

（三）行政复议制度完善，是维护人民合法权益的重要途径

2007—2019年，行政复议制度的完善确实成为维护人民群众合法权益的重要途径。行政复议制度的完善提升了其公正性和公信力，通过成立行政复议委员会，引入外部力量参与复议过程，有效消除了申请人和社会对复议中可能出现的“官官相护”的疑虑。这种制度设计确保了复议结果的公正性，使人民群众对复议制度产生了更高的信任感。行政复议作为一种行政救济手段，为人民群众提供了便捷、高效、低成本的争议解决途径。通过复议，许多行政争议得到了妥善解决，人民群众的合理诉求得到了及时回应和满足。行政复议制度在解决行政争议方面发挥了关键作用。

（四）行政复议制度完善，是法治建设的重要手段

随着我国法治建设的不断推进，在这一时期，我国法律体系不断健全，法治观念深入人心，行政复议制度作为公民、法人和其他组织维护自身合法权益的重要途径，其完善能够更好地满足人民群众对公平正义的需求。行政复议制度的完善也是推动依法行政、建设法治政府的重要举措。通过完善行政复议制度，可以加强对行政机关的监督，促使其依法行政、规范行政行为，进而推动法治政府的建设。[①] 在复议过程中，复议机关会对被申请的行政行为进行合法性和合理性审查，对违法或不当的行政行为进行纠正。这种监督作用不仅维护了人民群众的合法权益，也促进了行政机关依法行政、规范行为。

总之，2007—2019年行政复议制度的完善具有深刻的历史必然性，是我国法治建设、社会稳定和依法行政的必然要求。行政复议制度完善的历史必然性是由多方面因素共同作用的结果。通过不断完善行政复议制度，可以更好地适应社会的发展和变化，推动法治政府建设，保障公民、法人和其他组织的合法权益。

二、国家法治建设的保障

2007年10月15日—21日，中国共产党第十七次全国代表大会举行。大会

① 参见徐运凯《论新时代行政复议的功能定位及其评价体系》，《行政法学研究》2019年第6期。

通过的报告《高举中国特色社会主义伟大旗帜，为夺取全面建设小康社会新胜利而奋斗》。大会提出，要坚持依法治国基本方略，树立社会主义法治理念，实现国家各项工作法治化，保障公民合法权益。①

2010 年 8 月 27 日，全国依法行政工作会议召开。会议指出，依法行政是现代政治文明的重要标志。贯彻依法治国基本方略，推进依法行政，建设法治政府，是我们党治国理政从理念到方式的革命变化。10 月 10 日，国务院印发了《关于加强法治政府建设的意见》。②

2012 年 11 月 8 日—14 日，中国共产党第十八次全国代表大会举行。大会通过了重要报告。在报告中，大会明确指出了将依法治国基本方略全面落实、持续提升司法公信力、切实尊重和保障人权等作为实现全面建成小康社会宏伟目标的重要内容，并强调要加强这些方面的工作，强调法治是治国理政的基本方式，并对全面依法治国作出部署。③ 党的十八大报告彰显了全面推进依法治国的时代主题，报告要求对于"全面推进依法治国"这一战略部署和"法治思维""法治方式"理念与途径之间的关系，以及"科学立法""严格执法""公正司法"和"全民守法"法治建设的四大支柱之间的相互影响和相互促进均需要深入思考和充分认识。会议对完善公共法律服务体系和生态文明建设的法治保障等作了部署，强调"法治是治国理政的基本方式"，化解矛盾，维护社会稳定。2013 年 2 月，习近平在主持中央政治局第四次集体学习时强调，要科学立法、严格执法、公正司法、全民守法。④

2014 年 10 月十八届四中全会通过《关于全面推进依法治国若干重大问题的决定》，提出建设社会主义法治国家。这次全会是党的历史上第一次专题研究

---

① 参见中央全面依法治国委员会办公室《中国共产党百年法治大事记（1921 年 7 月—2021 年 7 月）》，人民出版社、法律出版社，2022，第 214 页。

② 参见中央全面依法治国委员会办公室《中国共产党百年法治大事记（1921 年 7 月—2021 年 7 月）》，人民出版社、法律出版社，2022，第 223 页。

③ 参见中央全面依法治国委员会办公室《中国共产党百年法治大事记（1921 年 7 月—2021 年 7 月）》，人民出版社、法律出版社，2022，第 234 页。

④ 参见中央全面依法治国委员会办公室《中国共产党百年法治大事记（1921 年 7 月—2021 年 7 月）》，人民出版社、法律出版社，2022，第 236 页。

全面依法治国的中央全会。① 2015 年中共中央国务院印发《法治政府建设实施纲要（2015—2020 年）》明确，到 2020 年基本建成职能科学、权责法定、执法严明、公开公正、廉洁高效、守法诚信的法治政府。

2017 年党的十九大报告阐述了构成新时代坚持和发展中国特色社会主义的基本方略的 14 个方面，其中，坚持依法治国方面，坚持依法治国和以德治国相结合，依法治国和依规治党有机统一，深化司法体制改革，提高全民族法治素养和道德素质。

2018 年将司法部和国务院法制办公室的职责整合，重新组建司法部，组建中央全面依法治国委员会。2018 年 3 月中央全面依法治国委员会成立。

2019 年十九届四中全会提出制度优势转变为治理效能，全面完善行政复议制度，需要对行政复议在化解行政争议中的定位和作用有一个全面清晰的认识和把握。法治建设深入推进对行政复议工作提出了更高的要求，需要复议机构更加严格地遵循法律程序，确保复议决定的合法性和公正性。同时，也需要复议机构加强与司法、立法等部门的协调配合，共同推进法治建设。②

三、行政复议制度运行的实际状况

2006 年全国通过行政复议解决行政争议 80 000 多起，但行政复议工作还面临许多问题，70%的诉讼案件未经行政复议。③ 2006 年 12 月 2 日—3 日，国务院法制办在重庆召开了全国行政复议工作座谈会。在这次会议上，法制办主任曹康泰指出了行政复议工作中带有共性的问题，如统一加强和规范行政复议机构建设等。④ 这次会议上国务委员华建敏也作了重要发言，参会的建设部等部委也提出，建议尽快制定《行政复议法实施条例》，⑤ 实际上也对《行政复议法

① 参见中央全面依法治国委员会办公室《中国共产党百年法治大事记（1921 年 7 月—2021 年 7 月）》，人民出版社、法律出版社，2022，第 250 页。

② 参见郜风涛主编《行政复议法教程》，中国法制出版社，2011，第 344 页。

③ 参见李立《七成行政诉讼案诉前未经行政复议》，《法制日报》2006 年 12 月 4 日第 7 版。

④ 参见曹康泰《认真贯彻落实行政复议工作座谈会精神努力开创行政复议工作新局面》，载国务院法制办公室秘书行政司《加强行政复议工作促进社会和谐稳定-全国行政复议工作座谈会专辑》，中国法制出版社，2007，第 23—24 页。

⑤ 参见建设部《坚持依法行政不断提高行政复议水平》，载国务院法制办公室秘书行政司《加强行政复议工作促进社会和谐稳定-全国行政复议工作座谈会专辑》，中国法制出版社，2007，第 202 页。

实施条例》的出台及相关内容作了说明和铺垫。针对以上问题，需要进一步完善行政复议制度，配齐配强行政复议机构和人员，提高工作质量和效率，以更好地保障人民群众的合法权益，推动法治政府建设和社会和谐稳定。2007—2019 年，行政复议制度在运行过程中呈现了其独特的实际状况。这一时期，行政复议制度在维护公民权益、监督行政行为方面作用显著。

1. 行政复议发挥了重要的积极作用。

首先，行政复议案件的数量呈现出增长趋势。随着社会经济的发展和公民法治意识的提高，越来越多的公民选择通过行政复议途径来维护自己的合法权益。这反映了行政复议制度在解决行政争议方面的有效性和公信力。①

其次，行政复议制度的覆盖范围逐渐扩大。在这一时期，行政复议的受理范围得到了不断拓展，涵盖了更多的行政争议类型。这使得更多的公民能够享受到行政复议制度带来的便利和保障。

2. 我国行政复议工作中存在的问题。

尽管行政复议制度在理论上得到了广泛的认同和接受，但在实践中却存在许多问题。理论界对行政复议的理解存在差异，实际部门对行政复议的研究也偏少，主要表现为：一是复议机构人员和办案经费严重不足，缺乏必要的物质保障，由于行政复议机构在组织关系上与其他内设机构存在一定的联系，其复议活动有时难以独立进行，这可能影响复议结果的公正性和中立性；虽然各级行政机关都建立了行政复议机构，但部分行政复议机关却没有配备必要的办案人员，办案经费和交通工具也没有保障，这在一定程度上影响了工作的正常开展；二是对被申请人不履行行政复议决定的制约不力，《行政复议法》虽然对被申请人拒不履行或拖延履行行政复议决定作了相关规定，但在实际执行中却存在难度，导致一些被申请人可以逃避履行行政复议决定的责任；三是行政复议法律制度适用中存在一些问题。例如，对行政复议的受案范围在理解上存在差异，导致行政复议机构在掌握受理案件的尺度上也存在差异，从而影响案件的受案认定；此外，复议管辖问题也存在一些不足，例如《行政复议条例》对省以下实行垂直领导的机关的行政复议管辖规定，不利于边远地区的群众申请行

---

① 参见谭宗泽《行政诉讼结构研究：以相对人权益保障为中心》，法律出版社，2009，第 78 页。

政复议；四是行政复议程序存在一些不和谐的因素，行政复议是化解行政纠纷、促进政府与公民之间关系和谐的重要法律制度，但我国现行行政复议程序存在一些明显的缺陷，如行政复议过于行政化、部分应有程序规则的缺失、复议制度缺乏有效的事后监督机制等；行政复议程序的烦琐性和效率问题也亟待解决，如一些复杂的行政复议案件处理周期较长，不利于及时维护当事人的合法权益；五是行政复议人员法律素养参差不齐，影响了行政复议工作的质量和效率，如一些行政复议人员缺乏必要的法律知识和实践经验，难以胜任复杂的行政复议工作。针对这些问题，我国在行政复议制度的完善方面进行了积极的探索和实践。例如，加强行政复议机构的建设，提高其独立性和专业性；优化行政复议程序，简化流程，提高效率；加强行政复议决定的执行力度，确保其有效实施等。这些措施在一定程度上改善了行政复议制度的运行状况，提升了其公信力和权威性。

总的来说，2007—2019 年行政复议制度在运行过程中既取得了显著的成效，也面临一些挑战和问题。未来，我们需要继续加强行政复议制度的建设和完善，确保其更好地发挥维护公民权益、监督行政行为、促进社会和谐稳定的重要作用。

第二节　2007—2019 年行政复议制度立法概况

在这一历史阶段，行政复议制度在多个方面得到了完善。例如，行政复议的受理范围逐渐扩大，涵盖了更多的行政争议类型；行政复议的程序更加规范、透明，保障了当事人的合法权益；行政复议决定的执行力度也得到了加强，确保了行政复议的有效性。

一、中共中央发布的文件

2006 年（中办发〔2006〕27 号）文件，第一次以权威政策文件的形式把行政复议作为解决行政争议主渠道的内在意图表现的已经非常明显。[①] 党的十八大以来，以习近平同志为核心的党中央对行政复议提出了新要求，2013 年 11 月《中共中央关于全面深化改革若干重大问题的决定》提出，“改革行政复议体制，健全行政复议案件审理机制”。2014 年 10 月十八届四中全会公告提出，要完善行政复议等多元化纠纷解决机制。2015 年 12 月《法治政府建设实施纲要（2015—2020 年）》提出了加强行政复议工作。

二、全国人大常委会发布的规范性文件

2013 年 12 月人大常委会要求“适当扩大行政复议受案范围”。[②] 2014 年 11 月 1 日，《行政诉讼法》修改决定通过。修改之后，《行政诉讼法》条文从 75 条增加到 103 条，修改内容自 2015 年 5 月 1 日起施行。此次《行政诉讼法》的修改着力解决行政诉讼立案难、审理难和执行难的问题，确立了立案登记制、复议机关当被告、行政机关负责人出庭等重要制度。该法扩大了行政诉讼的受案范围，行政协议、法律授权组织的行为、涉及人身权财产权以外其他合法权益的行为纳入受案范围；增加了对行政行为“明显不当”的审查，明确了对规范性文件的附带审查，同时对行政审判体制也做了局部调整。这也是 1989 年《行政诉讼法》在施行 24 年后的首次修改。《行政诉讼法》于 2014 年修改，对于行政复议制度及其他方面都有很大的冲击。2014 年新修订的《行政诉讼法》确立的共同被告制度，实质上又将行政复议行为拉回行政性的定位。[③]

三、国务院发布的文件

2004 年 6 月 16 日召开的国务院第 54 次常务会议修订通过《国务院工作规则》，其中第六章明确提出，加强行政监督。要求加强行政系统内部监督，严格执行规章备案制度和行政复议法，及时发现并纠正违反法律、行政法规的规章和其他规范性文件，以及行政机关违法的或者不当的具体行政行为，并主动征

---

① 参见王万华《“化解行政争议的主渠道”定位与行政复议制度完善》，《法商研究》2021 年第 9 期。

② 参见徐运凯《行政复议法修改对实质性解决行政争议的回应》，《法学》2021 年第 6 期。

③ 参见赵德关《新时期行政复议制度的定位与展望》，《行政法学研究》2016 年第 5 期。

询和认真听取地方政府及其部门的意见和建议。

2006 年 5 月 30 日，印发《办理国务院行政复议案件具体程序规定》《国务院法制办公室行政复议工作接待规则》《行政复议听证程序规定》《行政复议案件立卷规定》《申请行政复议须知》等内部规定。

2007 年正式实施的《中华人民共和国行政复议法实施条例》，在制度设计和细节安排上充分体现了明显的以民为本、务实便民的特点，对我国行政救济体系的进步和民生保障起到了重大而积极的推动作用。[①] 2007 年 12 月 17 日在各级行政启用并推广行政复议信息报备管理系统。

2008 年确立了行政复议法律文书示范文本。2009 年 7 月 29 日，《关于进一步加强行政复议工作信息化建设的通知》由国务院法制办发布。2010 年，行政复议委员会试点范围扩大到 60 个单位。[②] 2014 年《行政诉讼法》修订对复议的影响较大，如案件范围等。在此基础上，进一步发挥了行政复议制度的作用。

2016 年国务院发布《关于规范国务院部门行政审批行为改进行政审批有关工作的通知》（国发〔2015〕6 号）明确：依法保障申请人知情权。各有关部门要切实履行告知义务，通过设立咨询台、电子邮箱等方式，确保申请人知情权。未予批准的，要在决定书中告知申请人依法享有申请行政复议或提起行政诉讼的权利。

四、最高人民法院作出批复答复

2011 年 7 月最高院在（〔2011〕行他字第 26 号）中明确：上级行政复议机关无正当理由不依法受理复议申请的，可以依据《行政复议法》第 20 条和《行政复议法实施条例》第 31 条的规定，督促行政复议机关先行受理，并依法作出处理决定；经督促仍不受理的，责令行政复议机关限期受理，也可由上级行政机关在必要的情况下直接予以受理。

2012 年 12 月最高院在（〔2012〕行他字第 11 号）中明确：向有权受理复议案件的机关提出申诉，在申请复议期限内不宜计算该申诉的处理期限。最高

① 参见高秦伟《行政复议制度的整体观与整体设计》，《法学家》2020 年第 3 期。

② 参见施立栋《纠纷的中立评估与行政复议委员会的变革》，《政治与法律》2018 年第 3 期。

院 2014 年 6 月 26 日对行政机关不依法履行政府信息公开义务的行为是否属于行政复议范围问题的答复（〔2014〕行他字第 5 号）认为，行政机关作出不予公开答复或者对申请公开的政府信息作出逾期不予答复的，属于《政府信息公开条例》第 33 条第 2 款规定的“行政机关在政府信息公开工作中的具体行政行为”，认为侵害其合法权益的，公民等行政相对人可以依法申请行政复议。对《政府信息公开条例》第 33 条第 1 款规定的行政复议机关不予受理的情形，属于适用法律错误，依法应当由人民法院予以纠正。

2018 年 2 月 6 日，最高人民法院出台法释〔2018〕1 号，共 163 条，分 13 个部分，对行政机关行政诉讼受案范围、立案登记、负责人出庭应诉、规范性文件附带审查、行政复议机关共同被告制度等制度进行了细化，规定更加细致。

五、部门规章

《人力资源社会保障行政复议办法》（2010 年 3 月 16 日），《国家工商行政管理总局行政复议程序规则》（2010 年 3 月 1 日），《安全生产行政复议规定》（2007 年 10 月 8 日），《国家知识产权局行政复议规程》（2012 年 7 月 18 日），《国家卫生计生委行政复议与行政应诉管理办法》（2013 年 10 月 30 日），《国家食品药品监督管理总局行政复议办法》（2013 年 11 月 6 日），《税务行政复议规则》（2018 年 6 月 15 日），《环境行政复议办法》（2008 年 12 月 30 日），《交通运输行政复议规定》（2015 年 9 月 9 日），《中国证券监督管理委员会行政复议办法》（2010 年 5 月 4 日），《中国保险监督管理委员会行政复议办法》（2010 年 1 月 6 日），《住房城乡建设行政复议办法》（2015 年 9 月 7 日），《海关行政复议办法》（2014 年 3 月 13 日），《工业和信息化部行政复议实施办法》（2017 年 7 月 3 日），《自然资源行政复议规定》（2019 年 7 月 19 日）。

六、地方的行政复议制度

根据曹鎏在北大法宝上以“行政复议”“地方法规规章”为关键词进行检索，现行有效地方性法规和地方政府规章如下：（1）地方性法规：《汕头经济特区行政复议条例》（2013 年 7 月 1 日施行），《山东省行政复议条例》（2009 年 9 月 1 日施行），《辽宁省行政复议规定》（2009 年 3 月 25 日施行），《贵州省行政复议条例》（2008 年 9 月 26 日施行），《宁夏回族自治区行政复议条例》（2008 年 1 月 1 日施行），《广东省行政复议工作规定》（2003 年 10 月 1 日施行），《吉林省行政复议条例》（2003 年 7 月 1 日施行），《内蒙古自治区实施〈中华人民共和国行政复议法〉办法》（2002 年 1 月 1 日施行），《湖南省实施〈中华人民共和国行政复议法〉办法》（2001 年 10 月 1 日施行），《云南省行政复议条例》（2000 年 5 月 26 日施行）。

（2）地方政府规章：《葫芦岛市行政复议调解和解规定》（2019 年 12 月 1 日施行），《甘肃省行政复议和行政应诉若干规定》（2018 年 1 月 1 日施行），《葫芦岛市行政诉讼（行政复议）败诉案件责任追究办法》（2019 年 7 月 1 日施行），《中国（福建）自由贸易试验区相对集中行政复议权实施办法》（2015 年 4 月 20 日施行），《太原市行政复议规定》（2014 年 5 月 1 日施行），《珠海市人民政府行政复议规定》（2014 年 1 月 13 日施行），《辽宁省行政复议听证程序规定》（2010 年 2 月 22 日施行），《四川省行政复议决定履行及督察规定》（2010 年 1 月 1 日施行），《江苏省行政复议听证办法》（2009 年 1 月 1 日施行），《哈尔滨市行政复议规定》（2008 年 6 月 15 日施行），《贵州省行政复议听证规定》（2008 年 7 月 1 日施行），《辽宁省行政复议决定履行督察规定》（2007 年 12 月 1 日施行），《湖北省行政复议实施办法》（2007 年 10 月 1 日施行），《黑龙江省行政复议案件听证审查规定》（2006 年 5 月 1 日施行），《银川市人民政府行政复议程序规定》（2005 年 6 月 1 日施行），《海南省实施〈中华人民共和国行政复议法〉办法》（2005 年 1 月 17 日施行），《吉林市行政复议工作规则》（2004 年 10 月 1 日施行），《贵州省行政复议人员资格管理办法》（2004 年 1 月 1 日施行），《陕西省县级人民政府转送行政复议申请办法》（2001 年 9 月 27 日施行）。①

第三节 《行政复议法实施条例》的主要内容和变化

《行政复议法实施条例》明确了行政复议的范围、申请、受理、审理、决定

① 参见曹鎏《中国特色行政复议制度的嬗变与演进》，法律出版社，2020，第 332—334 页。

等程序，以及行政复议机关的职责、权限等。同时，还规定了行政复议中的调解、和解等内容，以更好地解决行政争议，维护公民等合法权益。

一、《行政复议法实施条例》的功能定位和指导原则

（一）《行政复议法实施条例》的功能定位

在起草《行政复议法实施条例》过程中，许多专家学者强调，一定要明确其功能定位。一方面，参加立法论证的专家学者们普遍认为，条例的制定是《行政复议法》颁布至其下一次修订之间的一次难得的立法创新和制度调整机遇。一旦错失，我国的行政复议制度就有可能停滞多年，因此对《行政复议法实施条例》的内容寄予厚望。但同时，他们也清醒地看到，囿于条例本身的层级，只能扮演有限的角色、解决有限的问题。一些根本性、原则性的内容无法规定，也不能对行政复议制度进行大而全的修改。① 从各方的意见看，主要有以下 3 种。

1. 解释《行政复议法》。

持这派意见的专家学者认为，《行政复议法实施条例》作为下位阶的行政法规，对法律层面的内容作出具体的解释、细化和适当补充，是理所当然的。这样的定位严守了权限，就是立法机关的专家也找不出它有多少毛病。《行政复议法实施条例（征求意见稿）》在其力所能及的范围内、在自己的权限当中作了很多工作，如做了些细化的规定，规定了一些解释性的内容，甚至还有一些适当的补充。在实际操作时，把《行政复议法实施条例》和《行政复议法》放在一起运用就可以了。

2. 解决现实问题。

不少专家学者们建议，《行政复议法实施条例》在资源有限、外部限制条件无法克服的前提下，应当主要针对《行政复议法》实施以来出现的比较突出、重要的问题，在力所能及的范围内加以解决，实现对行政复议制度的阶段性推进，也有学者指出，当前行政复议在体制方面存在的根本问题是独立性问题，

---

① 参见高家伟《论行政复议机关实质性化解争议的角色与功能定位》，《西北政法大学学报》2023 年第 1 期。

但这个问题涉及行政体制的深刻变革，目前还不能写。对于行政体制方面问题，只能作一些具体的规定，但必须回避一些敏感的问题。还有的学者对该条例所能发挥的作用持谨慎的态度，认为这个条例的出台固然有利于改变复议不旺的状况，但是凭直观判断它的作用还是有限的，因为毕竟它扮演的角色有限。

3. 完善行政复议制度。

《行政复议法实施条例》作为《行政复议法》下位阶的行政法规，其功能定位要兼顾两方面的内容。对《行政复议法》中比较模糊的内容作更明细的解释，同时考虑行政复议制度的完善，要二者兼而有之，不可能只是个解释性的条例。要在它力所能及的范围内，即无法对《行政复议法》进行大的修改的前提下，进行行政复议制度的完善和体制创新。

这些年，无论是国务院部委还是地方政府，在《行政复议法》实施方面，有很多可供总结和相互借鉴的经验和实际做法，都可以反映到《行政复议法实施条例》中来。如果仅仅是停留在原地、简单地解纂《行政复议法》，就没有必要搞这个条例。一定要在现有基础上往前拱一拱、推一推。事实上，无论是地方还是部门、专家或者学者，各方面对《行政复议法实施条例》功能定位的建议，集中体现了他们对该条例共同的殷切期盼。在这方面，大家的目标都是一致的，即通过制定《行政复议法实施条例》，在解释《行政复议法》的同时，完善行政复议制度，从而解决行政复议实际操作中存在的问题。真正的意见分歧，其实只是在侧重点上的不同，重视理论研究和制度设计的学者们比较强调制度完善，从事实务工作的专家们则倾向于通过具体的解释解决实际问题，更多的专家和学者们则建议兼容并蓄。据此，《行政复议法实施条例》起草的基本思路是，根据《行政复议法》的原则和规定，针对行政复议工作中存在的问题，结合行政复议工作的迫切需要，根据实际情况回答具体问题，进一步完善行政复议制度。《行政复议法实施条例》的功能定位问题，隐含在其第1条中。第1条表面上看是立法根据，实际上体现的是条例的基本定位。① 这个基本定位就是针对复议工作中存在的问题，根据《行政复议法》的原则和规定，结合行政复

---

① 《行政复议法实施条例》第1条规定："为了进一步发挥行政复议制度在解决行政争议、建设法治政府、构建社会主义和谐社会中的作用，根据《中华人民共和国行政复议法》，制定本条例。"

议实际情况的需要，进一步完善行政复议制度，进一步发挥行政复议制度作用。①

（二）制定《行政复议法实施条例》的指导原则

在制定《行政复议法实施条例》时，应遵循以下指导原则，以确保其充分反映建设法治政府、服务政府、责任政府的要求，并提高行政复议的质量和效率。

1. 依法完善原则。

在起草《行政复议法实施条例》时，必须严格遵循国家法律法规，确保各项规定与上位法保持一致，不得与之相抵触。同时，对于上位法中未明确或需要细化的内容，应结合实际情况，进行科学合理的补充和完善，以弥补法律空白，增强可操作性。

2. 方便申请原则。

为畅通行政复议渠道，应简化申请程序、降低申请门槛、方便群众和企业提出行政复议申请。具体而言，可以通过优化申请流程、提供在线申请服务、设置咨询服务窗口等方式，提高申请便利性。同时，对申请材料的要求也应尽可能明确和简化，避免给申请人带来不必要的负担。②

3. 改进和创新方式原则。

在行政复议工作中，应注重创新和改进工作方式方法，提高行政复议工作的效率和质量。例如，可以探索建立行政复议纠纷处理简易快速程序，缩短办理周期。同时，也可以利用信息化手段，如电子政务平台等，推进行政复议工作的现代化和智能化。

4. 积极受理原则。

行政机关应积极履行行政复议职责，对于符合受理条件的行政复议申请，应依法及时受理，切实解决行政复议“告状难”的问题。对于不符合受理条件的申请，也应明确告知申请人不予受理的理由和依据，并提供必要的救济途径。此外，还应加强行政复议与行政诉讼的衔接，确保行政复议决定的权威性和有

---

① 参见张越《行政复议法实施条例适用指南》，群众出版社，2007，第6页。

② 参见石国胜、黄庆畅《进一步发挥行政复议制度在构建和谐社会中的重要作用》，《人民日报》2007年7月3日第3版。

效性。

5. 强化监督原则。

为确保行政复议工作的公正性和合法性，应建立健全行政复议监督机制。包括加强对行政复议工作的内部监督，如追究行政复议工作人员违法行为的责任；加强监督检查和指导，对行政复议工作进行定期检查和评估；同时，也应接受外部监督，如接受人大、政协等机构的监督，以及社会舆论和公众的监督。通过强化监督，可以有效防止行政复议工作中的违法违规行为，维护人民群众的合法权益。①

综上所述，遵循这些指导原则，有助于制定出既符合法治精神又具有操作性的《行政复议法实施条例》，为推进法治政府建设、提升行政复议工作质量提供有力保障。

二、行政复议制度完善的主要内容

2007—2019 年，行政复议制度的主要内容和变化体现在国务院《行政复议法实施条例》的发布和实施上。条例还包括转送有关行政复议申请等。此外，行政复议制度在这一期间还进行了修改和完善，例如扩大行政复议受案范围，对行政协议、政府信息公开等行为不服的也可以申请行政复议；同时，也扩大了行政复议前置范围，例如公民对依法当场作出的行政处罚决定、行政不作为不服的，也需要先提起行政复议程序，再进行行政诉讼。这些修改和完善进一步提高了行政复议制度的公正性和效率性，为人民群众提供了更加便捷和有效的行政复议渠道。总之，2007—2019 年间，行政复议制度在内容和变化上主要体现为《行政复议法实施条例》的发布和实施，以及在此基础上的不断修改和完善，旨在更好地保障人民群众的合法权益，推动法治政府建设和社会和谐稳定。主要内容如下。

1. 总则上突出解决社会矛盾。

制定条例立法背景是 2006 年两办印发了《关于预防和化解行政争议健全行

---

① 参见曹康泰主编《中华人民共和国行政复议法实施条例释义》，中国法制出版社，2007，第 155—162 页。

政争议解决机制的意见》，要求将行政争议“化解在基层、化解在初发阶段、化解在行政系统内部”。为此，《行政复议法实施条例》“另行拟定了行政复议的立法目的”。[①] 国务院法制办公室在条例释义中提到，充分体现了党和政府更加重视通过行政复议解决行政争议的决策和部署（见表 6-1）。[②]

表 6-1 行政复议立法目的比较[③]

法律、法规名称	立法目的	排列次序
《行政复议条例》	为了维护和监督行政机关依法行使职权，防止和纠正违法或者不当的具体行政行为，保护公民、法人和其他组织的合法权益，根据宪法和有关法律，制定本条例	“维护和监督” “防止和纠正” “保护”
《行政复议法》	为了防止和纠正违法的或者不当的具体行政行为，保护公民、法人和其他组织的合法权益，保障和监督行政机关依法行使职权，根据宪法，制定本法	“防止和纠正” “保护” “保障和监督”
《行政复议法实施条例》	为了进一步发挥行政复议制度在解决行政争议、建设法治政府、构建社会主义和谐社会中的作用，根据《中华人民共和国行政复议法》（以下简称《行政复议法》），制定本条例	“解决行政争议” “建设法治政府” “构建社会主义和谐社会”

2. 完善了行政复议参加人的规定。

《行政复议法实施条例》第 5—10 条对行政复议申请人作出了规定，第 11—14 条对行政复议被申请人作出了规定，未增加申请条件。从发展趋势看，对申请人的限制条件会越来越少。

《行政复议法》经常出现与公民、法人并列的“其他组织”，针对实践中出现的问题，《行政复议法实施条例》选择实践中比较成熟的内容作了规定。在行政机关侵犯企业经营自主权的情况下，由于某些特殊的背景或原因，法定代表

---

① 参见周佑勇《我国行政复议立法目的的条款之检视与重塑》，《行政法学研究》2019 年第 6 期。
② 参见运凯《论行政新时代行政复议的功能定位及其评价体系》，《法学研究》2019 年第 6 期
③ 参见马超《行政复议的政治功能阐释———基于立法史的考察》，《交大法学》2013 年第 4 期。

人往往不愿意申请行政复议，为了保护企业的合法权益，需要权力机关出面代表企业行使行政复议权。

《行政复议法实施条例》第 9 条专门为第三人作了规定，分别为行政复议机构第三人参加行政复议，第三人申请参加行政复议及第三人不参加行政复议的后果作了规定。这一规定与学界对第三人的理解相同。《行政复议法实施条例》第 9 条对《行政复议法》第 10 条作了细化规定。《行政复议法实施条例》第 11—14 条规定了被申请人范围。

3. 进一步明确了行政复议的申请期限。

《行政复议法实施条例》第 15 条又作出相应的补充，对行政复议申请期限的计算作了具体细化规定，利害关系人、当事人请求书面教示的，行政机关应当以书面的形式作出教示。① 在制定《行政复议法实施条例》之初，曾考虑全面规定行政复议权利的告知制度。行政复议机关和司法机关目前一般把未告知行政复议权和诉权作为延长行政复议申请期限的一个事由，有关司法解释对于行政诉讼起诉期限的延长就是这样规定的。②

4. 在改进审理方式和程序作出了一些新的规定。

《行政复议法实施条例》的颁布，更加规范了行政复议的办案流程。主要包括：①健全了审查方式，使得在行政复议过程中可以采取听证等程序来进一步审理案件；②在行政复议中增设了和解制度，为当事人提供了更多解决纠纷的途径；③增加了调解结案的方式，以促进行政争议的便捷解决；④明确规定了行政复议中止和终止的适用情形，保障了当事人的合法权益。③

《行政复议法实施条例》第 18—21 条对书面申请作了细化，对行政复议申请书等需要载明的事项作了规定，《行政复议法实施条例》还规定了其他一些具体的制度，如行政复议的调解制度等创新性的规定，行政机关的"有错快改"制度等。

申请人、第三人的查阅权是其充分地了解案情、平等地参加复议、全面地

---

① 参见李钟晚《韩国行政复议制度研究》，博士学位论文，山东大学威海分校法学院，2012，第 120 页。

② 参见曹康泰主编《中华人民共和国行政复议法实施条例释义》，中国法制出版社，2007，第 105—106 页。

③ 参见李智姝、范治斌《刍议行政复议和解制度及实施》，《华章》2013 年 03 期。

实现其复议权利的保证。《行政复议条例》对申请人要求查阅被申请人的证据未作任何规定，《行政复议法》第 23 条第 2 款的规定是复议制度的一大进步。《行政复议法实施条例》第 35 条进一步规定，行政复议机关应当查阅提供场所和其他必要条件，如阅卷场所、复印条件等，在保障申请人、第三人阅卷权的道路上又向前迈出了坚实的一步。国务院提交全国人大常委会的《行政复议法（草案）》第 21 条曾规定，查阅权须“经准许”，经全国人大常委会委员们讨论，认为“经准许”的限制没有必要，与公开原则不相符合，应予删除。复议机构的义务申请人、第三人提出查阅要求的，行政复议机构必须积极提供方便条件，不能以场所不够、承办人不在等借口拒绝查阅，也不能随意为查阅人设定查阅范围。为了确保行政复议机构能够妥行此项义务，行政复议机关应当为行政复议机构配备相应设施，如行政复议接待室、复印机等，此即《行政复议法实施条例》第 35 条规定的出发点。

5. 增加了行政复议决定的种类，完善了行政复议决定的内容。

《行政复议法实施条例（征求意见稿）》第 32 条规定：“行政复议机构审理行政复议案件，应当组成案件审理小组共同审理。审理小组的成员，应当是三人以上的单数。对案情简单、法律关系明确的行政复议案件，可以由一人独任审理。”然而，反对的人较多，有的部门指出，实际工作中行政复议机构的人员有些尚不足三人，符合任职条件和资格的更少。如果强制规定行政复议案件审理小组成员不少于三人，实务难以操作。行政复议机关审理行政复议案件应该灵活掌握，不应司法化，审理小组三人到场，基层难以办到。[①] 行政复议活动属于国家行政机关的行政管理和监督活动，而非如行政诉讼那样采取合议庭审理，应实行行政领导负责制。[②]

《行政复议法实施条例》第 33 条规定了听证审理的制度，《行政复议法》对于审理方式强调行政化，以书面审理为原则。《行政复议法》第 22 条规定的听取意见，概念模糊、程序不完善，而听证概念的提出自然解决这一问题，随着听证制度的自身发展，听取意见的问题会得到解决。

---

① 参见张越《行政复议法实施条例适用指南》，群众出版社，2007，第 189 页。

② 参见黄学贤《关于行政复议委员会的冷思考》，《南京社会科学》2012 年第 11 期。

6. 加强了对行政复议工作的监督指导。

为了保证行政复议工作的开展，《行政复议法实施条例》设专章对行政复议的指导和监督作了规定：一是县级以上地方各级人民政府应当建立健全行政复议工作责任制，将行政复议工作纳入本级政府目标责任制；二是县级以上各级人民政府行政复议机构应当定期向本级人民政府提交行政复议工作状况分析报告；三是制作行政复议意见书；四是县级以上地方各级人民政府通过定期组织检查、抽查等方式，对行政复议进行检查，及时反馈检查结果。①

三、行政复议机关和机构

《行政复议法实施条例》第 2 条、第 3 条明确规定了行政复议机构的设置方式和职责范围，强调继承了《行政复议法》的相关规定，详细规定了行政复议机构的职能，并增加了复议机构办理应诉事项等 6 项具体工作职责。

行政复议是行政复议机关的职责，但是需由行政复议机构协助其履行职责。实践中存在行政复议机构不健全、人员数量不足、素质不到位等困境，部分立法专家提出，行政复议机关应当在其内部设置法制工作机构办理行政复议，也可指定内部专门的业务机构具体办理复议事项。行政复议机构独立性一直有争议，对于行政复议机构与具体办理复议事项的法制工作机构以及复议机关的关系认识不同，一些学者以及不同主体认为不必设立单独的行政复议机构，在《行政复议法实施条例》中删去了有关加强行政复议机构建设的内容。行政复议机关即使不设置复议机构，也是要履行行政复议职责。②

两者相比较，《行政复议法》仅规定复议机关即内部法制部门一并从事和具体负责行政复议工作。政府层面为“法制办”，职能部门层面为“法制司”和“法制处（科）”等。如果无专门的法制机构，则由办公室、政策研究室等部门具体承担。在《行政复议法实施条例》中，第 2 条在坚持《行政复议法》规定的基础上，明确了复议机关履行职责的要求，但对复议机构本身建设和编制问题没有提及。

---

① 参见石佑启、杨勇萍《行政复议法新论》，北京大学出版社，2007，第 50—52 页。

② 参见张越《行政复议法学》，中国法制出版社，2007，第 217、220 页。

《行政复议法》颁布实施以来，行政复议的队伍建设差强人意。在现实中，各级政府和部门根据实际情况设立了形式名称各异的复议机构。除非当事人受“复议前置”的约束，否则主动选择复议相对较少，大多行政相对人径行选择行政诉讼，导致某些地方出现行政诉讼案件数量大、行政复议案件数量小的结构困境。与国外相比，情况有所不同，如美国行政复议的案件数量远远超过诉讼，比例达到24∶1，韩国行政复议与诉讼案件数量比例约为7∶1。[①] 行政复议程序性和技术性强，需要高素质人才保证行政复议工作的科学化、规范化和正常运行。长期以来，除了政府和公安、税收等少数部门，由于案件数量居高不下，形成具有较为规整完善的复议机构和专职人员外，大部分行政复议机构组织不健全。这种现实逻辑大大削弱了复议制度应有的解决争议和维护权益功能。

因此，行政复议机构从原来强调专业性的《税务复议委员会组织通则》，转变为支持肯定其独立性《行政复议条例》，再继而嬗变为《行政复议法》及其《行政复议法实施条例》强调的行政复议制度是“行政机关的内部监督”，将行政复议机构等同于机关负责法制工作的机构，有一个不断变化的历史演进过程。当然，这些历史性探索还没有真正成熟，通过现代化转型以解决行政争议的阶段，这体现在行政复议解决行政争议主渠道还没有发挥，[②] 应松年曾表示：“行政复议受案范围和作用，要比诉讼宽泛。”[③] 还需要通过深度改革行政复议体制和制度，体系化修改完善《行政复议法》，寻求新突破。

行政复议机构、特别是市县行政复议机构力量薄弱。[④] 据了解，2006年全国行政复议工作座谈会以后，各地区、各部门纷纷采取有力措施，加强行政复议机构建设，增加人员编制。湖南省、农业部要求一般案件至少2人承办，重大复杂案件由3人承办。黑龙江省要求行政复议机构配备的专职行政复议人员数量最低不得少于3人。[⑤] 但是由于未充分考虑其履行行政复议职责的需要，

---

① 参见刘晓鹏《政府强化“自我纠错”依法化解行政争议》，人民日报2007年8月2日第3版。

② 参见曹鎏《作为化解行政争议主渠道的行政复议：功能反思及路径优化》，《中国法学》2020年第2期。

③ 应松年：《对〈行政复议法〉修改的意见》，《行政法学研究》2019年第2期。

④ 参见李立《政府法治》，《法制日报》2010年6月29日第2版。

⑤ 参见曹康泰主编《中华人民共和国行政复议法实施条例释义》，中国法制出版社，2007，第14—16页。

地方行政复议机构不健全依旧构成显性问题。以 2013 年的数据为例，约 38.2%的县级政府没有设立法制机构或者只挂牌无编制。①

在条例草案征求意见的过程中，有关部门的同志提出，对行政复议人员发放办案津贴必要合理，但建立津贴制度的事权在国家，当时国家正在清理和规范津贴、补贴，行政复议办案津贴问题统筹考虑，但不宜在行政法规中作出明确规定。条例未对行政复议办案津贴问题作出明确规定。②

这一时期，我国对行政复议委员会构建也进行了探索。2007 年《行政复议法实施条例》没有在正式稿中规定行政复议委员会的内容。当然，在立法中曾经考虑过行政复议委员会的内容条款，如《行政复议法实施条例（征求意见稿）》第 11 条规定，行政复议委员会裁决行政复议案件。但涉及行政复议体制的重大变革，当时感觉条件不成熟，未来的构想不明确，条款最终没有保住。③行政复议委员会的试点最早可追溯至《行政复议法实施条例》出台前的 2006 年。④ 国发〔2010〕33 号文明确了复议委员会建设的依法实施、稳步推进和注重实效三大指导原则。⑤

当然对于行政复议委员会的改革机制也有反对声音。行政复议委员会的改革机制虽然在一定程度上提升了行政复议的公正性和效率性，但确实也存在一些反对的声音。这些反对意见主要集中在以下几个方面：一是一些观点认为行政复议委员会的改革可能并未完全达到预期的效果，尽管其初衷是为了提高行政复议的公正性和公信力，但在实际操作中，由于各种因素的影响，可能并未完全实现这一目标，例如，行政复议委员会在审查案件时，可能会受到行政机关的影响，导致审查结果不够公正；二是行政复议委员会的设立和运作需要投

① 王胜俊：全国人民代表大会常务委员会执法检查组关于检查《中华人民共和国行政复议法》实施情况的报告，http://www.npc.gov.cn/zgrdw/npc/xinwen/2013-12/24/content_1819964.html，访问日期：2023 年 4 月 10 日。

② 参见曹康泰主编《中华人民共和国行政复议法实施条例释义》，中国法制出版社，2007，第 21—23 页。

③ 参见张越《行政复议法实施条例适用指南》，群众出版社，2007，第 191—192 页。

④ 参见施立栋《纠纷的中立评估与行政复议委员会的变革》，《政治与法律》2018 年第 3 期。

⑤ 参见《国务院法制办公室关于在部分省、直辖市开展行政复议委员会试点工作的通知》，载呼和浩特市人民政府法制办公室《行政复议法律法规、权威解答、政策规定与法律文书范本汇编》，内蒙古教育出版社，2016，第 308 页。

入大量的人力、物力和财力，这对于一些地方政府来说可能是一个负担，特别是在经济欠发达地区，由于资源有限，可能难以支持行政复议委员会的运作；三是行政复议委员会的独立性也是一个备受关注的问题，虽然行政复议委员会应当具有相当的独立性，但在实际操作中，其独立性可能受到上级政府或行政机关的制约，从而影响其审查结果的公正性；四是行政复议委员会的人员组成和素质也是反对声音关注的焦点，如果委员会成员缺乏专业知识和经验，或者存在不公正、不廉洁的行为，那么行政复议的结果可能会受到质疑；五是各地的试点改革方案缺少横向联动，面对地方层面形态各异的复议委员会制度设计，中央层面也相对缺少量化维度的评测总结。①

针对这些反对声音，需要对行政复议委员会的改革机制进行进一步的完善和优化。例如，加强行政复议委员会的独立性，确保其能够公正、独立地审查案件；提高委员会成员的专业素质和道德水平，确保他们能够胜任审查工作；同时，还需要充分考虑地方政府的实际情况，确保改革措施能够落地生根、取得实效。虽然存在反对声音，但行政复议委员会的改革机制在整体上仍然是提升行政复议制度公正性和效率性的重要举措。因此，在推进改革的过程中，需要积极听取各方面的意见和建议，不断完善和优化改革方案，以更好地满足人民群众对公正、高效行政复议制度的需求。

在行政机关首长负责制的背景下，行政复议委员会作为咨询机构更为合适，即复议委员会提出复议建议，最终的决定仍然由复议机关作出。但同时，行政复议委员会的适用范围应当扩大，不能局限于“重大疑难的行政复议案件”，行政复议委员会应当成为行政复议的常态化审理机构。② 有学者就此提出复议委员会的制度无法向基层推广的问题，因为基层缺乏法律专业人才。县级以上政府设立行政复议委员会，至于垂直管理的机构是否设立行政复议委员会，则不一定需要做统一规定。

① 参见黄学贤《关于行政复议委员会的冷思考》，《南京社会科学》2012年第11期。

② 参见马怀德、李策《行政复议委员会的检讨与改革》，《法学评论》2021年第4期。

四、《行政复议法实施条例》未涉及的问题

（一）关于行政复议机构问题

在征求意见时，大多数地方和部门呼吁在《行政复议法实施条例》中明确提出加强行政复议机构建设的要求，解决因行政复议机构不健全妨碍行政复议工作正常开展的问题。据调查，近90%的行政争议发生在市、县两级行政执法部门和县乡两级政府，加强市、县两级政府行政复议机构、配齐配强人员是及时解决大多数行政纠纷、避免政府疲于应付信访和诉讼的首选对策。中编办认为，在县级以上地方人民政府设立行政复议机构，对于加强行政复议工作，保护公民、法人和其他组织的合法权益能够起到积极的促进作用。但是，鉴于本届政府中有很多部门提出类似的问题，需要统筹研究。同时，按照机构编制管理的有关规定，地方党政机构设置和调整的问题，应当由当地党委、政府提出意见，并按照规定程序专项报批。根据中编办的意见，删去了有关加强行政复议机构建设的内容。建议由中编办会同法制办对行政复议机构及编制进行调研后另行提出解决方案。

（二）关于行政复议经费问题

《行政复议法》规定，行政复议活动不收取费用，所需经费列入本机关的行政经费，国务院的有关文件对此也提出了明确要求。但从实际情况看，一些地方，特别是市、县两级的行政复议经费尚未落实，在一定程度上限制了行政复议功能的发挥。在征求意见时，大多数地方和部门要求在《行政复议法实施条例》中明确规定行政复议经费保障及办案津贴等内容。财政部则建议对此不作规定，理由是《行政复议法》和国务院有关文件已有规定：行政复议机构是行政机关的组成部门，其所需经费应按照部门预算在本机关的行政经费中一并解决；同时，行政复议经费的具体内容及管理方式应按照财务管理制度执行，不宜在《行政复议法实施条例》中做过细的规定。根据财政部的意见，没有在条例中具体规定相应的内容。行政复议经费及办案津贴的具体落实问题，建议请

财政部、人事部与法制办共同调研后另行发文解决。[①]

2020 年后，行政复议进入了新的历史发展阶段。2020 年 2 月 5 日，习近平总书记主持召开中央全面依法治国委员会第三次会议，审议通过了《行政复议体制改革方案》。司法部认真贯彻落实中央要求，及时建立工作台账，对标对表推动改革任务落实；不断开展调研指导，先后赴辽宁、甘肃、安徽、江苏、上海、浙江、河北、江西、重庆、贵州 10 个省市调研督导，现场解读《行政复议体制改革方案》精神，明确工作要求，对发现的问题及时纠偏，指导各地方扎实推进党中央决策部署在本地区落实落细。截至目前，全国 31 个省（区、市）和新疆生产建设兵团已经印发了本地区落实改革任务的具体方案。落实《行政复议体制改革方案》的主要任务是将政府部门的复议职责整合到政府统一行使。各地方充分发挥主观能动性，明确司法厅（局）作为政府行政复议机构，增进司法行政部门代表政府依法办理本级政府行政复议事项的公信力。[②] 按照“事编匹配、优化节约、按需调剂”原则，为政府行政复议机构调配编制是落实《行政复议体制改革方案》的关键，各地狠抓此关键，务实解决编制调配问题。各地方按照党中央要求和司法部具体部署，高度重视、精心组织、努力推动落实改革各项举措，取得了积极成效。

第四节　行政复议制度实施评估和成效

一、典型案例

（一）某村委会不服某县政府《土地权属争议决定书》案

1. 案件背景。

《行政复议条例》不允许调解，第 8 条规定：“复议机关审理复议案件，不适用调解。”《行政复议法实施条例》允许调解，2007 年受《行政诉讼法》变迁（接受调解和解）的影响，《行政复议法实施条例》第 50 条规定，行政复议机关

---

① 参见部风涛主编《中华人民共和国行政复议法实施条例释解与应用》，人民出版社，2007，第 40 页。

② 参见章志远《以习近平法治思想引领行政复议法修改》，《法学评论》2022 年第 11 期。

可以在特定条件下按照自愿、合法原则调解。

2. 基本案情。

某某村民委员会与某县水土保持站、某县民政局，双方就位于某某村民委员会附近180多亩地的土地性质（国有或集体所有）及土地权属产生争议，争议时间长，一直未能妥善解决。某县政府在2014年作出行政裁决前，某村民委员就同一宗土地又提起确权申请，请求确认该宗土地为其村委会集体土地。某县政府将两案分案处理，在某某村民委员会未参与的情况下作出了“土地权属争议决定书”。因此，某某村民委员会以某县人民政府2014年12月26日作出“土地权属争议决定书”时漏列某某村民委员会、未依法先行调解，违反法定程序，侵犯其合法权益为由，向某行政复议机关提起行政复议申请，请求依法撤销该《土地权属争议决定书》，责令被申请人重新作出具体行政行为。

对此案，行政复议机关通过行政复议委员会审理查明，某县政府土地管理部门组织申请人、县水土保持站、县民政局，参加了调查处理，依据《土地权属争议调查处理办法》第23条规定，对土地争议进行了调解，形成了调解笔录，参加调解人员均签字确认，但因争议各方都不同意调解，未达成调解协议。后被申请人组织召开了听证会，但未按照法定程序通知申请人参加听证，在未听取其意见的情况下作出了《土地权属争议决定书》。行政复议机关认为，某某村民委员会在同一宗土地权属争议申请中应当认定为行政相关方，因争议土地处理决定与其有直接利害关系，为有独立请求权的第三人。某县人民政府作为土地争议处理机关应当维护其合法权益，应当通知其参加听证，在充分听取各方意见的基础上作出处理决定，故某县人民政府作出土地权属争议决定属程序不合法，撤销并按程序重新作出该宗土地权属争议决定。

3. 焦点问题评述比较。

本案的程序问题。本案最初当事人为某某村民委员会与某县水土保持站、某县民政局，双方就位于某某村民委会附近180多亩地的土地性质（国有或集体所有）及土地权属产生争议，争议时间长，一直未能妥善解决。某县政府在2014年作出行政裁决前，某村民委会就同一宗土地提起确权申请，请求确认该宗土地为其村委会集体土地。某县政府将两案分案处理，对权属争议在某某村民委员会未参与的情况下作出了《土地权属争议决定书》，两个村民委员会就同一宗土地提起土地权属争议申请，虽两案申请时间不同，但因争议土地处理决定与他们都有直接利害关系，为公平合理处理争议，某县人民政府应当通知各方参加国土资源部门对案件的调查处理及听证会，在充分听取各方意见的基础上作出处理决定。

某县人民政府是否依法调解。根据《土地权属争议调查处理办法》第23条规定，国土资源行政主管部门对受理的争议案件应当在查清事实、分清权属关系的基础上先行调解，促使当事人以协商方式达成协议。调解应当坚持自愿合法的原则，某县国土资源局对土地争议进行了调解，且有调解笔录，参加调解人员均签字确认。但因争议各方均不同意调解，未达成调解协议。应当说某县国土局已经对争议案件进行了调解。

充分发挥行政复议委员会作用，提高行政复议案件质量。由于行政复议机构办案人员少，缺乏行政复议案件办理经验，在审理此案时，专门召开了行政复议委员会工作会议研究讨论，担任行政复议委员会委员的专家学者和律师认真分析了案情，权衡利弊，从法律角度提出了意见，为行政复议机关最终作出公正的决定起到了关键作用，提高了行政复议的公信力。

土地争议的重要特点是历史问题多、争议时间长、成因复杂、调查及证据收集难度大、特别是原始资料收集不完整甚至缺失，比较难处理，但随着城市建设步伐加快，土地价值日益显现，土地权属争议逐年增多。在处理此类案件时，应调查清楚事实充分了解土地权属情况，依法依规、合情合理作出复议决定。

（二）扎某不服草原纠纷处理决定案

1. 案件背景。

行政复议听证案件评析是对行政复议过程中采用听证方式审理的案件进行深入分析和评价的过程。听证作为一种重要的程序性制度，旨在保障当事人的合法权益，确保行政复议决定的公正性和合法性。

2. 基本案情。

申请人扎某（女）因不服某乡政府作出的“关于扎某与秋某草原纠纷处理的答复”提起行政复议，请求撤销该处理答复。

1992年青海省“一包四定”时，多某与扎某在婚姻关系存续期间829.9标准亩的冬春草场使用权。承包期间，多某与妻子扎某分居，与秋某（女）同居。承包草场由多某实际使用。1993 年多某去世。2005 年 5 月扎某以与秋某因该草场发生纠纷，分别向人民法院、县人大常委会提起纠纷处理请求。2006 年，经县人大常委会、人民法院、乡人民政府组成联合工作组进行调解，经调解，双方协商一致，将原多某承包经营的 829.9 亩草场平分，扎某占有 414.95 亩，秋某占有 414.95 亩，并变更了草原使用证。2011 年统一换发草原承包经营权证时，秋某换发了草原承包经营权证，扎某未换发。2015 年扎某主张原多某承包经营的全部 829.9 亩草场，乡人民政府根据调查的以上事实作出了不予支持申请人请求的“关于扎某与秋某草原纠纷处理的答复”。

行政复议机关对该案审理后，认为案件时间长，情况复杂，组织了一次听证，通过听证搞清楚事实，处理适当，对一直未给申请人换发草原承包经营权证的问题提出意见，根据《行政复议法实施条例》第 57 条第 1 款规定，复议机关制作行政复议意见书，要求被申请人及相关部门做好草原承包经营权证换发工作。

3. 案件述评和比较。

《行政复议意见书》是《行政复议法实施条例》第 57 条第 1 款规定的一项有效化解矛盾纠纷的重要制度，对被申请人具有法律上的约束力。本案中，行政复议决定既对申请人提起复议的行政行为的合法性作出了判断，又通过行政复议意见书，将纠纷化解后可能遇到的障碍问题一并处理，既化解了纠纷，又对可能发生的新纠纷作出了预防。关键本案加入了听证程序。

首先，需要对行政复议听证案件的基本情况进行概述，包括案件的起因、争议焦点、当事人的诉求以及行政复议机关的处理方式等。这些信息有助于我们了解案件的背景和核心问题。听证程序的规范性是评析行政复议听证案件的重要方面，需要关注听证程序是否严格按照相关法律法规的规定进行，包括听证通知的送达、听证时间的安排、听证地点的选择以及听证参与人的权利保障等。同时，还需要评估听证程序是否公开、透明，是否充分保障了当事人的陈述、申辩和质证权利。①

① 参见李素平《行政复议与行政诉讼程序衔接探析》，《苏州大学学报》2008 年第 1 期。

在行政复议听证过程中，证据的审查和事实的认定是关键环节。我们需要对听证中提交的证据进行全面、客观的审查，评估证据的真实性、合法性和关联性。同时，我们还需要对听证过程中查明的事实进行认真分析，确保事实认定准确、无误。

行政复议听证案件的评析还需要关注法律适用和逻辑推理的过程。我们需要对行政复议机关在听证过程中适用的法律法规进行审查，评估其是否准确、适当。同时，我们还需要对行政复议决定的逻辑推理进行分析，确保其逻辑严密、结论合理。

最后，需要对行政复议听证的效果和社会影响进行评估。这包括听证是否有效解决了争议问题、是否增强了行政复议的公信力、是否促进了社会和谐稳定等方面。通过评估听证效果和社会影响，我们可以对行政复议听证制度的作用和价值进行客观评价。

综上所述，行政复议听证案件评析是一个复杂而重要的过程，它涉及程序规范、证据审查、事实认定、法律适用和社会影响等多个方面。通过深入分析和评价这些方面，我们可以不断完善行政复议听证制度，提高行政复议工作的质量和效率。

（三）丁某某不服某市信访局作出的《信访事项申请复查受理告知书》案

1. 案件背景。

行政复议和信访的关系在现实中难以处理。行政复议和信访是两种不同的制度，各自有着不同的职能和适用范围，但都是我国行政法律体系中重要的组成部分，用于维护公民的合法权益和解决行政争议。行政复议主要侧重于对具体行政行为的审查和纠正，目的是保护申请人的合法权益。信访的范围更为广泛，涵盖了人民群众对行政机关及其工作人员的批评等各种事项，它更多地扮演着沟通桥梁和民意表达渠道的角色。

2. 基本案情。

2017年6月20日，某县农牧和扶贫开发局、环保局向申请人丁某某送达了限期关停通知书，要求申请人完成养殖场关停工作。申请人多次向某县人民政府、某县农牧和扶贫开发局、环保局、信访局申请补偿事宜，均无果。2019年1月19日，申请人向某县信访局反映将其养殖场关停要求补偿的信访事项，该局对信访事项出具答复意见书。申请人不服该答复意见向某市信访局申请复查，某市信访局收到复查申请后以市信访事项复查复核委员会名义作出《信访事项申请复查受理告知书》（以下简称“告知书”）。申请人不服该告知书，于2019 年 3 月 18 日向某市人民政府申请行政复议。

被申请人认为：申请人不服答复意见申请复查，某市信访局作出复查意见即信访事项申请复查受理告知书。该告知书明确：按照《某市畜禽养殖禁养区限养区划定方案（试行）》，申请人养殖厂位于畜禽禁养区范围内。某县农牧和扶贫开发局、环保局依照相关法律规定作出限期关停行政行为，符合法律法规及政策规定，且根据《关于印发某市某河沿岸养殖场搬迁工作方案》，向申请人释明了补偿事宜。综上，被申请人作出的告知书符合相关法律及政策规定，请求复议机关依法予以维持。

行政复议机关认为：申请人丁某某对被申请人作出的信访事项申请复查受理告知书不服，向某市人民政府提起的行政复议申请，不属于行政复议法规定的受案范围。根据《中华人民共和国行政复议法》第 17 条之规定，作出不予受理决定。

3. 评析和比较。

信访制度和行政复议制度是两种权利救济制度，信访复查复核回复是否属于行政复议的受案范围。鉴于行政复议在权利救济方面的准司法性质，参照行政诉讼法的司法解释，信访事项不属于复议的受案范围，除非该复查复核回复对信访人造成新的权利义务影响。

行政复议与信访虽然都是解决行政争议的重要途径，但在具体操作上存在一些差异。行政复议和信访在职能和范围上有所不同，但它们都是行政机关联系人民群众、解决行政争议的重要途径。在实践中，有时信访事项可能涉及具体行政行为，这时信访机构可能会引导信访人通过行政复议途径解决问题。同时，行政复议机关在处理行政复议案件时，也可能需要参考信访反映的情况和问题，以便更全面地了解案件背景和事实。

二、行政复议制度实际成效

1. 行政复议制度总体成效。

2007—2019 年，行政复议制度在多个方面取得了显著进步，在施行过程中取得了显著的实际成效：一是复议质量提升，行政复议机关在审查复议案件时，坚持依法公正、有错必纠的原则，对于违法或不当的行政行为，依法予以撤销、变更或确认违法，保障了申请人的合法权益；二是复议效率提高，行政机关在复议过程中注重提高办理效率，缩短了复议期限，使得申请人能够更快地得到复议结果；三是案件数量持续增长，随着社会法治意识的提高和行政复议制度的不断完善，越来越多的人选择通过行政复议途径来维护自己的合法权益，行政复议案件数量持续增长；四是监督作用增强，行政复议制度在监督行政机关依法行使职权方面发挥了重要作用；通过复议审查，可以发现并纠正行政机关在执法过程中存在的问题，推动行政机关依法行政；五是制度建设不断完善，在法治政府实践中，行政复议制度不断完善，相关法律法规和制度文件相继出台或修订，为行政复议工作提供了更加明确和具体的指导。

总的来说，2007—2019 年行政复议制度在施行过程中取得了显著的实际成效，为推进法治政府建设、维护公民权益、促进社会和谐稳定做出了积极贡献。这些实际成效的取得，不仅体现了行政复议制度在维护社会公平正义和保障公民权益方面的重要作用，也反映了我国法治建设不断取得了新进展、新成效。当然，随着社会的不断发展和进步，行政复议制度还需要继续完善和优化，以更好地适应时代的需求和挑战。

2. 2007—2019 年行政复议相关数据（见表 6-2）。

表 6-2　2007—2019 年行政复议自身纵向发展的相关数据

年份	案件数量
2007	86 288
2008	78 002
2009	77 877
2010	93 055

续表

年份	案件数量
2011	102 815
2012	110 543
2013	130 537
2014	152 714
2015	167 744
2016	230 705
2017	257 361
2018	209 872
2019	190 391

2007—2019 年间，行政复议案件数量总体上是增长态势，说明化解行政争议的作用日趋明显（见表 6-3）。2018 年因司法部和法制办合并，对行政复议案件数量产生了一定影响。通过行政复议化解争议，人民群众对行政复议制度更加增加了解和信赖，理性维护自身的合法权益。①

表 6-3　2007—2019 年行政复议纠错率变化情况

年份	全国行政复议案件直接纠错率
2007	11.12%
2008	9.36%
2009	9.14%
2010	8.34%
2011	8.51%
2012	8.74%
2013	8.28%
2014	10.03%

① 参见李月军《当代中国地方政府与社会之间的行政争议关系——基于 2011—2020 年全国行政复议数据的分析》，《政治学研究》2022 年第 8 期。

续表

年份	全国行政复议案件直接纠错率
2015	13.33%
2016	16.75%
2017	14.58%
2018	15.10%
2019	16.04%

纠错率变化趋势并不完全稳定，从 2007—2013 年纠错率处于下降状态，2013—2016 年纠错率有所反弹并升高，2017 年有所下降。① 2018 年和 2019 年纠错率有所上升（见表 6-4）。

表 6-4 2007—2019 年行政复议案件数量与行政应诉的横向比较

年份	行政复议案件数量	行政应诉案件数量
2007	86 288	101 310
2008	78 002	108 398
2009	77 877	120 312
2010	93 055	129 133
2011	102 815	136 353
2012	110 543	129 583
2013	130 537	123 194
2014	152 714	141 880
2015	167 744	220 398
2016	185 864	225 485
2017	230 705	230 432
2018	209 872	211 354
2019	190 391	223 712

① 参见曹鎏《中国特色行政复议制度的嬗变与演进》，法律出版社，2020，第 24 页。

行政诉讼案件数量一直高于行政复议案件数量（见表 6-5），说明行政复议主渠道功能没有完全发挥。

表 6-5　2007—2019 年行政复议案件纠错率与行政应诉纠错率比较

年份	全国行政复议案件直接纠错率	行政应诉纠错率
2007	11.12%	12.11%
2008	9.36%	10.28%
2009	9.14%	11.95%
2010	8.34%	10.78%
2011	8.51%	9.86%
2012	8.74%	10.27%
2013	8.28%	10.81%
2014	10.03%	12.50%
2015	13.33%	12.46%
2016	16.75%	13.36%
2017	14.58%	14.30%
2018	15.11%	18.20%
2019	16.04%	16.41%

两者纠错率的区分度不明显。行政复议制度在实质性化解行政争议中发挥着日益重要的作用，且行政复议在行政争议实质性化解中的过滤器作用也逐渐体现，行政复议与行政诉讼两项化解行政争议的制度，在实践中区分度均越来越小。

2009—2018 年行政复议案件所涉领域分布变化情况①。

2009—2018 年行政复议案件涉及领域众多，笔者现将这几年的行政复议案件的领域排名、受理件、占比情况归纳如下。②

① 参见中国法学会行政法学研究会、中国政法大学法政政府研究院《行政复议法实施二十周年研究报告》，中国法制出版社，2019，第 33—53 页。

② 参见中国法学会行政法学研究会、中国政法大学法治政府研究院《行政复议法实施二十周年研究报告》，中国法制出版社，2019，第 28—54 页。

2009年所涉行政复议案件领域排名第一为公安，受理20 678件，占30.38%；排名第二为劳动和社会保障，受理11 508件，占案件总量的16.91%；排名第三为土地，受理8080件，占案件总量的11.87%；排名第四为房屋征补，受理3309件，占案件总量的4.86%；排名第五为林业，受理2547件，占案件总量的3.74%；排名第六为交通运输，受理2231件，占案件总量的3.74%；排名第七为工商，受理2092件，占案件总量的3.07%；其他领域，受理17 617件，占案件总量的25.89%。2009年全年受理行政复议案件共计98 062件。

2010年所涉行政复议案件领域排名第一为公安，受理25 579件，占案件总量的31.36%；排名第二为土地，受理13 136件，占案件总量的16.10%；排名第三为劳动和社会保障，受理12 226件，占案件总量的14.99%；排名第四为房屋征补，受理6263件，占案件总量的7.68%；排名第五为城乡规划，受理3660件，占案件总量的4.49%；排名第六为林业，受理3610件，占案件总量的4.43%；排名第七为工商，受理2396件，占案件总量的2.95%；其他领域，受理14 701件，占案件总量的18.01%，2010年全年受理行政复议案件共计81 571件。

2011年所涉行政复议案件领域排名第一为公安，受理25 727件，占案件总量的29.39%；排名第二为土地，受理15 628件，占案件总量的17.85%；排名第三为劳动和社会保障，受理10 714件，占案件总量的12.24%；排名第四为房屋征补，受理8153件，占案件总量的9.31%；排名第五为城乡规划，受理4049件，占案件总量的4.63%；排名第六为工商，受理3745件，占案件总量的4.28%；排名第七为林业，受理3651件，占案件总量的4.17%；其他领域，受理15 873件，占案件总量的18.13%。2011年全年受理行政复议案件共计87 540件。

2012年所涉行政复议案件领域排名第一为公安，受理28 978件，占案件总量的30.40%；排名第二为土地，受理14 376件，占案件总量的15.08%；排名第三为劳动和社会保障，受理10 951件，占案件总量的11.49%；排名第四为房屋征补，受理9272件，占案件总量的9.73%；排名第五为城乡规划，受理4018件，占案件总量的4.21%；排名第六为工商，受理3945件，占案件总量的 4.14%；排名第七为林业，受理 3872 件，占案件总量的 4.06%；其他领域，受理 19 925 件，占案件总量的 20.89%。2012 年全年受理行政复议案件共计 95 337 件。

2013 年所涉行政复议案件领域排名第一为公安，受理 29 758 件，占案件总量的 26.32%；排名第二为土地，受理 18 696 件，占案件总量的 16.53%；排名第三为房屋征补，受理 12 352 件，占案件总量的 10.92%；排名第四为劳动和社会保障，受理 10 082 件，占案件总量的 8.92%；排名第五为工商，受理 6167 件，占案件总量的 5.45%；排名第六为林业，受理 4601 件，占案件总量的 4.07%；排名第七为城乡规划，受理 3990 件，占案件总量的 3.53%；其他领域，受理 27 436 件，占案件总量的 24.26%。2013 年全年受理行政复议案件共计 113 082 件。

2014 年所涉行政复议案件领域排名第一为公安，受理 39 738 件，占案件总量的 30.19%；排名第二为土地，受理 20 622 件，占案件总量的 15.66%；排名第三为房屋征补，受理 12 032 件，占案件总量的 9.14%；排名第四为劳动和社会保障，受理 11 042 件，占案件总量的 8.39%；排名第五为工商，受理 7034 件，占案件总量的 5.34%；排名第六为城乡规划，受理 6157 件，占案件总量的 4.68%；排名第七为林业，受理 4548 件，占案件总量的 3.45%；其他领域，受理 30 471 件，占案件总量的 23.15%。2014 年全年受理行政复议案件共计 131 644 件。

2015 年所涉行政复议案件领域排名第一为公安，受理 49 505 件，占案件总量的 33.52%；排名第二为土地，受理 19 341 件，占案件总量的 13.10%；排名第三为房屋征补，受理 13 362 件，占案件总量的 9.05%；排名第四为劳动和社会保障，受理 11 060 件，占案件总量的 7.49%；排名第五为工商，受理 5624 件，占案件总量的 3.81%；排名第六为城乡规划，受理 5482 件，占案件总量的 3.71%；排名第七为食品药品，受理 5048 件，占案件总量的 3.42%；其他领域，受理 38 274 件，占案件总量的 25.90%。2015 年全年受理行政复议案件共计 147 696 件。

2016 年所涉行政复议案件领域排名第一为公安，受理 60 982 件，占案件总量的 37.14%；排名第二为土地，受理 19 533 件，占案件总量的 11.90%；排名第三为房屋征补，受理 11 519 件，占案件总量的 7.02%；排名第四为劳动和社会保障，受理 10 400 件，占案件总量的 6.36%；排名第五为工商，受理 9962 件，占案件总量的 6.07%；排名第六为食品药品，受理 8801 件，占案件总量的 5.36%；排名第七为城乡规划，受理 6240 件，占案件总量的 3.80%；其他领域，受理 36 713 件，占案件总量的 22.35%。2016 年全年受理行政复议案件共计 164 190 件。

2017 年所涉行政复议案件领域排名第一为公安，受理 83 221 件，占案件总量的 40.49%；排名第二为土地，受理 20 373 件，占案件总量的 9.91%；排名第三为食品药品，受理 14 006 件，占案件总量的 6.81%；排名第四为房屋征补，受理 13 978 件，占案件总量的 6.80%；排名第五为工商，受理 13 254 件，占案件总量的 6.45%；排名第六为劳动和社会保障，受理 9960 件，占案件总量的 4.85%；排名第七为城乡规划，受理 7836 件，占案件总量的 3.81%；其他领域，受理 42 905 件，占案件总量的 20.88%。2017 年全年受理行政复议案件共计 205 533 件。

2018 年所涉行政复议案件领域排名第一为公安，受理 85 644 件，占案件总量的 40.58%；排名第二为土地，受理 21 634 件，占案件总量的 10.25%；排名第三为房屋征补，受理 17 335 件，占案件总量的 8.21%；排名第四为食品药品，受理 13 936 件，占案件总量的 6.60%；排名第五为劳动和社会保障，受理 12 547 件，占案件总量的 5.94%；排名第六为城乡规划，受理 8620 件，占案件总量的 4.08%；排名第七为工商，受理 7931 件，占案件总量的 3.76%；其他领域，受理 43 411 件，占案件总量的 20.58%。2018 年全年受理行政复议案件共计 211 058 件。

2009—2018 年所涉行政复议案件领域排名第一为公安，受理 449 810 件，占案件总量的 34.45%；排名第二为土地，受理 171 419 件，占案件总量的 13.13%；排名第三为劳动和社会保障，受理 110 530 件，占案件总量的 8.47%；排名第四为房屋征补，受理 107 575 件，占案件总量的 8.24%；排名第五为工商，受理 62 150 件，占案件总量的 4.76%；排名第六为城乡规划，受理 51692 件，占案件总量的 3.96%；排名第七为食品药品，受理 44 968 件，占案件总量的 3.44%；其他领域，受理 307 569 件，占案件总量的 23.55%。

2009—2018 年受理行政复议案件共计 1 305 713 件。

从领城来看，复议案件主要集中在房屋征迁、土地、城乡规划、劳动和社会保障、公安、司法行政、林业等领域，2009—2018 年各级行政复议机关共办理行政复议案件 131 万件。因政府管理方式更加多样化，老百姓更关注对自身知情权、财产权的合法、充分保障，对行政争议解决机制的选择更加理性，更倾向于通过行政复议这一高效、低成本的争议解决机制来维护合法权益。行政复议制度在促进和改善民生，维护社会稳定方面的作用日益增强。① 综上，行政复议案件数量的增多，同时伴随着案件类型的日趋多样化。随着社会经济的高速发展，行政复议案件的办理工作量不断增加，审理难度不断加大，更多地触及社会热点、难点领域，尤其是与社会民生息息相关的领域，如社会保障和食品药品等领域。行政复议不仅承担着解决行政争议、保护公民权利和监督依法行政的重要角色，更是在维护社会稳定中发挥着越来越重要的作用。这也对行政复议机关和人员队伍建设提出了更高的要求，促使行政复议工作人员不断提高专业化水平。②

3. 青海省 2018 年行政复议案件情况。

以 2018 年青海行政复议数据为例，来说明地方行政复议情况。

（1）案件情况。

2018 年，全省各级行政复议机关共收到行政复议申请 309 件，申请人总数 611 人。在审结案件中，维持 166 件，维持率 61.0％；直接纠错 47 件，纠错率 17.3％（见图 6-1)。

① 参见严励、单佳《维护社会稳定的五个关系维度研究》，《上海政法学院学报（法治论丛）》2020 年第 3 期。

② 参见中国法学会行政法学研究会、中国政法大学法治政府研究院《行政复议法实施二十周年研究报告》，中国法制出版社，2019，第 40 页。

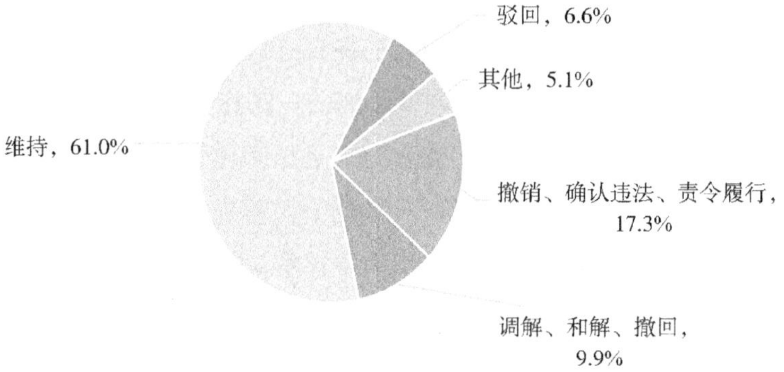

图 6-1　2018 年青海省行政复议案件审结情况

从被申请人情况看，县、乡二级政府和市、县两级政府部门作为被申请人的共有 247 件，占 87.0%；被申请人是其他机关或者组织的有 32 件，占 11.2%（见图 6-2）。

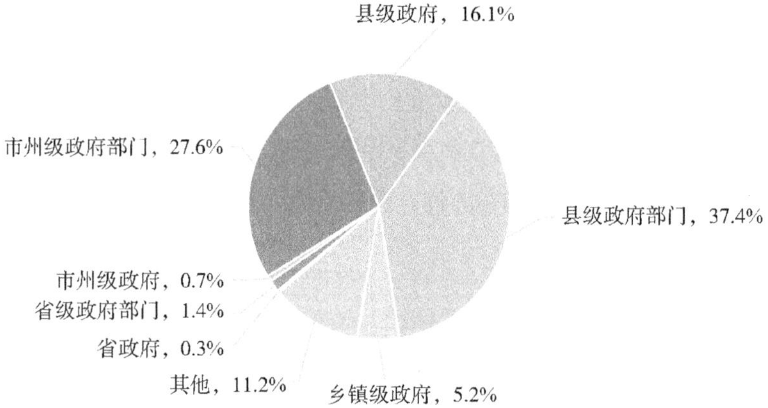

图 6-2　2018 年青海省行政复议被申请人情况

行政复议机关为青海省政府及其部门的 49 件（其中省政府办理 7 件），市州级政府及其部门 152 件（其中市州政府办理 86 件），县级政府及其部门 85 件（其中县级政府办理 66 件），分别占受理案件总数的 17.1%、53.1%、29.7%（见图 6-3）。

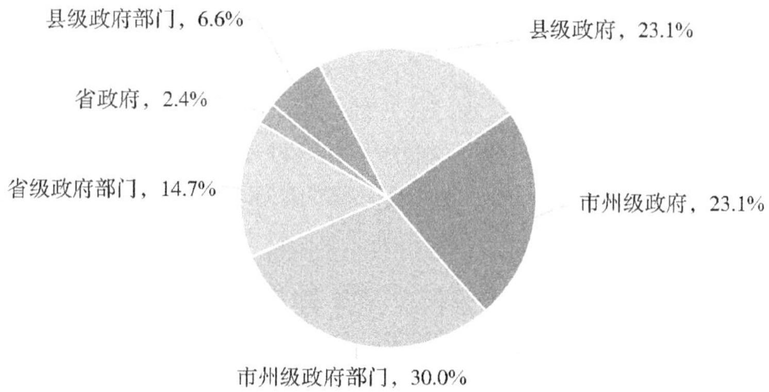

图 6-3　2018 年青海省行政复议机关受理案件情况

行政复议案件类别主要有：行政处罚（90 件）、行政确认（79 件）、行政强制（32 件）、其他（12 件），分别占受理案件总数的 31.5％、27.6％、4.2％（见图 6-4）。

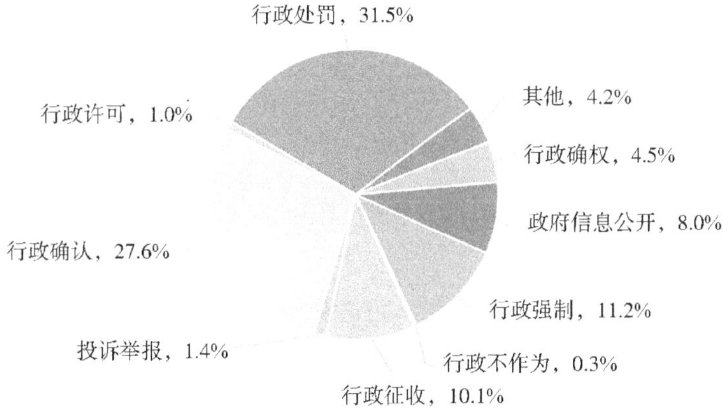

图 6-4　2018 年青海省行政复议案件类别及占比

（2）全省发生行政应诉案件情况。

据统计，2018年全省各级行政机关共发生一审行政应诉案件565件，其中，8个市、州共发生行政应诉案件534件，省政府发生行政应诉案件6件，省直部门共发生行政诉讼应诉案件25件。

从一审案件应诉机关级别看，乡镇政府应诉8件，占1.4％，较上年减少33件，占比下降6.8个百分点；县级政府部门应诉145件，占25.7％，与上年的140件基本持平；县级政府应诉238件，占42.1％，较上年增加66件，占比上升7.7个百分点；市州级政府部门应诉70件，占14.3％，较上年增加11件，占比与上年持平；市州级人民政府应诉40件，占7.1％，较上年增加14件，占比上升1.9个百分点；省级政府部门应诉25件，占4.4％，较上年增加8件，占比上升1个百分点；省人民政府应诉6件，与上年持平（见图6-5）。

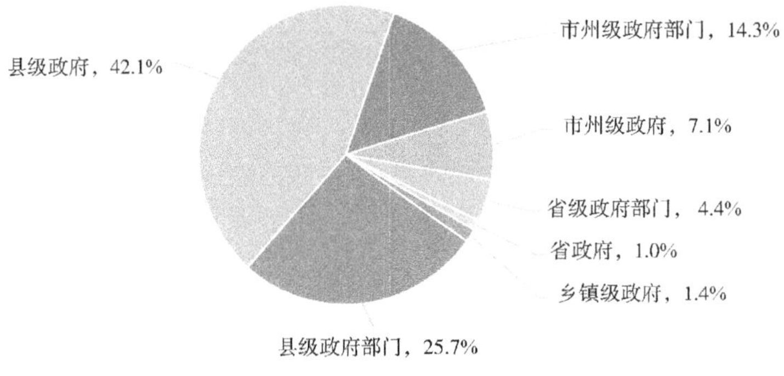

图6-5 2018年青海省行政应诉机关级别情况

一审审结的478件案件中，判决行政机关败诉案件138件，与上年持平，败诉率为28.9％，较上年下降4.3个百分点。其中，作出原行政行为的机关单独应诉的有302件，较上年增加48件，占53.5％，比较2017年上升2.7个百分点；败诉案件100件，案件败诉率33.1％，较上年下降1.9个百分点。复议机关单独应诉案件43件，较上年增加19件，占7.6％，占比上升2.8个百分点，败诉案件6件，败诉率14％，较上年下降6.8个百分点。共同应诉的220件，与上年的222件持平，占38.9％，占比下降5.5个百分点，败诉案件50

件，败诉率22.7%，较上年上升6.1个百分点。（见图6-6）。

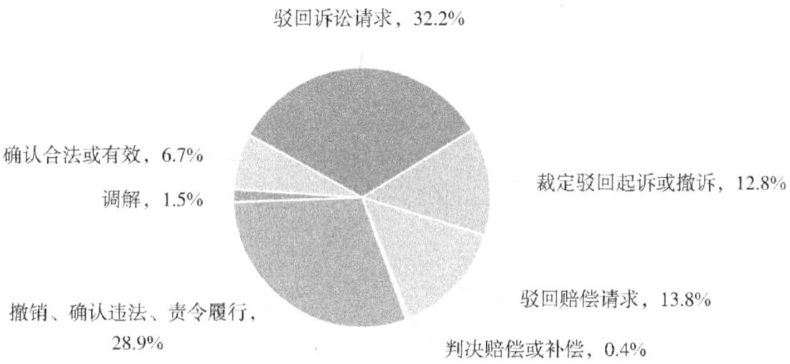

图6-6　2018年青海省已审结行政复议案件裁判情况

行政应诉案件类别主要有：新发生的565件行政应诉案件中，行政强制（105件，占比18.6%）；行政征收（97件，占比17.2%）；行政确认（84件，占比14.9%）；行政确权（84件，占比14.9%）；行政处罚（77件，占比13.6%）；行政不作为（20件，占比3.5%）；行政许可（18件，占比3.2%）；政府信息公开（4件，占比0.7%）；投诉举报处理（3件，占比0.5%）；其他（73件，占比12.9%）（见图6-7）。

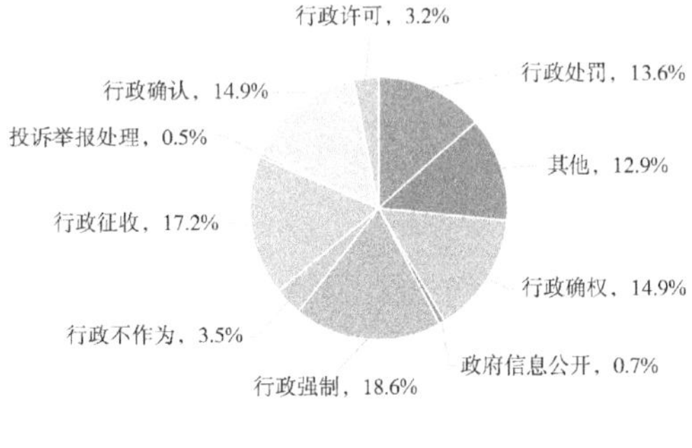

图6-7　2018年青海省行政应诉案件的主要类别及占比

（3）主要特点。

第一，行政争议案件持续上升，2018年，收到行政复议申请309件，较

2017 年的 285 件上升 8.4%，仍未超过 2015 年的 313 件；全省各级行政机关共计发生一审行政应诉案件 565 件，较上年的 500 件增加 65 件，上升 13%（见图 6-8）。

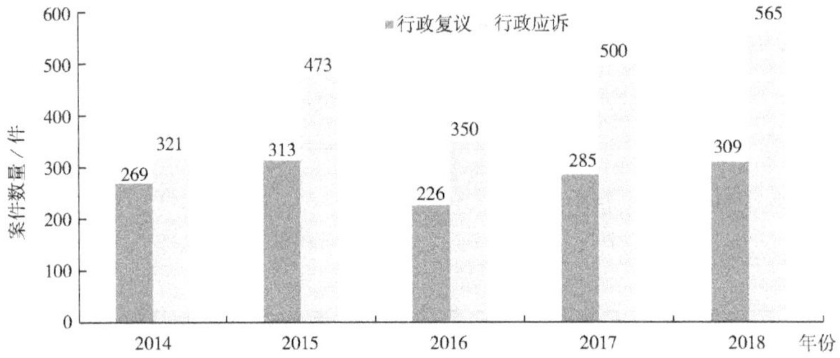

图 6-8 2018 年青海省近年新收行政复议申请和发生行政应诉案件变化情况

第二，行政复议争议事项类别主要集中在土地管理、公安管理等管理类别上，其中，土地管理类 79 件、公安管理类 64 件、人力资源和社会保障管理类 37 件、城乡规划管理 31 件、房屋征收类 14 件，数量占总数的 62.8%，较上年的 77.9%下降 15.1 个百分点。在行政应诉案件中，房屋征收类 180 件、土地管理类 95 件、公安管理类 23 件、人力资源和社会保障管理类 46 件、城乡规划管理类 65 件，数量占总数的 72.4%，较上年的 83.6%下降 11.2 个百分点（见图 6-9、6-10）。

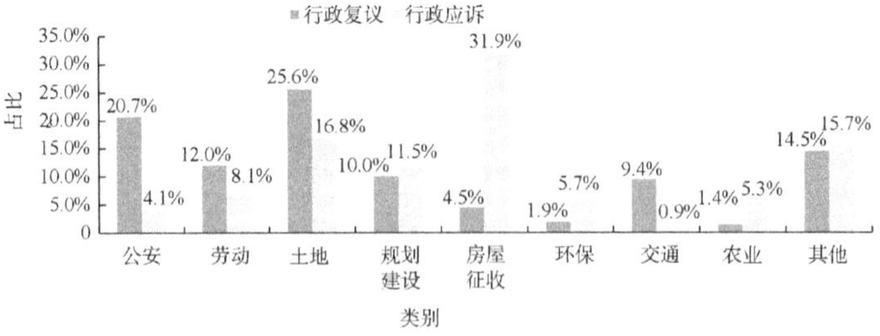

图 6-9 2018 年青海省行政争议事项管理类别占比情况

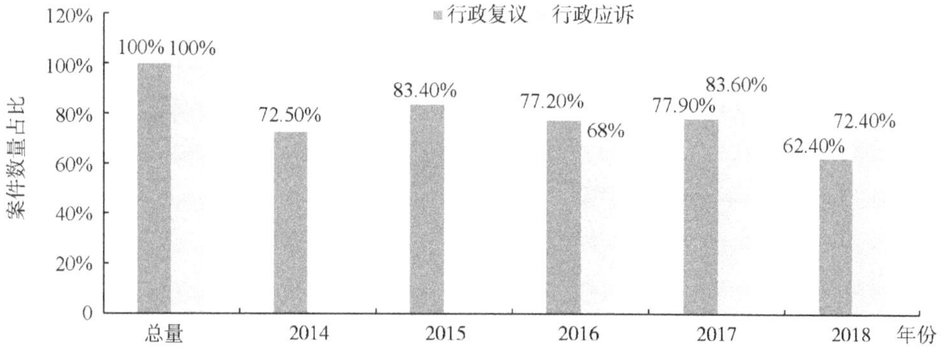

图 6-10　2018 年青海省近年来部分领域行政争议案件数量占比情况

从行政行为类别看，行政争议事项涵盖了可复议、可诉讼的大部分行为类别，行政处罚、行政征收等类别纠纷相对较多（见图 6-11）。

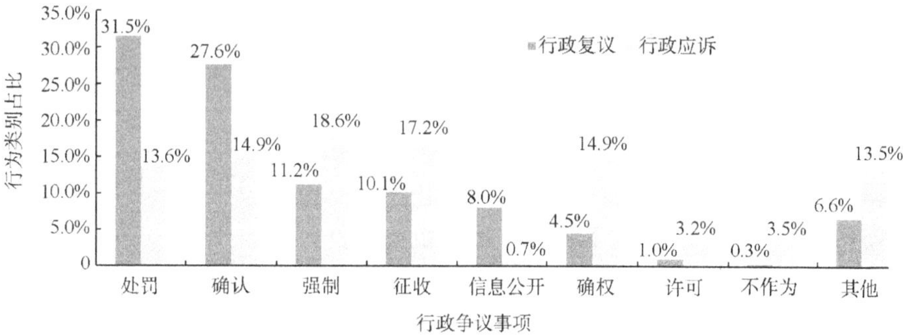

图 6-11　2018 年青海省行政争议事项行为类别占比情况

第三，行政应诉败诉率持续上升，2018 年行政复议决定撤销、确认违法、责令履行案件 47 件，直接纠错率 17.6％，较上年下降 3.4 个百分点；维持率 61％，较上年上升 8.8 个百分点。2018 年被诉已审结行政诉讼案件 478 件，被判决败诉 138 件，败诉率为 28.9％，较 2017 年 26％的败诉率上升 2.9 个百分点，行政应败诉率连续 5 年持续上升（见图 6-12）。

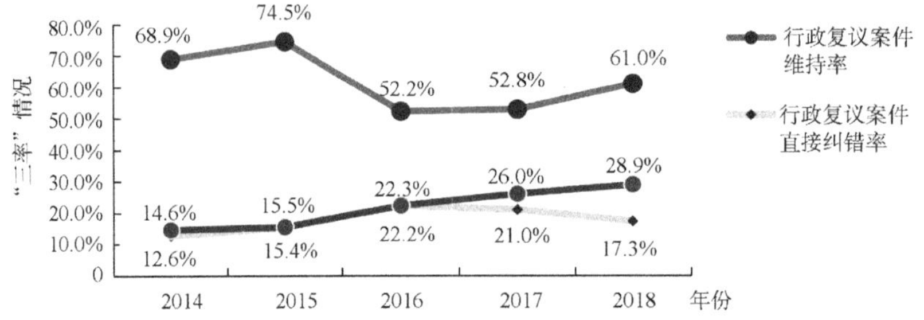

图 6-12　青海省近 5 年行政复议和应诉案件“三率”情况

第四，案件发生数仍呈地区分化，行政复议案件，从全省 8 个地区看，西宁市受理 94 件，占全省的 32.9%；海东市受理 83 件，占全省的 30.1%；海西州受理 35 件，占全省的 12.2%；海南州受理 9 件，占全省的 3.1%；海北州受理 6 件，占全省的 2.1%；玉树州受理 5 件，占全省的 1.7%；果洛州受理 3 件，占全省的 1%；黄南州受理 2 件，占全省的 0.7%。案件仍主要集中在西宁、海东两市，共计 177 件，占案件总数的 61.9%，较上年的 64.5%略低。海西州案件数量大幅增加，是上年的 4 倍，在全省的占比上升 9.1 个百分点。其他 5 个州案件的总数仅占青海全省的 8.7%。

行政应诉案件，在地区上也主要集中在西宁、海东两市和海西州，三地被诉行政案件 475 件（西宁市 249 件、海东市 132 件、海西州 94 件），占案件总数的 84.1%（见图 6-13）。

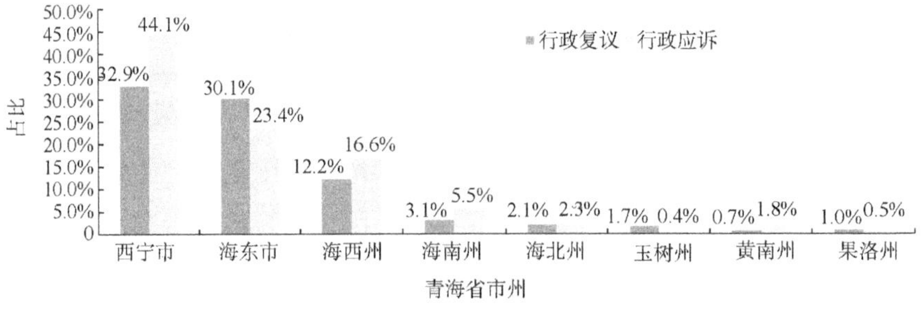

图 6-13　2018 年 8 市州行政复议和应诉案件在青海省的占比情况

青海行政复议行政应诉案件发生在海东、西宁的原因，可以从多个方面进行分析。海东和西宁作为青海的重要城市和地区，其经济、社会、文化发展相对较快，涉及的行政管理和执法活动也相应较多。因此，这两个地区发生的行政复议行政应诉案件数量也相对较高。行政复议涉及行政管理类别广泛，但主要集中在与群众切身利益密切相关的领域，如公安、资源、城建、人力资源和社会保障、土地及房屋征收等。这些领域在海东和西宁这两个城市中往往更为活跃和集中，因此相关案件也更容易发生。

第五，行政争议被申请人、被告、复议机关相对集中，行政复议被申请人仍然是县级人民政府等基层行政机关，该部分被申请人占全部案件的 81.1%。其中，县级政府部门为被申请人的，占全部案件的 37.4%；县级人民政府为被申请人的，占全部案件的 16.1%；市州级政府部门为被申请人的，占全部案件的 27.6%。

行政应诉案件，从被告行政级别看，主要集中于直接面对人民群众的县级以下行政机关。县级以下行政机关被诉案件 391 件，占案件总数的 69.2%（见图 6-14）。

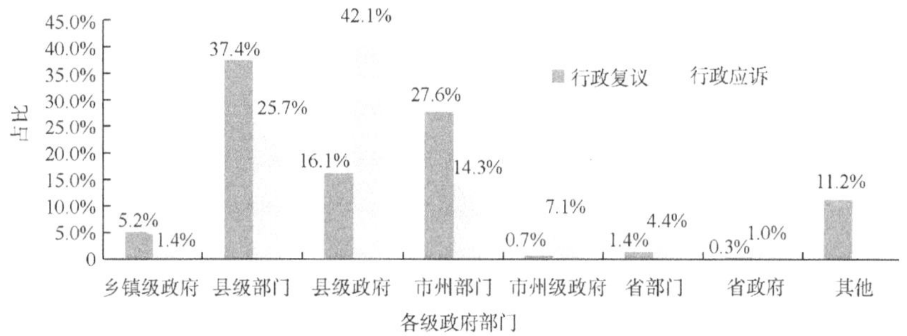

图 6-14　被申请人、被告行政机关级别情况

在行政复议案件办理机关中，县以上各级政府办理量占总量的 55.6%，其中，省级政府办理量占总量的 2.5%，市州级政府办理量占总量的 30%，县级人民政府办理量占总量的 23.1%。县以上各级政府部门办理量占总量的 44.4%，其中，县级政府部门办理量占总量的 6.6%，市州政府部门办理量占

总量的 23.1%，省级政府部门办理量占总量的 14.7%（见图 6-15）。①

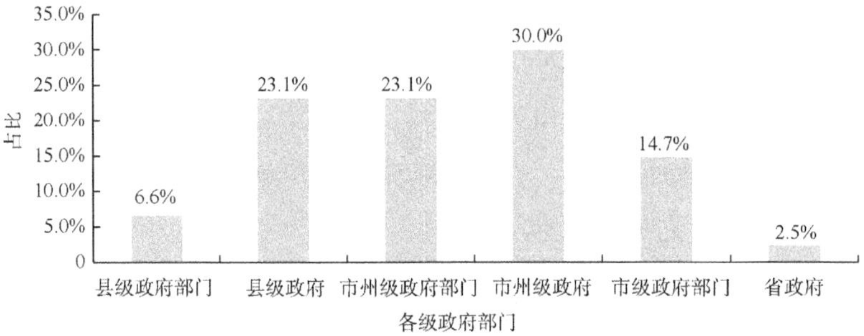

图 6-15　行政复议机关情况

第六，申请人、原告滥用救济权利现象突出，很多行政复议案件一案变四案，行政复议一案、不服提起行政诉讼一案、申请二审一案、申请再审一案，如马某某不服西宁市政府收回国有土地一案、某公司不服省政府行政确权一案，还有个别公民或法人不以解决问题为目的进行复议和诉讼，如王某某诉省政府行政不作为一案，某公司诉省政府、西宁市政府、西宁经济技术开发区高新技术产业园区管委会一案。

① 参见《2018 年度青海省行政复议和行政应诉工作白皮书》，2019 年 4 月，专门档案。

结　语

新中国成立以来，作为中国法治建设的缩影，我国行政复议制度经历了草创、发展、成熟、细化的历史演进。行政复议制度，始终为了纠正和防止不当甚至违法的具体行政行为维护群众的利益。此举贯穿于行政复议史的始末。可以说，对行政复议制度的创建，积累了丰富的历史经验，这些历史经验对于新时期新阶段的行政复议体制改革仍具有重要的借鉴和指导作用。

新中国成立初期，行政复议制度开始萌芽，但并未立即形成独立的法律框架。然而，随着法治建设的逐步推进，行政复议的概念开始在一些单行法律法规中得以体现。例如，1950 年的《税务复议委员会组织通则》首次在新中国立法中创设“复议”的概念。行政复议的相关规定散见于各单行法律中，尚未形成统一、系统的制度。这一时期，一些单行法律法规开始涉及行政复议的内容，为行政复议制度的初步建立奠定了基础，但这些规定相对分散，缺乏系统性。随着时间的推移，行政复议制度逐渐走向统一和规范。

1990 年，国务院颁布的《行政复议条例》，对行政复议的适用范围、程序和要求进行了全面系统规定。该条例的出台结束了行政复议分散立法的状况，为我国行政复议制度的统一化、规范化奠定了基础。此后，行政复议制度在实践中不断得到完善和发展。随着我国法治建设的不断推进，行政复议制度也逐渐上升为法律层面。1999 年，全国人大常委会通过了《中华人民共和国行政复议法》，将行政复议制度纳入国家法律体系，进一步提升了其权威性和有效性。2007 年《中华人民共和国行政复议法》的颁布实施，进一步提升了行政复议制度的法律地位，为其提供了更为明确和具体的法律依据。同时，随着法治建设的深入推进，在这一演变过程中，行政复议制度逐渐从简单、分散的规定发展为系统、统一的法律制度。同时，行政复议的范围、程序、监督等方面也得到了不断的完善和优化。

行政复议制度自实施以来，已经走过了70年历程，其成效显著，对我国的法治建设和社会稳定发挥了重要作用。它提供了一种有效的法律途径，使法人等主体提出异议，并得到公正、公平的审查和处理。截至2019年年底，全国各级行政复议机关共办理行政复议案件250余万件，约70%的案件实现了“案结事了”。① 这有助于保护人民群众的合法权益，维护社会公平正义。同时，行政复议制度也增强了公民的法律意识和法治观念，促进了社会的法治化进程。

行政复议制度在推进法治政府建设方面发挥了积极作用。它要求行政机关在行使行政权力时，必须遵循法律、法规和规章的规定，接受行政复议的监督和制约。通过行政复议渠道，许多行政争议得到了及时、有效的解决，避免了矛盾的进一步激化，维护了社会的稳定。

行政复议制度的建立、演变过程及历史规律是一个复杂而丰富的议题，它反映了中国法治建设的不断发展和完善。行政复议制度的建立、演变过程与中国的法治建设进程紧密相连。随着法治建设的深入推进，行政复议制度也逐步得到完善和发展。行政复议制度的演变始终围绕着适应社会发展需求进行。随着社会经济的发展和公民法治意识的提高，行政复议制度在保障公民权益、监督行政行为等方面的作用日益凸显。在演变过程中，行政复议制度不断进行自我革新和完善。通过改革复议机构设置、优化复议程序、加强复议监督等方式，行政复议制度在提升办案质量、提高公信力等方面取得了显著成效。当然行政复议制度在历史发展中还存在不少历史教训。

一、1949—2019年行政复议制度运作存在的主要问题

在1949—2019年的漫长岁月中，中国的行政复议制度在运作过程中面临了诸多挑战和问题。这些问题不仅反映了制度本身的缺陷，也揭示了其在适应社

① 天津市司法局：新中国行政复议制度的发展历程，https://sf.tj.gov.cn/SFFW1976/BSZN5102/XZFYZN2485/202008/t20200810_3454596.html，访问日期：2024年2月3日。

会发展变化方面的不足。

(一) 关于行政复议的法律规范还需要进一步完善

行政复议制度在我国的确立和发展相对较晚，相较于西方国家的成熟制度，我国在立法和制度建设方面存在明显的滞后。这导致行政复议制度无法充分满足社会发展的需要。行政复议法的规定对于双被告等难点问题采取了回避做法，使得行政复议在实践操作中面临的各种问题无法得到解决。对于复议期限、复议范围、复议程序等方面的规定都较为模糊，给行政复议的实施带来了困难。①

(二) 行政复议机构和人力准备不足，办案能力参差不齐

复议机构的人员素质直接影响行政复议的质量和效率。然而，当前复议机构的人员编制少，且业务水平参差不齐，导致行政复议运作效率不高。同时，由于缺乏专业的考核和培训机制，复议机关作出复议决定的质量也受到影响。

我国行政复议工作人员中专职办案人员少，多为兼职办案，专业能力和办案水平参差不齐。行政复议机构的设置和人员编制情况为：上级行政机关和行政部门的行政复议机构建立健全，办案人员能配齐配强，但往往实际受理的行政复议案件数量较少。行政执法案件主要发生在市县人民政府及相关部门（随着新行政处罚法施行，行政执法案件还可能往乡级政权延伸），行政纠纷和行政争议也主要发生在市县政府及政府部门，导致行政复议案件也多发于市县政府及其部门。下级复议机构面对基层百姓，直接受理复议案件较多，但缺乏专门机构和专兼职人员。

行政复议机构缺乏独立性。对于垂直管理的税务等部门，行政复议机构是上级职能部门，这导致了复议机构缺乏独立性，难以发挥应有的作用。党和政府机构改革后，政府行政复议案件由各级司法行政机关办理。由于各级司法行政机关需要承担立法、规范性文件审查、普法、行政执法监督、刑事执行等事项，特别是县级司法机关，编制少事多，实际办理复议案件的人员少，会办案的人员少，办案人员同时处理政府法制事项，也没有时间办理复议案件，导致行政复议职责被放弃，对于群众的行政复议诉求，有时会推诿和敷衍回应。

2017 年 9 月修改的《行政复议法》仅对新入职的行政复议公务员的任职资

---

① 参见杨红《行政复议与行政诉讼衔接研究》，中国政法大学出版社，2016，第 5 页。

格做了明确的法律规定，根据法不溯及既往原则，对曾经一直从事行政复议工作的人员，没有任职规定。这便导致一些地方以前从事行政复议的人员没有法律的相关学科背景，就直接上岗，如以青海为例，全省行政复议专（兼）职工作人员中有法律职业资格证的仅 24 人（兼职 21 人）。省人力资源与社会保障厅、省自然资源厅无专门行政复议机构和专职人员，人员流动性较大，行政复议与应诉案件分别由人社厅表彰奖励和政策法规处、自然资源厅政策法规处办理。同时，行政复议工作人员由于办案任务重，办案能力难以提高。

（三）行政复议经费设施保障不足

行政复议机构通常面临人员编制少、经费缺乏等问题，使得行政复议任务重、待遇低，行政复议工作留不住人，具体办案人员流动性大。经费的缺乏也使得行政复议工作难以得到充分的支持和保障。《行政复议法》等法律和规范性文件，对行政复议工作经费保障、行政复议工作场所建设等提出了明确和具体的要求，但从全国保障实际情况看，行政复议经费设施保障仍然十分薄弱，特别是基层保障水平不高，与依法行政的新形势、新要求相比，明显不相适应。要求建设的行政复议机构的办公室、接待室、案件审理室、档案室四室中，有些仅建有办公室。行政复议专用车辆、录音设备等必要的办案装备大多没有配备，严重制约了行政复议工作的深入开展，影响了案件及时、公正的审理，也影响了办案质量。行政复议人员办案补贴问题长期没有解决，未能参照法院同级人员建立办案补贴制度，也影响了行政复议人员办案的积极性。

（四）行政复议工作规范化、程序化程度不够，办案数量和质量还需要不断提高

行政复议工作在各地区、各部门因受重视和条件、环境不同，发展并不平衡。行政复议案件办理程序流程步骤等方面的规范化程度不够，影响了办案质量和公信力。行政复议法律制度仍未得到全面、有效、规范的贯彻落实，行政复议工作仍然落后于依法行政的基本要求。在审查方式上过于局限于书面审查，审理程序的公开和行政相对人的深度参与有待提高。行政复议委员会（咨询委员会）试点已经开展并在国内部分地区取得了一定成效，但是仍然存在问题，如试点法律依据不足，试点做法与法律规定存在冲突，行政复议委员会成员直接参与行政复议案件办理，缺乏法律依据等。行政复议机构作为行政机关的法制工作机构，在组织关系上与其他内设机构并无太大区别，因此在承办具体复议事项时可能受到部门利益或偏私的影响。

（五）行政复议与行政诉讼、信访等救济途径不衔接

行政复议与司法衔接的问题仍然存在，行政复议与司法的衔接不够顺畅，影响了行政复议的效力和权威性。双方具体规定存在矛盾之处，两者规定不一致。在制度设计上，法院作为行政行为裁决的最终机关存在，试图以此来监督行政机关依法行政，2015 年《行政诉讼法》修改后明确的双被告制度，使得行政复议机关既是办案机关，又是应诉机关，使复议机关定位“自相矛盾”。这种制度设计，依靠法律司法权威来倒逼行政复议的制度设计，出发点是好的，在制度运行初期产生了一定的反应，但随着依法行政水平的提高，让复议机关成为被告并没有提高撤销率，产生制度陷阱。行政复议与行政诉讼的实质同质化倾向，成为对行政复议办案主渠道地位的极大冲击。①

二、1949—2019 年行政复议制度发展的历史经验

在 1949—2019 年这段时间里，我国的行政复议制度经历了显著的发展和变革。行政复议制度的发展与我国整体法制化进程的推进紧密相连。从新中国成立初期的法规建设，到逐渐出台专门针对行政复议的法律法规，再到行政复议法的正式实施，都体现了中国法制化建设的不断深化。在行政复议制度的发展过程中，国家逐步加强了对行政复议的统一和规范。从最初的单行法分散规定，到行政法规的统一规范，再到行政复议法的出台，都体现了对行政复议制度的统一管理和规范操作。

中国行政复议制度的变迁原因可以从多个方面探讨：一是推动依法行政和从严治政，行政复议制度是行政机关自我纠错的一项重要监督制度，通过行政复议，行政机关可以发现并纠正自己在具体行政行为中的错误和不当之处，从而推动依法行政和从严治政；二是适应社会经济发展需要，随着改革开放中国经济社会的快速发展，行政争议和纠纷的数量也在不断增加，为了更好地解决

① 参见曹鎏《作为化解行政争议主渠道的行政复议：功能反思及路径优化》，《中国法学》，2020 年第 2 期。

这些争议和纠纷，行政复议制度需要不断地完善和发展，以适应社会经济发展的需要；三是保障公民、法人和其他组织的合法权益，行政复议制度是保障公民、法人和其他组织合法权益的重要途径，通过行政复议，当事人可以对行政机关的具体行政行为提出异议，并要求行政机关重新审查、作出决定，从而维护自己的合法权益；四是加强廉政建设，通过行政复议，可以加强对行政机关的监督，防止和纠正行政机关在行使职权过程中的违法、违纪行为，从而维护行政机关的廉洁和公正形象；五是借鉴国外经验，在行政复议制度的变迁过程中，中国也积极借鉴国外的先进经验和做法，例如，日本行政不服申诉制度、美国的行政复议制度等，都为我国行政复议制度的完善和发展提供了有益的参考。总之，中国行政复议制度的变迁是适应社会经济发展需要、保障公民、法人和其他组织的合法权益、推动依法行政和从严治政、加强廉政建设以及借鉴国外经验等多种因素共同作用的结果。

1949—2019年我国行政复议制度的演变具有鲜明的特点：第一，逐步法制化和规范化。行政复议制度的演变始终与法治建设的需要紧密相关。随着法治建设的不断深入，行政复议制度也在不断完善和发展，以适应新的社会形势和法治需求。从新中国成立初期开始，行政复议制度经历了从初步设立到逐渐健全、完善、发展的过程。早期的法律文件中行政复议制度虽然有所体现，但并未形成完整的制度体系。1999年《中华人民共和国行政复议法》的颁布，标志着行政复议制度正式以立法的形式被法制化，为行政复议提供了明确的法律依据和规范。第二，体现了便民性。行政复议制度在演进过程中，注重简化复议程序，提高复议效率，以方便人民群众申请，例如，书面复议制度的实施，使得行政复议机关在审理案件时，可以仅就书面材料进行审理，无需传唤申请人和被申请人等复议参加人到复议机关，从而简化了复议程序，减轻了当事人的负担。随着电话和互联网工具的运用，行政复议申请人足不出户就可以申请行政复议，减少了成本。第三，自我纠错和监督功能增强。行政复议制度作为行政机关自我纠错的一项重要监督制度，其目的在于保障和监督行政机关依法行使职权，防止和纠正违法或不当的行政行为。2007年《行政复议法实施条例》扩大了行政复议方式范围，加强了行政复议制度在解决行政争议方面的作用。行政复议还赋予当事人对规范性文件监督机制的启动权，加强了行政机关对所属各部门和省级政府的监督，提高了行政复议的公正性和透明度。随着行政复议制度的完善，其自我纠错和监督功能得到进一步加强，对于维护公民、法人和其他组织的合法权益具有重要意义。第四，适应社会发展需要，并不断完善。行政复议制度在演变过程中，始终以适应社会发展的需要为出发点，不断进行修订和完善。引入行政复议委员会等外部监督机制、加强听证程序等创新举措有助于提高行政复议的公正性和公信力。特别是在国家加大依法治国、推进政府治理体系和治理能力现代化的大背景下，行政复议制度更加进一步规范行政行为、保障公民合法权益、促进社会稳定。

在我国行政复议制度发展演进历史过程中，也积累了宝贵的历史经验。

（一）必须始终坚持和加强党的领导，站稳行政复议政治立场

党的领导是中国特色社会主义最本质的特征，也是行政复议制度得以有效运行和不断完善的关键，是行政复议制度健康发展的根本保证。这是行政复议制度在中国发展历程中一条重要的历史经验，也是未来行政复议工作继续发展壮大的根本保证。行政复议工作必须在党的领导下进行，确保行政复议工作的正确方向和有效实施。通过加强党对行政复议工作的领导，可以确保行政复议制度始终沿着正确的方向发展，为人民服务，为社会主义法治建设贡献力量。只有站稳政治立场，才能公正、公平、公开地处理行政复议案件，维护社会公平正义。在行政复议工作中，坚持党的领导意味着要始终保持正确的政治方向，确保行政复议工作符合党和国家的方针政策，服务于人民的根本利益，做到时时、处处讲政治，在办案中努力实现政治效果、法律效果、社会效果的统一。

（二）必须坚持“复议为民”，让人民群众在每一起行政复议案件中感受到公平正义

行政复议作为行政机关内部自我纠错的一种重要机制，其本质就是为了维护人民群众的合法权益，纠正行政机关的不当行为。要坚持以人民为中心、人民至上的工作导向，努力维护和实现人民的合法权益。因此，行政复议工作把人民群众的需求和利益放在首位，确保行政复议制度能够真正为民所用、为民所谋。行政复议制度通过为公民、法人和其他组织提供一条便捷、高效的法律救济途径，帮助他们解决与行政机关之间的争议和纠纷。行政复议工作必须始终站在人民群众的立场上，公正、公平、公开地处理每一件复议案件，确保人民群众的合法权益得到充分保障。行政复议制度在发展过程中始终注重保护公民和法人等合法权益。

（三）必须坚持畅通行政复议渠道，积极受理行政复议案件

坚持畅通行政复议渠道，积极受理行政复议案件，是行政复议制度有效运行的重要前提，也是保障公民、法人和其他组织合法权益的关键举措。行政复议作为行政争议解决的重要途径，为公民、法人和其他组织提供了对行政行为提出异议、寻求救济的合法渠道。如果行政复议渠道不畅通，人们可能会选择其他非正规途径来表达诉求，这不仅可能引发社会矛盾和冲突，还会对法治建设造成负面影响。行政机关作为行政行为的实施者，有责任对公民、法人和其他组织的复议申请进行认真审查，依法作出公正、公平的裁决。这不仅有助于维护行政行为的合法性和权威性，还能增强公众对行政机关的信任和认可。通过不断完善行政复议制度、加强行政复议工作力度，可以更好地促进社会和谐稳定。

（四）必须坚持提高行政复议的办案质量，不断提升行政复议的公信力

提高行政复议的办案质量是维护公民、法人和其他组织合法权益的必然要求。行政复议作为行政争议解决的重要途径，其办案质量直接关系到当事人的合法权益能否得到有效保障。因此，行政复议机关必须严格依法办案，确保复议决定的合法性、公正性和准确性，避免出现错案、冤案。公信力是行政复议制度赖以生存和发展的基础，只有公众对行政复议制度充满信心，才会选择通过行政复议解决行政争议。因此，行政复议机关必须注重加强自身建设，提高办案人员的业务素质和职业道德水平，确保行政复议工作的专业性和公正性，从而赢得公众的信任和尊重。行政复议工作要不断加强自身建设，提高行政复议工作的质量和效率。这包括加强行政复议机构建设，提高行政复议人员的政治素质和业务能力，完善行政复议工作机制和程序，切实提高行政复议案件的公信力。

（五）必须坚持不断完善行政复议制度和机制，进一步规范行政复议行为

随着社会的不断进步和法治建设的深入推进，行政复议制度作为维护公民、法人和其他组织合法权益的重要机制，必须与时俱进，不断适应新的形势和需求。完善行政复议制度和机制，首先需要加强行政复议工作的规范化建设。这包括制定和完善行政复议的法律法规，明确行政复议的受理范围、审理程序、证据规则等，确保行政复议工作有法可依、有章可循。同时，还需要建立健全行政复议案件的登记、审查、决定、执行等各环节的工作流程，确保行政复议工作的高效运转。加强行政复议工作的信息化建设，利用现代科技手段提高行政复议工作的效率和质量。建立健全行政复议工作的监督机制，加强对行政复议工作的检查和指导，确保行政复议工作的公正、公平和公开。同时，还要加强对行政复议工作的宣传和教育，提高公众对行政复议制度的认知度和信任度，为行政复议工作的发展营造良好的社会环境。

（六）必须坚持改革发展，不断完善符合中国国情的行政复议制度

随着中国特色社会主义进入新时代，行政复议制度作为行政法治建设的重要组成部分，面临着新的发展机遇和挑战。与时俱进意味着行政复议制度要紧跟时代步伐，紧密结合中国实际，不断吸收借鉴国内外先进经验和做法，推动行政复议工作的创新发展。改革完善则要求行政复议制度要敢于直面问题，勇于自我革新，通过深化改革、完善机制，不断提升行政复议工作的质量和效率。建立健全行政复议与行政诉讼、行政调解等制度的衔接机制，形成多元化、立体化的行政争议解决体系，为人民群众提供更加便捷、高效的救济途径。坚持改革发展、不断完善符合中国国情的行政复议制度，是一项长期而艰巨的任务。我们需要不断探索创新、攻坚克难，推动行政复议工作在新时代实现新发展，迈上新台阶。

综上所述，1949—2019 年行政复议制度发展的历史经验表明，法制化、统一规范、公民权益保护以及实践经验的积累是推动行政复议制度发展的重要因素。任何一项制度的产生和落地实施，必须在经过严密论证的基础上，总结经验、发现问题、改进不足、有序推进，这些经验对行政复议制度的进一步完善和发展具有借鉴和参考的意义。

附　　录

附录 A　行政复议制度的改革创新再探

2020 年 2 月 5 日，中央全面依法治国委第三次会议审议通过了《行政复议体制改革方案》，要求努力构建统一和科学的行政复议体制，县级和县级以上一级地方政府只保留一个行政复议机关，政府各部门除垂直管理的部门外，不行使行政复议职责。同时《行政复议法》修订纳入全国人民代表大会立法工作计划，2020 年 11 月 24 日，司法部在其官网等媒体上公布《中华人民共和国行政复议法（修订）（征求意见稿）》及其说明，公开征求社会各界意见，加强立法的公开性和透明度，提高立法质量。综上所述，在新发展阶段，行政复议制度即将进入另一个重要历史发展阶段，需要研究和明确下一步改革和创新方向。

一、行政复议制度改革创新面临的新形势

1. 新发展阶段对行政复议工作提出的新挑战。

党的十八大以来我国经济得到了新的大幅度提高。2020 年我国国内生产总值（GDP）超过了 100 万亿元，成为全球经济增长火车头，对全球经济增长贡献率超过 30％。习近平总书记在 2020 年的经济社会领域专家座谈会上指出，“十四五”时期，我国将进入新发展阶段。进入新发展阶段，不仅仅带来了一系列全新的发展机遇，也带来了一系列新的严峻挑战。这些将对行政复议工作带来了变化。行政复议案件的成因除了土地征收、房屋拆迁等旧问题外，还有一些新发展阶段的新问题，案件将向环保、低碳等热点领域转变。从国内实际情

况来看，我国经济面临着前所未有的复杂环境，受经济周期性和结构性因素叠加、美国等外部冲击特别是新冠疫情冲击等多重影响。加上我国计划在 2030 年碳排放须达到峰值，2060 年实现碳中和目标，所以我们要用 15 年实现国内生产总值倍增的发展任务，其难度不小。所谓的内卷激化了社会矛盾，导致行政争议案件面大量广。

2. 机构改革对我国现行行政复议体制的影响。

根据现阶段《行政复议法》等，各级人民政府法制办是具体负责本级政府（行政复议机关）行政复议职责的机构。2018 年《深化党和国家机构改革方案》对司法部和原先的国务院法制办进行职责整合，目前已经重新组建司法部。这意味着司法部作为最高行政机关——国务院这一级的行政复议机构，承担着办理国务院行政复议案件职责。司法部和各部委平级，却要纠正和最终裁决其他部委发生的具体行政行为。司法部有自己独立的职责和权限，很难具有超然客观地位代表国务院解决行政争议，其办理行政复议案件可能会遭受质疑。机构改革后，在党政机构合并设立、精简机构的背景下，部分行政机构并入党的机构，党的机关承担行政职责，在一些情况下行使的是具体的行政管理职能。对党的机关行使行政职能时，能否可以提起行政复议，需要予以回应。① 当然，这也是个新的课题。

3. 依法治国的新态势对行政复议工作提出了新期待。

经历“文化大革命”后，邓小平指出，要建立不因领导人改变而改变的制度。1992 年 10 月，中国共产党第十四次全国代表大会提出加强社会主义民主法制建设。1997 年党的十五大首次正式采用“法治国家”概念，并对依法治国的科学内涵作出了重要的丰富与发展。2002 年党的十六大正式提出了“政治文明”的概念。2007 年党的十七大报告指出，依法治国是社会主义民主政治的基本要求。党的十八大报告彰显了全面推进依法治国的时代主题，对“全面推进依法治国”，“科学立法、严格执法、公正司法、全民守法”，以及完善公共法律服务体系等作了部署。党的十九大报告全面阐述了构成新时代坚持和发展中国

① 参见刘勇、刘浩《机构改革背景下的行政复议机构设置问题研究》，《中国司法》2019 年第 4 期。

特色社会主义的基本方略的 14 个方面，其中，面向全世界明确提出坚持依法治国。2018 年组建中央全面依法治国委员会，两会修改宪法，通过《中华人民共和国监察法》。2019 年四中全会提出将制度优势转变为治理效能，2020 年提出习近平法治思想。

关于建设法治政府，2016—2018 年国务院部门行政审查事项取消 110 项。2008 年、2013 年以及 2018 年，党中央、国务院已经组织开展了 3 次大规模国家的行政机构以及体制机制改革，主要围绕开展大部门体制改革和加快政府转变职能等，增强政府“放管服”能力，进一步保障和促进市场经济健康发展。在此环境下，市场主体数量快速增加，市场经济活力得到刺激和释放，由此大量的行政纠纷也被引发，对行政救济和行政纠纷的法律制度供给期待和要求不断提高。行政复议制度在 1999 年已经形成专门性的法律，2007 年出台实施行政复议法律的具体行政法规后，在实践中不断得到发展与完善。行政相对人随着依法治国进程的加快，维权意识、法治观念、维权能力不断加强，随之，行政相对人行政救济力度、广度以及从内部加强行政机关监督的需求也越来越大。

二、现行行政复议制度存在的弊端和局限性

行政复议制度建立实施以来，在国家治理中发挥了重要作用。2020 年我国行政复议受理案件数量达 24.2 万件，从数量上来说已经超过行政诉讼，但是由于行政复议制度本身存在着某些弊端以及缺陷，在法治政府建设和依法治国进程深入推进中，该制度既定的解决行政争议主渠道作用还未能发挥出来。因此，未来新发展阶段有必要抓住行政复议制度特征，通过推动制度改革创新、完善行政复议体制机制，实现公正、公开、公平办案，充分发挥行政复议制度既有的优势。

1. 行政复议制度没有现行宪法依据，法律修改滞后。

行政复议制度是我国社会主义法治建设和法治政府建设的重要组成部分。由于行政复议法律立法准备相对不足，实际上从某种程度上说，是作为行政诉讼配套制度而存在，因此在行政复议制度设计上存在一些不足之处，包括书面申请方式不合理、案件没有繁简分流等。目前中国行政复议制度，主要法律依据有《行政复议法》《行政复议法实施条例》和《行政诉讼法》，几次法律修改

中，《行政复议法》只是个别条款的小修。《行政复议法》修改比较滞后，实质性的修改完善至今仍未取得进展。

2. 行政复议机构缺乏独立性以及统一性。

由于行政复议机关和被行政复议机关存在隶属关系或者行政机关自我复议，在行政复议办案中可能影响行政相对人寻求复议救济途径的积极性，也可能影响案件公正性。关于行政复议机构设置，《〈行政复议法〉草案说明》指出："为了体现行政复议作为行政机关内部监督的特点，不宜、也不必搬用司法机关的办案程序，使行政复议司法化"①。强调行政复议机关和司法机关只是办理行政纠纷案件职能分工和工作方式不同。行政复议机构只要依法办案，就可以实现案件办理公正公平公开合理。如果不依法办理案件，不依法履行职责，司法机关也可能偏离公平正义。因此，规定具体复议职能由行政复议机构承担，不设立独立、自成一体的机构。具有行政复议权的行政机关在内部明确了负责法律事务的复议机构，不再追求行政复议机构的独立性和统一性，这导致我国行政复议机构数量多，分布在各级各类行政机关，没有统一规范体系和复议机构制度，违反了精简高效和规范统一的行政管理原则，也可能办案标准掌握不同，导致同案不同裁决，并给行政相对人带来诸多困难。

行政复议的准司法本质内涵决定了行政复议相关工作应当由统一的、高度独立的机构来实施。我国现行行政复议法律法规未规定具体复议案件的办案组织形式、案件审理程序和组成人员，而是规定由行政机关的内部法制工作机构（行政复议机构）具体承担复议任务。这种由行政机关内部法制机构兼职办理复议案件的制度设计，从复议机构构成上看不完全具有超然性和独立性。行政复议机构设在自身机构所在的行政机关内部，这使得行政复议机关可能自己做自己的法官，监督形式有可能会妥协，缺乏公信力。

从组织结构上看，对于不具有超然、独立主体地位而天然具有从属属性的行政复议机构，仅仅具有起草行政复议决定书而非最终决定的职权，这种权责不对等的情况，对行政复议职能的发挥产生了负面影响，导致了行政复议最终

---

① 杨景宇关于《中华人民共和国行政复议法（草案）》的说明［EB/OL］. 中国人大网，www.npc.gov.cn/wxzl/gongbao/2000—12/06/content_5007101.htm，访问日期：2021年7月26日。

结果不尽人意。有时行政复议机关和机构与被申请的具体行政行为的行政机关具有上下级关系，平时联系密切。尤其是在某些具体行政行为由上级领导或者上级部门批准或决定时，在行政首长负责制情况下，办案人员最终还得听取复议机关主管领导的意见，作出弱势下级机关面对强势上级领导的惯常选择。

3. 行政复议人力资源准备不足，办案能力参差不齐。

我国行政复议工作人员中专职办案人员少，多为兼职办案，专业能力和办案水平参差不齐。行政复议机构的设置和人员编制情况为：上级行政机关和行政部门的行政复议机构建立健全，办案人员能配齐配强，但往往实际受理的行政复议案件数量较少。行政执法案件主要发生在市县人民政府及相关部门（随着新行政处罚法施行，行政执法案件还可能往乡级政权延伸），行政纠纷和行政争议也主要发生在市县政府及政府部门，导致行政复议案件也多发于市县政府及其部门。下级复议机构面对基层百姓，直接受理复议案件较多，但缺乏专门机构和专兼职人员。尤其是县级行政复议机构和人员，不会办案，无人办案，有时可能难以保证正常办案的需要。

党和政府机构改革后，政府行政复议案件由各级司法行政机关办理。由于各级司法行政机关需要承担立法、规范性文件审查、普法、行政执法监督、刑事执行等事项，特别是县级司法机关，编制少人少事多，实际办理复议案件的人员少，会办案的人员少，办案人员同时处理政府法制事项，也没有时间办理复议案件，导致行政复议职责被放弃，对于群众的行政复议诉求，有时会推诿、敷衍回应。行政复议人员对案件的处理无独立决定权，并没有如法院员额制改革后，法官对案件的审判权，行政复议人员只能提出案件处理意见，层层上报行政领导批准。这样，直接办案的复议人员就只能听命于行政首长的意见和指示。行政首长作出行政复议决定时，既不直接参与复议案件审理，也不一定是法律专家，行政复议结果和效果可能大打折扣。行政复议人员办案补贴问题长期没有解决，未能参照法院同级人员建立办案补贴制度，也影响了行政复议人员办案的积极性。

2017年9月修改的《行政复议法》仅对新入职的行政复议公务员的任职资格做了明确的法律规定，根据法不溯及既往原则，对曾经一直从事行政复议工作的人员，没有任职规定。导致一些地方以前从事行政复议的人员没有法律背景，一些从事行政复议工作的工作人员未经培训、未经考试、不熟悉法律、不精通业务，就直接上岗。如以青海为例，目前青海全省行政复议专（兼）职工作人员中有法律职业资格证的仅 24 人（兼职 21 人）；市州级仅海西州有 2 人（兼职）行政复议工作人员取得法律职业资格，西宁市 1 人（专职）、海北州有 1 人（兼职）取得法律职业资格。同时，行政复议工作人员由于办案任务重，有的复议工作人员常年处于紧张、忙碌和出差办案状态，缺乏经常性、制度化的专业培训和知识更新机会，办案能力难以提高。

4. 行政复议经费设施保障不足。

《行政复议法》《全面深化司法行政改革纲要（2018—2022）》等法律和规范性文件，对行政复议工作经费保障、行政复议工作场所建设等提出了明确和具体的要求，但从全国保障实际情况看，行政复议经费设施保障仍然十分薄弱，特别是基层保障水平不高，与依法行政的新形势、新要求相比，明显不相适应。很多要求建设的行政复议机构的办公室、接待室、案件审理室、档案室四室中，仅建有办公室。行政复议专用车辆、录音设备等必要的办案装备大多没有配备，严重制约了行政复议工作的深入开展，影响了案件及时、公正的审理，也影响了办案质量。

5. 行政复议工作规范化程序化程度不够，办案数量和质量需要不断提高。

行政复议工作在各地区、各部门因受重视和条件、环境不同，发展并不平衡。行政复议案件办理程序流程步骤等方面的规范化程度不够，影响了办案质量和公信力。行政复议法律制度仍未得到全面、有效、规范的贯彻落实，行政复议工作仍然落后于依法行政的基本要求。在审查方式上过于局限于书面审查，审理程序的公开和行政相对人的深度参与有待提高，以程序公开求公正、证据种类、调查取证等规定有待细化。行政复议委员会（咨询委员会）试点已经开展并在国内部分地区取得了一定成效，但是仍然存在问题，如试点法律依据不足，试点做法与法律规定存在冲突，行政复议委员会成员参与案件办理缺乏法律依据等。

6. 行政复议与行政诉讼、信访等行政救济途径不衔接。

在案件审查期限、审查原则以及审查依据等方方面面，行政复议与行政诉讼的具体规定存在矛盾之处，两者规定不一致。在制度设计上，法院作为行政行为裁决的最终机关存在，试图以此来监督行政机关依法行政，2015年《行政诉讼法》修改后明确的双被告制度，使得行政复议机关既是办案机关，又是应诉机关，使复议机关定位“自相矛盾”。这种制度设计，也不符合行政争议解决“成本—收益”的基本要求，在很大程度上减损了复议机关和复议制度自身的权威性。这种依靠法律司法权威来倒逼行政复议的制度设计，出发点是好的，在制度运行初期产生了一定的反应，但随着依法行政水平的提高，让复议机关成为被告并没有提高撤销率，产生制度陷阱。行政复议与行政诉讼的实质同质化倾向，成为对行政复议办案主渠道地位的极大冲击。①

三、建立健全行政复议工作的保障机制

要强化行政复议工作，需在行政复议体制改革和《行政复议法》修改的大背景下，为行政复议工作提供法律制度、机构、资金设施和人力等保障。

1. 完善健全行政复议法律制度体系。

在立法层面上，有必要把行政复议制度纳入宪法之中，提高行政复议制度层级，健全完善行政复议法律法规体系。既然行政复议是我国的一项司法制度，就应该确立起宪法地位，在宪法修改中，把行政复议制度写入宪法。② 对此可以表达对行政复议制度的重视，也给社会公众有力的引导。现阶段中国行政复议制度，在国家层面的立法主要有《行政复议法》及其实施条例，行政复议制度体系比较滞后。几次法律修改中，《行政诉讼法》及其解释都是大修，而《行政复议法》只是小修。只有系统、明确的法律规范，行政复议制度在实践中才有可行性和操作性。因此，要抓住本次《行政复议法》修订机会，进行大修。对于行政复议体制改革中，经过实践检验、相对成熟的创新做法和制度，需要抓住本次修法的机会及时上升为法律。同时，对党的机关履行行政管理职能能否进行行政复议，需要在立法上及时作出回应。完善行政复议制度，还要对行政复议配套制度进行健全完善，增强行政复议制度的实施效果。

---

① 参见曹鎏《作为化解行政争议主渠道的行政复议：功能反思及路径优化》，《中国法学》2020年第2期。

② 参见彭红彬《我国行政复议机构的反思和重构》，《江西师范大学学报》2008年5月。

2. 积极稳妥地相对集中行政复议权。

国家机构改革后，行政复议机构主要是指司法行政机关和政府部门的法制工作机构，针对目前行政复议机构分散，受到束缚多，不利于保障独立性的弊端。因此在行政复议体制改革中，中央依法治国委员会提出了“相对集中行政复议权”的改革方向。我国正在推行的行政复议体制改革，将分散在政府部门（实行垂直领导的部门以外）的行政复议职权，集中到同级政府统一行使，实现专业机构、专业人员办案的改革目标，而且要求省、市、县三级政府共同开展改革，确保改革一步到位，打破原行政复议改革部分试点地区“市改省县不改”困境。通过整合行政复议职能，在各级政府设立专职行政复议局等行政复议机构，有的还设立了行政复议委员会（咨询委员会）。具体可以参考广西的行政复议体制改革经验做法，在整合政府部门的行政复议职责后，组建内部相对独立的行政复议机构（即政府成立行政复议委员会、案件审理评议组、行政复议案件审理办公会），根据“人随职能走、编随事走”等原则，将本级政府零星分散在各部门内、原履行复议职责的编制和人员，按照中央依法治国委员会统一要求，因地制宜统筹划归本级政府行政复议机构，并建立行政复议员制度。在行政复议机关加挂政府行政复议办公室牌子，实行相对统一集中办案。促进行政复议权的相对集中行使，一方面避免多头管理，减少了上级和下级机关对办案的干扰，保障了行政复议机构的独立性，另一方面集中人力、物力、财力资源开展行政复议，解决了过去分散办案时人员少、裁决标准不统一、同案不同决定等问题。

3. 增强行政复议机构的相对独立性。

行政复议的法理依据是行政机关上下级领导监督关系，行政复议具有上级行政领导和纠正下级机关不当行政行为的权力属性，行政复议机构的独立性，在制度设计上，是指其在行政体制内部保持相对独立。行政复议机构作为政府机关内部工作机构，权力层次低，办理行政复议案件权威性和公信力不足。过去，行政复议机构往往被某些媒体批评为“维持委员会”，这一定程度上是由于行政复议机构的权威、权力以及权限不足导致，一些地方和部门的少数领导对行政复议工作不够重视，行政复议工作往往不是本单位主业，处于弱势。为此，在制度系统设计上，应该从内部相对超然独立的角度出发。要保持行政复议机构在机构设置和人员配备上的相对中立或超然地位，积极与编办、财政等管人管钱部门沟通协商，在机构设置、人员管理、经费保障上保持其独立性。可以自上而下，层层设立专门的、在内部相关独立的、自成体系的行政复议机构（如行政复议与应诉局），加挂本级政府行政复议办的牌子。完善行政复议机构结构运行方式和机制，配齐配强专职行政复议人员，明确行政复议人员可以相对独立地办理案件，不受非法因素干扰。①

应当结合行政复议体制改革开展和《行政复议法》修改及落实，提高行政复议的工作经费设施和人力保障水平，落实办案场所和装备规定，将行政复议办案用车纳入保障范围。比照法院建立健全行政复议文书送达法定机制，全面推行专用邮寄方式。有可能的情况下，由中央财政直接保障行政复议办案工作。

4. 设立行政复议委员会，理顺行政复议委员会与专职行政复议机构的关系。

行政复议委员会有不同的定位和运作方式，现在主流办法将行政复议委员会定性为咨询机构，如北京市的模式，在专职复议机构的基础上，将行政复议委员会作为专业性的办案咨询机构，吸纳法学老师、律师、专家为复议委员会成员，建立合议案审查和表决的方法和程序，在专业性强的行政复议案件中为行政复议机构提供处理意见。在复议机构体系建设中，我们需要探索两个问题：第一，注重行政复议委员会成员的遴选专业性和中立性的考虑指标。目前，全国成立的行政复议委员会，大多注意吸收大学法学老师、政府和行业专家、律师等人员参与，确保专业性。第二，按照案件分类理顺行政复议委员会与专职复议机构定位及其关系。专职复议机构，如行政机关的行政复议局（处、科）前期会存在复议人员专业能力素养不足的情况，需要通过培训提高素质和能力。同时，在复议案件复杂的办案现实中，行政复议委员会或者委员会的成员应当为部分较为复杂、专业的案件提供专业性的意见。为此，一方面要明确案件的分类筛选，明确需要行政复议委员会及其成员提供专业意见的案件范围和标准，专家只有在其专业范围内才是专家；另一方面，明确行政复议机构是否必须接

① 参见徐红军《改革开放以来中国行政复议制度变迁研究（1978—2018）》，博士毕业论文，华东政法大学法制史，第83—85页。

受其意见，意见不一致时的处理程序和方式，如果不接受行政复议委员会或者其成员的办案意见，必须有充分的理由，并且应当经过行政机关负责人的批准。当然，对于行政复议的辅助岗位和辅助工作，可以探索通过购买服务的方式，提高保障能力，从而缓解集中复议权后案件多、人员少的困境。

5. 改进人员资格管理，增强行政复议机构的专业性。

行政复议案件涉及行政管理的方方面面，有些案件专业性比较强，办理起来比较复杂。行政复议机关工作人员应当具有较强的法律素质和能力，能独立办案。然而，长期以来，行政复议机构和人员的专业性并没有得到应有的和足够的重视。《行政复议法》以及《行政复议法实施条例》只对行政复议办案人员数量以及人员业务能力和职业培训有一般性要求。《行政复议法实施条例》第32条规定，行政复议机构办案，“应当由2名以上行政复议人员参加”。2017年9月，全国人民代表大会常委会发布的《关于修改〈中华人民共和国法官法〉等八部法律的决定》，对《行政复议法》中人员资格条件从法律上作了修改，明确规定对“初次从事行政复议的人员”，增加了行政复议行业准入机制，应当通过全国性考试取得法律职业资格。这一要求是行政复议工作专业化的新标准和新起点。在今后，行政机关需要吸纳大量通过法律职业资格考试的专业人才从事行政复议工作，司法行政部门应当与人事招考部门沟通，结合实际，着力改变专业人才短缺的局面，拓宽行政复议应诉工作人员招录渠道，规范准入门槛，逐步增加专职行政复议人员招录力度，坚持高标准、严要求，确保新招录的办理行政复议案件的公务员都应该有法律职业资格证书，确保行政复议专兼职人员配备与行政复议办案任务相适应，保证一般案件或者简单案件由2名行政复议人员负责承办，重大复杂疑难案由3人或者3人以上负责承办。参考法院入额行政法庭的同级法官待遇，设定和提高行政复议工作人员收入福利待遇标准，建立健全行政复议工作人员单独考核和提拔机制，保持复议人员的工作积极性。

四、提高行政复议案件办理质量和效率

中国特色行政复议制度需要建立，但这需要坚守行政复议为民、复议便民、吸纳民意、提高公信力的原则。从我国行政复议制度的发展史上看，行政复议将是我国行政争议解决的主渠道。我国新发展阶段的行政复议制度，将是在总

结历史做法和经验的基础上，解构现行的行政复议制度，切实提高行政复议案件办理质量和效率，提高公信力。

1. 健全行政复议工作机制，提高行政复议工作规范化水平。

强化行政复议工作规范化建设，梳理规范行政复议等涉及的法律文书，完善工作流程职责以及案件办理每个步骤，健全完善行政复议制度，以规范办案提高案件办理质量和效率。切实加强行政复议信息化、智能化建设，用好用足全国行政复议工作平台等信息化手段，方便行政相对人参加行政复议活动。按照行政案件办理中“效率和公正并重、效率优先”的原则，针对不同案件情况，建立健全多样化的行政复议审理模式。在书面办案的同时，增加当事人举证、辩论等程序，听取行政双方的意见。健全和强化听证制度，能听证的一律听证，对行政复议听证的原则、听证案件范围、听证程序、参加人的权利和义务等内容进行规定，对于认定事实和适用法律争议大的案件，坚持举行听证，通过行政复议案件参加人双方面对面的质证和辩论，提高当事人的参与度，以复议程序公正保证行政复议裁决结果的正当性。要通过规范化提高行政复议案件办理质量，实现“定纷止争、案结事了”目标，统筹兼顾维护行政相对人合法权益、化解争议、监督行政机关依法行政三个目标。建立健全网络申请复议服务工作平台，实现线上（网络）和线下（窗口）同步受理行政复议申请。行政相对人可以网上申请复议，复议机关可以在网上办理复议案件，提升工作规范化水平。

2. 妥善处置行政复议前置。

行政复议作为解决行政争议的方式，具有成本低、快捷、方便等优势。实行行政复议前置原则的好处是一方面保持行政机关在解决行政纠纷方面的专业化优势，另一方面快捷解决纠纷，节约解决行政纠纷的各类成本。行政复议制度建立的初衷之一，也是将所有行政争议解决在行政机关内部。从德国等国家的历史来看，行政复议制度早于行政诉讼制度。当然如果行政复议的公正性和公信力较差，不能实现公开公开办案，就是实行复议前置的制度，当事人也内心不服，继续发起行政诉讼。当然如果所有行政争议都交与法院，也会增加当事人的维权成本，浪费司法资源。所以，行政争议案件在行政复议和行政诉讼之间应该有个平衡，需要找到一个平衡点。对于将一些相对简单的行政行为如信息公平等案件，或者一些行政机关审查更为专业的案件，就可以设置行政复议前置。

3. 取消“共同被告”制度。

2015 年 5 月，修改后的《行政诉讼法》确立了行政机关和复议机关共同被告制度，行政复议机关也在积极适应这一制度。通过几年实践来看，在全国范围内行政复议纠错率和调解和解率都有所上升，似乎实现了“共同被告”和复议机关应诉制度，解决行政复议维持率高的立法初衷，但是也造成了大量行政资源空耗，增加了行政复议制度实施的成本。全国人大童卫东认为，让复议机关作为被告可以倒逼复议机关在复议程序中解决行政争议。① 然而实际工作中，复议机关在作共同被告时，原行政行为合法性具体的举证责任，仍然由作出具体行政行为的原机关承担。复议机关作共同被告的制度设计，将直接导致行政复议公信力减弱和原告胜诉难度增加等成本。② “共同被告”制度的施行，还导致了复议机关在办案时，自觉不自觉地考虑同类案件的法院判决，实质上影响了独立办案。随着依法行政水平的不断提高，行政复议纠错率很难继续提高，维持率势必保持在合理区间，复议机关作为共同被告参与行政应诉的数量将会居高不下，导致行政复议机关偏离了主业，不是去应诉，就是在去应诉的路上，无精力无时间办理行政复议案件。与此同时，在实践中，大量征地拆迁、公安执法、劳动社会保障等案件行政相对人常常游走于复议、诉讼、信访之间，“共同被告”制度造成了一个案件大量和重复占用行政资源和司法资源。从法理上说，行政复议这种准司法性的裁决制度，与法院的司法裁判具有相似性。既然在法院的审判制度中，一审法院不可能当被告，那么复议机关办案后，申请人不服行政复议决定提出行政诉讼的，复议机关也应当比照一审法院不可以当被告。因此，有必要取消“共同被告”制度。

4. 研究完善行政复议的调解、和解制度。

1991 年行政复议条例，受当时行政机关行为不得任意处分等观念的影响，明确规定不得调解和解。但随着《行政诉讼法》的修改和法制观念的深化，2007 年的《行政复议法实施条例》，受《行政诉讼法》的影响，对和解与调解

---

① 参见童卫东《关于行政诉讼法修改时的几个争议问题》，《中国法律评论》2019 年第 2 期。

② 参见王青斌《反思行政复议机关作共同被告制度》，《政治与法律》2019 年第 7 期。

分别具体作出了规定。对行政机关来说，能通过和解、调解，真正化解行政纠纷和争议，维护社会稳定，也能达到社会治理的目的。当然案件办理中调解、和解有着法律明确规定的范围，如有必须在自由裁量权范围内，不得违法等。根据有效化解行政争议目标，研究行政复议办案中的调解、和解方法方式，努力引导和帮助当事人达成调解、和解，实质性实现案件事了。引导行政相对人通过和解和调解渠道，以理性、合法的方式表达利益诉求。对行政复议案件坚持可以调解和解的，优先调解和解，尽量调解和解，把调解和解纳入办理行政复议案件、解决行政争议全过程，促进当事人心平气和，平等协商一致，达成调解和解。

五、妥善处理法院等外部关系，提升行政复议社会影响力

1. 完善行政复议与行政诉讼有机衔接机制。

行政争议在我国的解决方式主要有协商、人民调解、人民信访、行政裁决、行政复议和行政诉讼等，但最主要是行政复议和行政诉讼。特别是行政复议，已经被认定为解决行政争议的主渠道。有些国家把行政复议和行政诉讼列为两条不同的、相互竞争的渠道。我国在制度设计上，则是将二者互相衔接、互相配合，都是解决行政争议的方式，其中行政复议还是解决行政争议主渠道。就行政复议和行政诉讼比较，二者各有特点和优点。但是，目前法院作为最终的行政裁决机关，有在业务上指导、判例上影响行政复议机关的倾向。行政复议机关作出行政复议决定时，自觉不自觉地查看或者遵循行政诉讼的判决，甚至于事先征求行政法官的意见，有行政复议自觉司法化的倾向。法院则对复议前置特别是行政终局裁决颇有微词，认为应当扩大行政诉讼范围，几乎所有的行政行为都应当经过司法审查。同时法院不断增加行政案件的审查尺度，从合法性审查转变为对案件合法性和合理性的审查。因此，需要健全行政复议与行政诉讼衔接的制度和机制，正确区分和落实复议和诉讼各自性质和功能，发挥两种争议解决制度的优势，共同服务于行政争议的解决。

2. 发挥行政复议监督功能。

县级以上人民政府应切实履行行政复议职责，依法及时受理并审理行政复议案件。在行政复议案件审理前后，充分发挥行政复议决定书特别是意见书、

建议书作用，督促行政机关依法行政、依法履职。行政机关应当提高政治站位，依法自觉接受行政复议机关的监督，认真履行行政复议案件办理中答复职责，准确及时完整地提交行政行为证据材料，认真执行行政复议决定及行政复议意见书。党委和政府应当将行政复议工作开展情况作为法治政府建设的重要考核标准，按照《法治政府建设与责任落实督察工作规定》等要求，对问题较多的行政机关和工作人员，视情况进行约谈、责令整改、通报批评。行政复议机构应当完善通报机制，将行政复议工作情况定期制度化向本级党委和政府报告，同时向下一级人民政府通报。在办理涉及本级政府部门案件过程中，应当将行政复议决定抄告被申请人上一级主管部门。复议机关和机构应当与纪委监委等单位建立联系通报机制，认定行政行为违纪违法，需要追究有关单位和工作人员责任，依法及时通报纪检监察机关。

3. 加大宣传力度，提升行政复议的影响力。

行政复议是直接面对群众、维护群众权益的工作，广大群众能否知晓、理解、明了行政复议，是行政复议改革创新能否顺利实施的关键因素。随着复议案件申请量的逐年攀升，宣传渠道受限的影响日益凸显，亟需从宣传的广度和深度着手，加强行政复议工作宣传。首先，应当及时宣传推广行政复议改革创新情况，第一时间回应社会关切。其次，应当广泛宣传行政复议相关法规，扩大行政复议知悉度，积极引导社会主体通过行政复议途径依法解决利益诉求。再次，将行政复议法律法规纳入各级政府和部门的“八五”普法规划，充分利用政府门户网站、微信、微博、今日头条、抖音等新媒体，广泛宣传行政复议零收费、期限短、便捷、效率高优势，及时向全社会公开案件办理信息，做到阳光办案。最后，充分发挥个案监督作用，及时曝光行政复议反面典型案例，使之达到“办理一案、规范一片”效能。

总之，在行政复议体制改革背景下，行政复议制度改革和创新应当积极推广运用前期改革试点成果和探索的有益经验，统筹考虑和谋划。目前我国的行政复议解决行政争议主渠道作用尚没有完全发挥，存在行政复议法律法规不完善，行政复议机构不独立、不统一和办案不规范等弊端，需要在下一步行政复议制度改革和创新中加以完善和完善。在新发展阶段，行政复议制度的改革和改革应从三个维度展开：一是为行政复议工作提供制度、机构、队伍和经费等保障；二是建立健全各类保障后，提高行政复议案件办理质量和效率，提高公信力；三是妥善处理法院等部门的关系，提高社会影响力。当然，改革和创新需要加强法治保障，应当及时出台行政复议相关法律规定，为行政复议制度改革和创新提供法律保障和法律依据。

附录B 行政复议和行政诉讼二者关系的历史考察和重构路径研究

——以行政复议主渠道作用为视角

2020年2月，习近平总书记在中央全面依法治国委员会第三次会议上提出，发挥行政复议公正高效、便民为民的制度优势和化解行政争议的主渠道作用。这必然带来行政复议体制机制的深刻变化，也带来行政复议与行政诉讼二者关系的深刻变化，是全新的时代课题。对行政复议和行政诉讼两者的关系，相关学者曾经做了研究，有的认为案件根据行政相对人意愿，既可以选择复议，也可以直接提起诉讼，即坚持“复议选择”；还有的主张以“复议前置”为例外，以“复议选择”为原则。① 有学者认为在现行制度设计下，行政复议与行政诉讼关系复杂，表现为在横向关系上以单轨制为辅，双轨制为主。② 但是这些研究多是基于行政诉讼和行政复议二者关系的实然角度进行思考，缺乏行政复议主渠道政治背景下的深入探索。理论是实践的先导，目前行政复议主渠道背景下的行政复议和行政诉讼二元关系，需要从理论上予以回应，以助推主渠道的实现。

一、行政复议和行政诉讼二者关系的历史梳理

新中国成立后我国行政复议和行政诉讼二者历史关系主要涉及行政争议解

---

① 参见范宝成《论行政复议与行政诉讼的衔接关系》，《法学》1991年第2期。

② 参见林泰《结构主义视域下行政复议与行政诉讼关系新论——兼论二元发展关系下行政复议制度的重构》，《法学评论》2016年第2期。

决方式方法的合理配置。笔者认为主要分为三个发展阶段：一是各自平行发展的草创和萌芽阶段（1949—1976）；二是单行法融合阶段（1976—1989）；三是成熟定型阶段（1989年至今）。

（一）各自平行发展的草创和萌芽阶段（1949—1976）

新中国行政复议制度诞生时间早于行政诉讼制度，复议制度起源于具有领导关系的财政和税收部门，1950年10月政务院批准实施的《财政部设置财政检查机构办法》第6条规定，被检查的部门“认为不当时”，“向其上级检查机构申请复核处理”。这里的“申请复核处理”，究其实质就是行政复议。第一次正式在行政法规上出现了“复议”二字，是政务院政务会议于1950年12月15日通过的《税务复议委员会组织通则》（以下简称《通则》），规定税务复议委员会的任务是处理“复议纳税义务人有关税务之申请复议事项”等。《通则》第二条、第三条规定，复议委员会受当地人民政府领导，其委员来源广泛，具有相当的代表性和专业性，除当地税务机关之代表等为当然委员外，并由当地人民政府聘请公正人士或有关专家若干人充任。“复议委员会接到纳税人申请复议书后，应迅速作成复议决议书，移送主管税务机关核转之申请人照办，如仍有不服，得向上级税务机关提起申诉”。随后规定，“复委会所为之决议，须经过半数委员之同意，如税务机关代表认为决议与税法规定有抵触时，应将决议及税务机关代表意见一并提请当地人民政府商同其上级税务机关解决之”①。这些规定，明确规定了税务复议委员会的性质、任务及案件受理范围，标志着我国的行政复议制度的建立，但是其中并没有涉及行政诉讼的条款，说明行政复议制度在草创阶段和行政诉讼是分开的。当然，由于这一时期的行政复议工作还处于初创阶段，处理行政复议工作方法方式还属于摸索阶段，只能在事关新中国政权运转的税收等领域予以创建，同时由于行政复议工作的规章制度不健全，因而存在诸多的问题。但也应该看到，在新中国成立初期有关行政复议的法律法规规定随着时间推移日益丰富，主要有行政救济、申诉、诉愿、不服审查、上诉等。②

---

① 王美涵：《税收大辞典》，辽宁人民出版社，1991，第256—258页。

② 参见胡建淼《中外行政复议制度比较研究》，《比较法研究》1994年第2期。

新中国成立初期，我国一直没有行政诉讼的明确规定，1949年《中国人民政治协商会议共同纲领》第19条规定："人民和人民团体有权向人民监察机关或人民司法机关控告任何国家机关和任何公务人员的违法失职行为。"此处只是控告，有监督或者检举的含义，并没有明确规定行政诉讼。当然，向人民司法控告，似乎也隐含着行政诉讼的影子。五四宪法第97条规定了公民有向各级国家机关提出书面控告或者口头控告的权利，对于受到损失的，还有取得赔偿的权利，但也没有明确提出行政诉讼的概念。从1949年新中国成立时起，当时我们整个国家和社会都处于刚起步和建设阶段，没有法律法规明确规定发生行政争议，可以向法院提起诉讼，也没有法律法规规定行政诉讼与行政复议的关系问题。行政复议与行政诉讼之间的关系，更没有引起重视和关注。

（二）单行法融合阶段（1976—1989）

改革开放以后，国家推动法治恢复和建设。1979年《选举法》第25条规定申诉和行政诉讼制度，[①] 这是我国首次真正意义上在法律上明确规定行政诉讼制度，同时也是在单行法中首次共同规定了行政复议和行政诉讼制度。八二宪法重申了五四宪法的申诉制度，[②] 实际上是行政法的复议制度。1989年《行政诉讼法》对行政复议前置、复议管辖、决定期限等作了原则性规定。1990年《行政复议条例》构建了独立的行政复议制度，基本奠定了我国行政诉讼、行政复议并立的解决行政争议制度格局。1976—1989年《行政诉讼法》通过的13年间是行政复议、诉讼立法的重要时期，此时期的行政复议、诉讼立法单行规定，为统一的行政诉讼法和行政复议制度出台奠定了基础，但这13年的立法在行政制度变迁研究中仍欠缺系统、完整的研究。与德国、法国、日本等大陆法系国家相比较，中国特色行政复议制度形成，受国家权力结构、经济与民主政治发展阶段、文化传统等背景因素的影响。具体到制度层面，前期13年间行政

① 《选举法》第25条规定："对于公布的选民名单有不同意见的，可以向选举委员会提出申诉。选举委员会对申诉意见，应在三日内作出处理决定。申诉人如果对处理决定不服，可以向人民法院起诉，人民法院的判决为最后决定。"

② 五四宪法第97条规定："中华人民共和国公民对于任何违法失职的国家机关工作人员，有向各级国家机关提出书面控告或者口头控告的权利。由于国家机关工作人员侵犯公民权利而受到损失的人，有取得赔偿的权利。"八二宪法第41条：公民对于任何国家机关和国家工作人员的违法失职行为，有向国家机关提出申诉、控告或者检举的权利。

复议制度发展程度也对行政诉讼和行政复议二者关系有着更为直接的影响。查阅相关资料，发现“近十年来，我国已有100多个法律、行政法规规定了行政复议”①。胡建淼、吴欢（2014）《中国行政诉讼法制百年变迁》介绍改革开放以来的行政法制获得的重建与新生，描述了1978年改革开放后至1989年《行政诉讼法》颁行前后行政立法情况。② 王万华（2017）《新中国行政诉讼早期立法与制度——对104部法律、行政法规的分析》对1979—1989年10年间的行政法律法规立法情况作了分析和梳理，概括了早期行政立法的内容体系，并客观地指出这10年间行政单行法的历史地位。③ 另有不同版本的行政法教材也对改革开放至1990年左右这一阶段的行政立法情况做了回顾梳理。④ 当然对该阶段立法研究主要从行政诉讼为视角展开，对从行政复议制度的角度出发，做系统、完整的研究并不多。1989年《行政诉讼法》施行之前，行政单行法规定的关于行政复议与行政诉讼关系，共有以下5种：

1. 不服行政复议直接提起行政诉讼。

当事人不服行政机关的行政处罚，可以在起诉期限内直接向人民法院提起行政复议。如《国境卫生检疫法》第21条规定当事人不服罚款决定，在接到通知之日起15日内可以向法院起诉。

2. 由当事人选择。

当事人不服行政决定的，既可先向行政机关提起复议，对复议决定不服再向法院起诉，也可直接向法院起诉。如《海关法》第53条规定，当事人对海关处罚决定不服，可以申请复议，也可以直接起诉。

3. 行政复议前置。

复议前置需要在行政管理方面穷尽行政救济，要求行政相对人对争议须先申请行政复议，对复议决定不服再向人民法院起诉。此种情形存在于税收、收费等行政领域。如《中外合资经营企业所得税法》第15条、《个人所得税法》第13条规定个人和企业同税务机关在纳税问题上发生争议时，须先按规定纳

---

① 国务院法制局编：《行政复议条例释义》，中国法制出版社，1991，第159页。

② 参见胡建淼、吴欢《中国行政诉讼法制百年变迁》，《法制与社会发展》，2014年第1期。

③ 参见王万华《新中国行政诉讼早期立法与制度——对104部法律、行政法规的分析》，《行政法研究》2017年第4期，第49—63页。

④ 《行政法概要》（新中国第一部行政法学统编教材）法律出版社，1983。

税，然后再向上级税务机关申请复议，对复议决定不服再向法院起诉。《投机倒把行政处罚暂行条例》第 11 条也有类似规定，要求被处罚人须先申请复议，对复议决定不服再向法院起诉。

4. 复议机关二次复议后向法院起诉。

《海关法》第 46 条规定，纳税义务人同海关发生纳税争议时，对海关复议决定不服的，可以自收到决定书之日起 15 日内向海关总署申请复议；对海关总署作出的复议决定仍然不服，可以自收到决定书之日起 15 日内，再向人民法院起诉。

5. 复议机关最终裁决。

复议机关受理后，以复议机关作出的决定为最后的裁决。《入境出境管理法》第 29 条第 2 款规定外国人对处罚不服的，可以于 15 日内向上一级公安机关提出申诉，由该公安机关作出最后裁决。

为了说明行政复议和行政诉讼关系的历史，上述引用的法律皆为 1976 年至 1989 年之间的法律。1976—1989 年《行政诉讼法》制定之前，各相关单行法律、行政法规对行政复议与诉讼关系的规定不尽相同，关系也不统一，主要为上述列出的 5 种方式。当然上述单行法为二者关系作出了有益的尝试。实际上行政复议和行政诉讼的关系并非单纯法律移植的产物，早期这些分散于各地、各部门的单位法律法规规范及相关实践，为此后的两者关系打下了基础。随着行政诉讼法的颁布（1989 年 4 月 4 日），才统一对行政复议和行政诉讼的二者关系和衔接作了规定。

（三）成熟定型阶段（1989 至今）

1989 年后行政复议与行政诉讼之间关系的制度安排，主要由《行政诉讼法》确定，当初研究起草《行政诉讼法》时，各方对如何安排行政复议与行政诉讼二者关系有不同意见。[①] 1989 年《行政诉讼法》，规定“当事人自由选择为原则，法定复议前置为例外”模式[②]。其中，1989 年《行政诉讼法》对行政复

① 参见范宝成《论行政复议与行政诉讼的衔接关系》，《法学》1991 年第 2 期。

② 1989 年《行政诉讼法》第 37 条规定：“对属于人民法院受案范围的行政案件，公民、法人或者其他组织可以先向上一级行政机关或者法律、法规规定的行政机关申请复议，对复议不服的，再向人民法院提起诉讼；也可以直接向人民法院提起诉讼。法律、法规规定应当先向行政机关申请复议，对复议不服再向人民法院提起诉讼的，依照法律、法规的规定。”

议前置、复议管辖、决定期限等作了原则性规定。1991年《行政复议条例》的施行，摆脱了行政复议的从属地位，正式标志着行政复议和行政诉讼作为解决行政争议的二元格局的确立。1999年《行政复议法》的施行，提升了行政复议制度设计的规格，将行政复议制度的相关内容从条例上升为法律，进一步强化了行政复议的法律地位，并对行政复议制度作了进一步完善。从总体上看，行政复议和行政诉讼形成了当事人自由选择为原则，复议前置为例外的模式。2017年修改的《行政诉讼法》第44条没有实质性改变，延续了这一规定。①

近年来，随着行政复议制度改革的深入推进以及《行政诉讼法》的修改，行政复议与行政诉讼两者之间关系研究十分热烈，但主要研究二者如何衔接的多，对二者关系的历史发展考察研究少，对二者关系的新型重构也不多。有学者认为，行政复议与行政诉讼二者需要形成合作互补的新型关系。本着公正、及时、全面解决行政争议的目标，由相对独立的行政复议局统一集中行使行政复议权，扩展行政复议受案范围，确保行政复议担负起解决行政争议主渠道使命。②

二、行政复议和行政诉讼二者关系的特点

（一）行政复议客观上居于从属地位

目前在实际中，行政复议客观上还是居于从属地位。从理论上说，行政复议案件数量应该远高于行政诉讼，在实践中，行政复议案件数量一直低于行政诉讼，特别是在2007《行政复议法实施条例》出台前，行政诉讼案件超过每年10万件，而行政复议案件远低于这一数目，近几年行政复议案件数量超过行政诉讼案件数量，达到20余万件以上。同时，行政复议中双被告制度的施行，极大影响了行政复议机关的形象和公信力，司法机关作为最终裁决机关，其意见决定行政复议机关的办案方向、程序和行政复议决定，导致部分行政复议机关

---

① 2017年《行政诉讼法》第44条规定："对属于人民法院受案范围的行政案件，公民、法人或者其他组织可以先向行政机关申请复议，对复议决定不服的，再向人民法院提起诉讼；也可以直接向人民法院提起诉讼。法律、法规规定应当先向行政机关申请复议，对复议决定不服再向人民法院提起诉讼的，依照法律、法规的规定。"

② 参见章志远《行政复议与行政诉讼衔接关系新论——基于解决行政争议视角的观察》，《法律适用》2017年第23期。

在办案，看法院和法官眼色而不是看法律，客观上导致了行政复议机关居于从属地位。

从国际上看，多是重视行政复议制度。在法国，18世纪法学家孟德斯鸠在洛克学说的基础上，进一步把国家权力分为行政权、立法权和司法权，三种权力分别由不同的机关行使。① 强调不同权力之间互相配合和制衡。在法国，“行政救济”是当事人对于违法和不当的行政行为，请求行政机关救济的方式，属于行政监督范畴，区分为善意救济及层级救济。善意救济是当事人向作出行为的原机关申请救济，层级救济是当事人向决定机关的上级机关申请救济。② 在与司法审查的关系上，法国与英美等普通法系国家不同，行政诉讼案件交由行政官员主持的归属于行政系统的行政法院审理，这是法国大革命时代对分权学说的独特理解。③

在英国，公民的权益受到或者可能受到行政机关侵害时，可以寻求救济手段较多，④ 主要包括对部长申诉、申诉到法院、向议员反映、通过行政裁判所解决、向议会行政监察专员申诉等，其中，较接近于我国行政复议的当属行政裁判所制度。⑤ 在英国，行政裁判所建立目的在于弥补普通法院在解决行政争议时不足，虽然裁判所司法属性的确立，经历了百年的历史发展，但是，保持中立地位是行政裁判的灵魂。因此，行政裁判所不因裁决争议而卷入后续的救济程序中，也就是说行政裁判所不会作为司法审查的被告，上级裁判所和普通法院审查的标的依然是原争议，当事人为原争议的双方。2007年改革后的英国行政裁判所与法院的特征逐渐相似，主要的不同是法院拥有司法最终裁判权。行政裁判所证据认证的基本原则主要为：“不得违反自然公正的原则；在作出采信与否的决定前一定要将相关证据展示给案件的双方当事人，并且给予当事人发表意见的权利。”⑥ 行政裁判所虽然常常受到一些人士的反对，但并没能阻止英国行政裁判所的发展，其特有的优势成为英国司法审查之外的重要争议解决

---

① 孟德斯鸠：《论法的精神》，商务印书馆，2012，第186页。
② 王名扬：《法国行政法》，北京大学出版社，2007，第425—426页。
③ 参见王名扬《英国行政法》，北京大学出版社，2007，第1页。
④ 参见徐大同《西方政治思想史》，天津教育出版社，2005，第212页。
⑤ 参见王名扬《英国行政法》，北京大学出版社，2007年，第101—103页。
⑥ Timothy Endicott. *Administrative Law*, Oxford University Press(2009), P.444.

制度，正如威廉·韦德在其著作中的写道："20 世纪社会立法要求裁判所为行政原因而存在，裁判所能够提供快速、低廉、便捷的司法。"① 在英国，对行政裁判所决定不服，可向法院上诉，但是应当就裁判所裁决中的法律问题上诉。

通过上述表明，国外高度重视行政复议制度设计，注重行政裁判制度的专业性和独立性。行政复议机构必须固定、健全和完善，机构成员专职化、专一化，保持稳定性。注重人员专业性，引进行政机关外部大量法学专家和专业人士进行办案。② 在保留司法审查行政裁决的同时，也注重行政机关内部纠错机系建设，尽量把大多数的行政争议留在了行政机关内部。与我国不同的是，国外如英国行政复议机构不会作为被告存在。

（二）行政复议作为化解行政纠纷主渠道的定位追求

2011 年，中共中央首次提出"充分发挥行政复议作为解决行政争议主渠道的作用"③。提出要深化对行政复议制度的认识，创新行政复议受理和审理方式，切实提高办案质量，做到定分止争、结案事了。党的十八大以来，以习近平同志为核心的党中央对行政复议工作提出了一系列新要求。2013 年 11 月，《中共中央关于全面深化改革若干重大问题的决定》提出，"改革行政复议体制，健全行政复议案件审理机制。" 2014 年党的十八届四中全会通过的《中共中央关于全面推进依法治国若干重大问题的决定》提出，要完善行政复议、诉讼等多元化纠纷解决机制。行政复议作为行政争议多元纠纷解决的重要环节，应该发挥应有的作用。2015 年 12 月《法治政府建设实施纲要（2015—2020 年）》提出："加强行政复议工作，完善行政复议制度，改革行政复议体制，积极探索整合地方行政复议职责。" 2020 年 2 月，中央全面依法治国委员会下发《行政复议体制改革方案》，提出要优化行政复议资源配置，发挥行政复议公正高效、便民为民的制度优势和化解行政争议的主渠道作用。2021 年 1 月印发《法治中国建设规划（2020—2025 年）》指出，"推进行政复议体制改革，整合行政复

① Sir William Wadean, . Christopher Forsyth, *Administrative Law* 10thed, Oxford University Press (2009). P. 446.

② 参见曹鎏《五国行政复议制度的启示与借鉴》，《行政法学研究》2017 年第 5 期。

③ 2011 年 3 月，胡锦涛在中共中央政治局第二十七次集体学习时讲话指出，要在深入研究把握新形势下社会矛盾纠纷的特点和成因的基础上，更加注重依法化解社会矛盾纠纷。特别要完善行政复议制度，加大复议纠错力度，充分发挥行政复议作为解决行政争议主渠道的作用。

议职责，畅通行政复议渠道，2022年前基本形成公正权威、统一高效的行政复议工作体制”。并对行政复议法修改和行政复议规范化建设等提出了要求。在中央层面，行政复议化解行政纠纷主渠道的定位已经十分清晰。

有学者指出，行政复议化解行政争议的优势突出体现在范围广、审查深度强等方面。所以，把行政复议打造成为化解行政争议的主渠道，是构建中国特色化解行政争议法治体系的最优路径①。“行政复议应当成为解决行政争议的主渠道”②，已经成为共同认识，其根本原因在于“行政复议有其优势，便捷为民，符合行政争议数量庞大的现实和中国行政权相对强势的历史传统”。③

“大复议、中诉讼、小信访”的行政救济机制改革思路，已经得到普遍认可④。长时期以来实践中行政复议定位和功能离“主渠道”比较遥远。“大信访、中诉讼、小复议”是无奈的现实。⑤ 行政复议要真正成为主渠道，还需要在修法中吸纳这一政策理念，重构行政复议体制、复议程序和复议决定制度，⑥还必须有一整套制度性的设计和规定。其中，如何调适行政复议与行政诉讼二元关系，是一个带有全局性的重大问题。

三、行政复议成为化解行政纠纷主渠道的路径实现

（一）增加行政复议案件范围

1. 增加行政复议案件前置范围。

发挥行政复议主渠道作用，这就要求将尽可能多的行政争议解决在行政机关内部，要求改革当事人自然选择的机制，扩大前置范围。理想的情况是所有行政争议都要经过行政复议，少量的不服复议的争议再进入诉讼，行政诉讼一

---

① 参见曹鎏《作为化解行政争议主渠道的行政复议：功能反思及路径优化》，《中国法学》2020年第2期。

② 应松年：《把行政复议制度建设成为我国解决行政争议的主渠道》，《法学论坛》2011年第5期。

③ 高秦伟：《行政复议制度的整体观与整体设计》，《法学家》2020年第3期。

④ 应松年：《把行政复议制度建设成为我国解决行政争议的主渠道》，载《法学论坛》2011年第5期。

⑤ 参见马超《“主渠道”定位下的行政复议“司法化”反思——兼谈行政复议的改革方向》，《河南财经政法大学学报》，2020年第6期。

⑥ 参见王万华《行政复议法的修改与完善——以“实质性解决行政争议”为视角》，《法学研究》2019年第5期。

审二审还解决不了的个别行政争议案件，进入信访渠道。早在 20 世纪 80 年代就有学者提出，我国应建立行政复议前置制度。① 考虑到行政复议具有专业性强、便民、减轻法院审理负担等特点，因此从立法者的意图上讲，还是提倡先经过行政复议，对行政复议决定不服，再向法院提起行政诉讼。② “应当坚持复议前置原则。改变‘当事人选择为原则，复议前置和复议终局为例外’的行政复议和行政诉讼关系，实行‘行政复议前置为原则，直接诉讼为例外’的全新方式。这是贯彻落实行政复议作为‘主渠道’作用的直接体现”③。有学者指出适当增加行政复议前置的情形。④ 有学者结合我国实际情况对复议前置给予了较高的评价。该学者认为，“穷尽行政救济”或者说复议前置，可以使一些在行政诉讼过程中所无法或者无力解决处理案件，尽可能在行政复议程序中加以解决，从根本上使公民权利得到实质保护。因此，复议前置原则更符合我国行政诉讼的实际情况。⑤ 要实质性解决行政争议，通过扩大行政复议前置范围，“使行政复议成为全面推进依法治国的有效抓手”⑥。

在程序上扩大行政复议前置范围在立法上已经有所回应。2020 年《行政复议法（征求意见稿）》在保持现有“当事人自由选择为原则，法定复议前置为例外”模式不变同时，在前置范围上扩大。《行政复议法（征求意见稿）》第 29 条规定对公民 200 元以下罚款或者信息公开的案件，应该先进行行政复议。⑦ 该条规定扩大行政复议前置的范围，尽可能将关系简单或者行政机关处理起来更专业的行政争议解决在行政机关内部。当然，这一举措可能增加基层行政复

① 参见应松年《行政复议与行政诉讼》，《法制日报》，1988 年 5 月 9 日第 2 版。

② 参见郁忠民《行政复议与行政诉讼的比较研究》，《现代法学》1991 年第 6 期。

③ 耿宝建：《行政复议法修改的几个基本问题》，《山东法官培训学院学报》，2018 年第 5 期。

④ 参见章志远《行政复议法修改的三重任务》，《中国纪检监察报》，2011 年 11 月 25 日第 7 版。

⑤ 参见罗豪才《行政法学》，中国政法大学出版社，1989，第 315—316 页。

⑥ 徐运凯：《论新时代行政复议的功能定位及其评价体系》，《行政法学研究》2019 年第 6 期。

⑦ 《行政复议法（征求意见稿）》第二十九条规定：“有下列情形之一的，申请人应当先向行政复议机关申请行政复议，对行政复议决定不服的，再依照本法第十条的规定向人民法院提起行政诉讼：（一）公民对二百元以下、法人或者其他组织对三千元以下罚款或者警告不服的；（二）认为行政机关的政府信息公开行为侵犯其合法权益的；（三）认为行政机关的行政行为侵犯其已经依法取得的自然资源的所有权或者使用权的；（四）法律、行政法规规定的其他情形。有前款规定情形的，行政复议机关决定不予受理或者受理后超过行政复议期限不作答复的，公民、法人或者其他组织可以自收到不予受理决定书之日起或者六十日的行政复议期满之日起十五日内，就原行政行为向人民法院提起行政诉讼。”

议机关的办案量，使行政复议机构不健全、缺乏专业办案人员的困难和矛盾更加凸显。就制度设计和复议前置范围的扩大而言，《行政复议法（征求意见稿）》的立法导向值得肯定。“以有效处理好行政复议和行政诉讼二者差异化发展为目标进行修法，是实现行政复议成为化解行政争议主渠道的必由之路”①。

2. 扩大行政复议案件受案范围。

1989 年的《行政诉讼法》出台后，就有学者提出，我国应立法从受案范围、受理的先后、当事人、法律规定等方面做好行政复议和行政诉讼衔接工作。② 现行行政诉讼法一再扩大行政争议审查范围，理论上行政复议范围应该宽于和大于行政诉讼，由于行政诉讼法一直修改，不断扩大案件受理范围，特别是行政诉讼法立法在前，行政复议立法在后，导致了行政复议受案范围等条款只能追随行政诉讼的规定。从行政争议审查的广度和深度看，行政复议理应比行政诉讼更积极、更有作为，司法权基于行政争议的最后防线和司法的保守性，并不适合积极地主动地去审查行政争议，更不适合审查所有的如内部管理、抽象行政行为等方面的行政争议。

3. 扩大行政复议终局裁局。

实际上行政诉讼可以审查行政复议，这在一定程度上导致了行政诉讼作为行政争议最终裁决的面貌出现，这削弱了行政复议机关的权威性。事实上，现在很多行政复议办案人员作出裁决时先考虑和征求司法人员的意见，不看法条看法官，以法官对法律的理解和意见为准。有学者提出，应当扩大行政终局。③之所以保留和扩大行政终局裁决，学界归纳理由有：行政争议的专业性、技术性强，追求行政效率，避免司法对行政的干预，减轻法院的负担等等。④ 所有行政争议都诉诸诉讼，实际上迷信于司法万能，现代社会行政管理专业专职，业务复杂，对行政行为的专业审查不是法院仅从法律上审查能够承担的。让法院来审查自己并不专业的行政管理，不可避免地出现问题。

---

① 曹鎏：《作为化解行政争议主渠道的行政复议：功能反思及路径优化》，《中国法学》，2020 年第 2 期。

② 参见范宝成《论行政复议与行政诉讼的衔接关系》，《法学》1991 年第 2 期。

③ 参见谢尚果《行政复议与行政诉讼衔接机制之反思与重构》，《河北法学》2013 年第 2 期。

④ 参见王雪梅《司法最终原则—从行政终局裁决谈起》，《行政法学研究》2001 年第 4 期。

（二）增强行政复议中立性和专业性

现阶段我国的行政复议还应当注重机构设置的独立性和专业性，但不能像英国行政裁判所成为独立的司法机构。如果过分强调“司法化”，甚至要行政复议机构独立于同级政府，那无异于增设一个“行政法院”系统，导致行政复议与行政诉讼同质化，同时在行政机关内部导致失去自我监督机制，也会由于程序的烦琐造成效率低下。

1. 积极稳妥地相对集中行政复议权。

改革后行政复议机构主要是司法行政机关和部门的法制机构，由于行政复议管辖规定，行政复议机构分散，受到束缚多，不利于保障独立性，导致对行政复议公正性的质疑。因此，提出了“相对集中行政复议权”的改革方向。中国台湾诉愿委员会的独立的设立和管辖制度，保障了行政诉愿管辖和诉愿工作人员相对集中，且运行良好。① 在中国大陆，将分散在政府部门（实行垂直领导的部门以外）的行政复议职权集中到同级政府统一行使，实现专业机构、专业人员办案的改革目标。省、市、县三级政府共同开展改革，一步到位，打破原部分试点地区“市改省县不改”，相关制度体制不通畅的困境。通过整合行政复议职能，设立专职行政复议机构。可以参考广西的行政复议体制改革试点做法，在整合行政复议职责后，建立相对独立的行政复议工作机构，按照“人随职能走”的原则，将本级政府分散在各部门内、原履行复议职责的编制和人员统筹划归本级政府行政复议机构，在行政复议机关加挂政府行政复议办公室牌子，相对统一集中办案。促进行政复议权的相对集中行使，一方面，避免多头管理，减少了上级和下级的干扰；另一方面，集中人力、物力、财力资源开展行政复议，解决了过去分散办案时人员少和稳定性、裁决标准不统一等问题，提升行政复议公正性和办案效率。

2. 增强行政复议机构的相对独立性。

行政复议具有上下级的行政领导和监督权力属性，行政复议机构的独立性是指其在行政体制内相对独立性。在制度系统设计上，应该从相对内部独立的角度出发。过去，行政复议机构往往被某些媒体批评为“维持委员会”，这一定

---

① 参见张文郁《我国台湾地区诉愿制度之过去、现在与未来》，《行政法学研究》2015年第3期。

程度上是由于行政复议机构的权威、权限不足导致，一些地方和部门对行政复议不够重视，行政复议机构普遍处于弱势。为此，要保持行政复议机构在机构设置和人员配备上的中立或超然地位，积极与编办、财政、人事等部门沟通协商，自上而下设立专门的另成体系的行政复议机构（如行政复议与应诉局），加挂人民政府行政复议办公室牌子，相对独立于行政复议机关。行政复议机构作为政府内部工作机构，办案权威性和公信力不足。建议完善和独立行政复议机构结构，充实专职人员，加强工作资金投入。根据《行政复议法》的规定，将经费纳入同级财政预算，配备专职人员和专案经费，切实解决基层行政机关中行政复议机构不健全完善和经费短缺等问题。

3. 设立行政复议委员会，理顺行政复议委员会与专职行政复议机构的关系。

行政复议委员会应当吸收法学教授、行业专家、资深律师等力量参与，提高专业性。在行政复议委员会的多种试点运作模式下，更倾向于采用上海、北京市的试点模式，在专职复议机构的基础上，将行政复议委员会作为专业性的办案咨询机构，吸纳法律专家、行业专业人士为委员会成员，建立合议案审查和表决的方法和程序，在专业性强的行政复议案件中提供意见。在复议机构体系建设中，我们需要探索两个问题，确保行政复议委员会的专业性：一是注重行政复议委员会成员的遴选专业性和中立性的考虑指标，例如，台湾《诉愿法》规定，诉愿委员会的外部专业人员人数不得少于1/2。二是按照案件分类或者职能定位理顺行政复议委员会与专职复议机构的关系。专职复议机构的建设，前期会存在复议人员专业性不够的问题，需要一定的办案经验和专业知识更新培训。同时，行政复议委员会有必要为较为复杂、专业的部分提供专业意见。为此，一方面要明确案件的分类筛选，明确需要行政复议委员会提供专业意见的案件范围和标准；另一方面，明确行政复议委员会专业意见的有效性，行政复议工作机构是否必须接受其意见，意见不一致时的处理程序和方式，如果不接受行政复议委员会的办案意见，必须有充分的理由，并且应当有关负责人的批准。当然，对于行政复议的辅助岗位和辅助工作，可以探索通过购买政务服务，提高保障能力，从而缓解集中复议权后案件多、人少的困境。

4. 改进人员资格管理，增强行政复议机构的专业性。

行政复议案件涉及行政管理的方方面面，有些案件比较复杂，行政复议机关工作人员应当具有较强的法律素质和业务办案能力。然而，长期以来，行政复议机构和人员的专业问题并没有得到足够的重视。《行政复议法》以及《行政复议法实施条例》等虽然对行政复议人员的业务能力和职业培训有一般性要求，但并没有具体的操作性要求。2007 年 9 月，全国人大常委会《关于修改〈中华人民共和国法官法〉等八部法律的决定》中对《行政复议法》中人员资格作了修改，明确规定对“初次从事行政复议的人员”，增加了行政复议行业准入机制，应当通过考试取得法律职业资格。这一要求是行政复议工作专业化的新起点。在今后的工作中，行政机关需要吸纳大量法律专业人才从事行政复议工作，司法行政部门应当与人事招考部门沟通，结合实际，着力改变专业人才短缺的局面，拓宽行政复议应诉工作人员招录渠道，规范准入门槛，逐步增加专职行政复议人员招录力度，坚持高标准、严要求，确保新招录的行政复议人员都有法律职业资格证书，确保一般案件由两人负责承办，重大复杂案件由三人负责承办。此外，还要加强宣传，实现遇事找行政复议成为社会和群众共识的宣传效果。

综上，本文在简要梳理行政复议与行政诉讼历史关系的基础上，借鉴法国和英国处理行政复议与行政诉讼关系的具体做法，基于行政复议与行政诉讼二元关系的理论和实践依托，提出了行政复议要成为解决行政争议主渠道的背景下，修正和加强行政复议的建议：扩大行政复议案件前置范围、受案范围和终局裁局范围，增强行政复议组织机构中立性和专业性，以此来正确处理行政复议和行政诉讼二者关系、推进行政复议主渠道定位和追求的实现。

附录C　贯彻落实党的二十大精神构建党政机关内部复议制度

党的二十大是中国历史上一次极其重要、意义深远的会议。全会通过的报告是实现我国全面建成小康社会、中华民族伟大复兴的历史性指导依据。在党的二十大报告中指出落实党内民主制度，保障党员权利。① 党内干部处理也是人民内部矛盾的一种，党的二十大报告提出坚持“发展全过程人民民主”等具体要求，也给我国未来解决党政机关内部纠纷提供了明确而坚实的指导。我国《行政复议法》施行以来，对于保护公民的合法权益，起到了重要作用，但是党政机关内部人员不能申请行政复议，更别说党的机关等。党政机关内部人事行为能否提起复议，是个理论和实践上争议较大的问题。在党政机关面前，党政干部群体毫无疑问是弱势群体。在新发展阶段，本文就解决内部党政人事争议，构建内部复议制度谈些粗浅的看法。

一、内部人事行为概念特征

党政干部与机关发生的内部人事行为属于内部行为。党政机关内部行为指履行党政职责主体在内部组织运行和管理时所作出的只对组织内部产生法律效力的行为。根据行为性质不同，可以把内部行为分为两类：第一类是工作性质的公务处理行为，是指党政机关以公文形式对党政机关内部行政事务所作的行

① 习近平：《高举中国特色社会主义伟大旗帜为全面建设社会主义现代化国家而团结奋斗——在中国共产党第二十次全国代表大会上的报告》，《人民日报》2022年10月26日第2版。

政行为。如上级机关对下级或行政首长、领导对所属机构人员工作上的指示、批示、批准、命令、批复等，以及党政机关的内部工作安排、通知、规划等。第二类为人事性质内部行为，是指党政机关对党政机关系统人事行政事务所作的行政权力性行为，主文主要讨论的是人事性质的内部行为。

党政机关人事性质的内部行为主要分为两类：第一类是人事奖励、考核、调动、职务任免等内部行为，这是有权机关对党政干部在德、能、勤、绩、廉考核的基础上作出的，作为党政干部提拔、调动以及交流的基础。第二类是党政机关对党政干部的培训、工资、福利待遇、奖金、处分、辞退、离退休、控告等事项作出的内部行为以及党政机关依据国家赔偿法赔偿管理相对人后对党政干部的追偿行为等。

二、建立内部复议制度的现状考察和必要性考量

党政干部与所就职国家机关发生的争议，不属于劳动争议的范畴，双方为行政法上的特别法律关系，并非平等主体间的民事劳动法律关系，双方纠纷不属于《中华人民共和国劳动法》的法律调整范围。解决途径有主要通过复核、复审与申诉。2018 年 3 月通过的《监察法》第 49 条规定了复审和复核，对监察机关作出的涉及本人处理决定不服，监察对象可以在 1 个月内申请复审，对复审决定仍不服，可以申请复核。2018 年 12 月修订的《公务员法》第 95 条规定了公务员的复核和申诉，公务员对本人人事处理不服，可以申请复核；对复核结果不服，可以提出申诉，也可以直接提出申诉。此处复核和申诉应该对应的是 2008 年 10 月公布的《公务员申诉规定（试行）》。2020 年 6 月的《公职人员政务处分法》第 55 条规定了复审和复核，公职人员对处分决定不服，可以申请复审，仍不服可以申请复核。当然，对于聘任制干部或者工勤人员，不在本文研讨范围内。聘任制人员或者工勤人员与用人单位发生纠纷，可以向人事争议仲裁委员会申请仲裁，或者依《中华人民共和国劳动法》解决处理。

目前我国《公职人员政务处分法》《公务员法》和《监察法》中没有列出复核、复审程序规定，而且作为详细说明申诉程序的《公务员申诉规定（试行）》也有诸多不足。按照现行制度，似乎申请权利救济的党政干部将相关申诉文书递交后，只能等待结果，而无其他救济途径。根据《行政复议法》第 8 条第 1

款规定，内部行为不能提出行政复议，不能予以受理，只能依照有关规定提起申诉，从而导致大量内部行政争议行为存在争议。现有党政干部复核、复审与申诉制度主要存在以下弊端：

第一，现有行政诉讼、复核、复审与申诉制度不利于完全保护党政干部的合法权益。人事内部行为直接涉及党政干部的切实利益，党政干部在履行职务行为时，是代表党政机关履行公务管理等方面权利。在党政机关对其实施任免、调动、考核、决定工资、福利待遇等行为时，作为与党政机关相对的另一方，与党政机关发生相关的法律关系。这类法律关系，例如党政机关开除党政干部，必然造成党政干部权益的减损，影响了党政干部的法律地位，对党政干部权利造成实质性影响。但是现有手段却难以保障党政干部合法权益。《行政诉讼法》第 13 条第 3 款明确规定“行政机关对行政机关工作人员的奖惩、任免等决定”提起的诉讼不予受理；在 2018 年《行政诉讼法》司法解释中对“对行政机关工作人员的奖惩、任免等决定”作了扩大性阐述，“是指行政机关作出的涉及行政机关工作人员公务员权利义务的决定”。根据《公务员法》第 2 条规定：“本法所称公务员，是指依法履行公职、纳入国家行政编制、由国家财政负担工资福利的工作人员。”行政编制，是我国党政机关使用的人员编制。以上规定，基本上排除了党政机关人员权利的司法救济之路。公民经法定程序，如调入、公开招考等方式成为党政干部后，其作为雇佣者民事权益并不因此丧失，其作为公民的法律权利还存在。党政机关只重视对外部相对人的司法和权利救济，只注重普通劳动者的权益维护，对劳动者身份的党政干部权益并不充分考虑，违反了法律面前人人平等的准则。因此，应将党政干部与本机关争议纳入复议范围。

第二，解决机构不具有专职性和常设性。在现有制度设计中，参与解决机关内部纠纷的，可能是作出处理的原机关、同级人事主管部门、纪律监察机关、本级党委政府、上一级主管部门等，这些解决机构与审理人员多不具有专业性和专职性。按照现行申诉等解决制度，只有在受理申诉后，相关机关才抽调人员临时组成党政干部申诉公正委员会，对案件进行受理和审理，也就是说，该审理机构不是固定的、常设的处理纠纷的机构，具有临时性；负责处理纠纷的公正委员会的人员也不是固定的，而是在公正委员会组成时由受理机关中的相关工作机构的人员组成，不具有专职性。可见，负责处理内部纠纷的机构，没有将纠纷解决的功能与其他功能在组织上相分离，客观上造成对纠纷解决的不重视，也不独立客观。同时在机关内部纠纷事项解决的过程中，不仅有原处理机关的介入，还有同级政府、党委、上级机关的介入，还有专门的纪律监察渠道，影响因素较多。

第三，缺乏透明科学的程序规则和证据规则。有权力的人使用权力直到有界限处为止。① 从我国历史传统和现实而言，人事内部行为中首长意志和人治思想还大量存在，遇事请示汇报，主观色彩强烈，同种行为往往因不同的背景处理起来畸轻畸重，处理结果不统一，这集中体现在免职等事项上。党政机关经过内部审查后，将人事处理决定送给申诉人后，就算完成任务。审查的过程不仅不对外公开，而且对申诉人也不完全公开，这种事实上书面审查的习惯做法，缺乏双方当事人当面质证、辩护、辩论的机会，难以保证科学地作出申诉决定。解决过程缺乏查明事实的科学证据规则，相关法律以及《党政干部申诉规定（试行）》中除了要求党政干部提交“原人事处理决定、复核决定或者申诉处理决定等材料的复印件”外，没有任何要求被申诉方提供新证据的规定，虽然也有“受理机关对涉及党政干部申诉、再申诉事项，有权进行调查”的规定，但不是必然的程序，没有行政复议案件审理中调查、听证等程序，对受理机关是否调查以及调查的程度如何，没有刚性规定。其结果往往是调查浮于表面，受理机关和处理人员很难充分了解事实，难以保证对事实的全面完整把握，导致处理结果不完全公正，对申诉党政干部也不公平。

第四，对裁决结果的执行缺乏刚性。《党政干部申诉规定（试行）》虽然也对申诉决定的执行提出了具体措施，包括要求处理机关“及时予以纠正”，不执行的将对负有责任的领导或者人员作出处理等，但没有规定执行程序如何启动，也没有规定执行的具体期限，使得这些规定难以实现预期功能。没有《行政复议法》规定的被申请人不履行或者无正当理由拖延履行决定，对直接负责的主管人员或者人员给予警告、记过、记大过和降级、撤职、开除的强制性处分。

由于党政干部与本机关之间的纠纷是通过内部复核、复审与申诉途径解决，以及现行解决程序和证据规范存在着各种缺陷，实践中党政机关处于绝对主导

① 孟德斯鸠：《论法的精神》，张雁深译，商务印书馆，2001，第342页。

地位，党政干部权益保障并不好，没能为党政干部的合法权益提供可行的保障机制，导致党政干部也是弱势群体的说法不胫而走。

三、突破特别权力关系的理论制约

特别权力关系理论最早产生于19世纪的德国，一般认为是波尔窑·拉邦德最早提出该理论，而奥托窑迈耶进行了理论体系的完善。后来，该理论传到日本等大陆法系国家。该理论认为，“由于权力因素，党政干部关系与私法上之契约关系不同，违反职务上之义务，不能以违背契约视之，乃系违反纪律之罪行，与采邑家臣之罪相当；执行职务亦非履行契约，而系克尽其忠实与服从义务。由于志愿因素，党政干部与依法律负有隶属义务之人民不同，虽然两者均为隶属及权力之关系，但依志愿产生之特别权力关系，其义务性之内容加重甚多”①。受此影响，大陆法系国家多认为，行政干部与机关之间的关系属于某种特别权力关系，为了维护行政功能，实现行政管理目的，国家行政机关对干部具有命令强制权力，而干部对其机关具有绝对服从的义务，因此，“在特别权力关系中，无论该关系是强制形成的，或者当事人自由选择的，当事人均不享有公民的基本权利，当事人也不得利用普通的救济渠道寻求法律救济”②。但这理论到20世纪中期在其发源地德国就土崩瓦解了，产生了“重要事项说”，认为凡涉及人民包括党政干部基本权利的“重要决定”，应由议会立法，不许委诸行政。涉及党政干部权益的重要事项，司法也可以干涉。

我国虽然没有特别权力关系主导的理论，但长期以来，大多认为党政机关单位对党政干部所作出的管理和人事行政行为属于内部行为，不同于党政机关对外部相对人所作出的行政行为，这种内部与外部的区别又以国家立法的形式被确定下来，渗透到了法律制度和社会制度中，成为目前机关运行和管理的模式。在这种理论的指导下，普遍认为机关单位与党政干部之间发生的纠纷，不能采用行政复议的权利救济方式来解决，只能采用内部申诉、信访等方式解决。因此，如果不突破这种与特别权力关系理论相似理论，不重新认识党政干部现

---

① 吴庚院：《行政法之理论与实用》，中国人民大学出版社，2005，第196—197页。

② 罗豪才：《行政法论丛》（第3卷），法律出版社，2000，第476页。

实身份的状态，就很难对其救济的方式作出任何改革。

实际上，起源于19世纪德国的特别权力关系理论，是与德国作为警察国家的现实情况密切相关的，随着第二次世界大战以后世界上民主、自由、法治以及人权保护等理念逐步建立，特别权力关系理论日渐式微。个别坚持特别权力关系理论的国家，也对行政行为分类为基本关系行为和管理关系行为，其中，管理关系是为了维护机关的正常运行而实施的不涉及党政干部具体权益的行为，具有不可诉性；而对党政干部的奖惩、任免等直接涉及党政干部权益的行为，则具有可诉性，由此开始将一些机关内部行政纠纷予以法律救济。从国外来看，内部人事行为是复议案件受案范围。对于办案人员，也要独立，如现代美国行政法中的行政法官制度。行政法官的主要作用是"事实认定"，他虽然是行政机关的职员，也是由行政机关以外的机构负责考试、工资福利、登记、纪律处分等。①

在延安时期曾经实行过党政机关内部复议制度，边区政府对政府机关的人事管理内部行政行为，在行政复议方面做了有益的探索和实践。根据《陕甘宁边区政纪总则草案》（1943年4月颁布）第22条规定："凡政务人员，对政府工作或负责人员，有建议和批评之权利"。但是批评不是无原则无纪律的，也有一定的纪律要求，"须依照一定的组织手续提出"，不允许在背后乱说。这也体现了中国共产党民主集中制原则，关于原则问题的争议，在服从政府决定的同时，可"向上级申诉直至边区政府"。第23条对政府机关的人事复议也作出了规定："各级政府主管长官对所属工作人员的任免奖惩，均须依照边区政府法令办理。如工作人员对主管长官的惩罚认为不当时，得向主管长官直接提出，或依级向上申诉，各下级政府长官对此项申诉不得阻止或留难"（第23条）。②《中国共产党延安时期廉政建设史论》第二编第七章批评与自我批评中指出，第六，允许申诉。刘少奇指出："必须给被批评被处罚的同志以一切可能的申诉的机会。在给同志做鉴定和组织结论的时候，通常均应通知本人，当面做结论。如果他不服，在经过辩论之后，应向上级申诉。""党员的上诉权不能剥夺。一

---

① 参见应松年《外国行政程序法汇编》，中国法制出版社，2004，第48页。

② 中国延安干部学院：《中国共产党延安时期廉政建设史论》，北京：中央文献出版社，2011，第319页。

切的上诉书，任何党的组织不能扣压，关于思想原则问题，党员并可越级直接向高级党委或中央上诉。”[①] 允许被批评者申辩，这是正确开展批评与自我批评的必要条件，也是延安时期开展批评和自我批评的一个特征。[②] 不允许申辩，是不利于弄清事实，使批评收到好的效果。在思想原则问题上少数服务多数。少数同志在组织上行动上绝对服从多数的条件之下，有权利保留自己的意见。这些对行政机关的内部管理事项开展行政复议的做法，突破日德法系将内部管理事项作为特别事项，不得进行行政复议的理论藩篱，具有重大的意义。

我国随着全面依法治国的推进，目前对党政干部工作性质也有了更加全面的认识，对行政行为的区分也进行了重新审视，更有学者主张法由权利构成，将内部行为纳入复议程序，对党政干部惩戒应遵循正当法律程序，并由法律作出规定。[③] 内部人事行为不被审查的局面应当会被打破。因此，应当从理论上打破内部行为的严格区分，重新看待党政干部与机关之间的关系，树立党政干部权利保护的法治观念，为内部复议制度的建立提供理论上的支撑。

四、内部复议制度构建的路径

社会结构的第一个要素是不平等。[④] 有纠纷、有冲突、有矛盾，哪怕是人民内部矛盾，也需要解决方式。与复核、申诉等制度安排相比，复议制度兼有行政化和司法化的特点，其制度设计更加规范、合理，能有效平衡党政机关和党员干部的关系，解决两者纠纷。

（一）管辖的制度安排

当内部人事行政纠纷发生时，党政干部应当向哪一个复议机构提起内部复议，涉及案件管辖的问题。在内部复议案件管辖权方面，原则上应当更权威、更有效，在级别上提一级。为了更好摆脱首长意志和行政干预，可以在机构和人员上实现相对独立，在省级机关专门成立内部复议委员会或者内部复议机构，配备有资格的专职人员，专门处理本省党政干部与所在机关之间发生的行政纠

① 《刘少奇选集》上卷，第 213 页。

② 参见罗忠敏、崔岩《毛泽东是延安精神的缔造者》，陕西人民教育出版社，1993，第 135 页。

③ 参见姜明安《行政执法研究》，北京大学出版社，2004，第 375 页。

④ 参见莫里斯·迪韦尔热《政治社会学——政治学要素》，杨祖光、王大东译，华夏出版社，1987，第 106 页。

纷。国家部委机关与其内部党政干部发生的纠纷，可以由中央委托司法部等管辖和处理。

（二）内部复议的受理范围

对涉及党政干部权利的可救济事项，《党政干部申诉规定（试行）》第 10 条已经作了列举，主要是人事处理事项，包括处分、辞退或者取消录用等情形。内部复议受案范围，可以此为基础再增加其他事项：一是将党政干部升职、任免事项纳入受案范围，如现实工作中应该任职或升职的，却由于没有得到领导赏识，没有得到任职、升职，侵害了党政干部的权益，应将此也纳入受案范围；二是对定期考核结果的称职、基本称职的等次不服的，一些党政干部考核原本应为优秀，却定为称职或基本称职。党政干部可以通过内部复议的方式加以解决，以提高党政干部考核质量；三是纳入党政干部的培训纠纷事项。根据相关法律法规，“参加培训”是党政干部法定权利，当此项权利受到侵害时，可以取得法律救济；四是对党政干部的其他收入分配不服的。

（三）党政干部提起内部复议的条件

按照相关法律法规，党政干部包括党委、人大、政府、政协、纪律监察、法院、检察机关等机关工作人员及其他行使公务的人员，应当将全体行使职务行为的人员纳入内部复议人员的范围。提起内部复议诉求的必须是利益受到侵害的党政干部本人及法定代理人或者委托的律师，当然鼓励由党政干部本人提出。但是为了更好保护党政干部权益，党政干部可以委托律师等专业人员参与权利救济。同时，提起内部复议必须是实际侵害已经发生，而不是想象中的行为。当然，提起内部复议必须在规定的时限范围内。《公务员申诉规定（试行）》第 15 条规定的申诉时限是 30 日内，这个时限比较短，不利于保护作为弱势一方的党政干部的合法权益，应将党政干部申请内部复议救济的期限增长到 60 日，有特殊情况的，还可以再延长 30 日。当然，基于最小成本原则，内部复议不得收取党政干部费用。

（四）被申请人主体的设置

内部复议的被申请人，要以实际影响党政干部权利义务的具体单位为限，这个具体单位可能是一个具体的内设机构，如科处室，不一定非得对外具有法人资格的主体，只要能对党政干部的权利造成实质性的影响，就可以作为被申请人。例如，某县的行政执法科对其执法人员考核时发生了纠纷，该执法人员可以行政执法科为被申请人，提起内部复议。这与普通复议的被申请人资格有所不同。某县的行政执法科不以科室的名义对外，在普通复议案件中不是适格的主体，但由于其是直接影响执法人员权利的机关，在内部复议中应当将其作为被申请人来对待。在内部复议中，作为被申请人的一方，其主体应尽可能扩大，以保护党政干部的合法权益。

（五）内部复议可以引入实地调查、听证等程序

习近平总书记在二十大报告中指出，努力让人民群众在每一个司法案件中都感受到公平正义。党员干部作为人民群众的组成部分，在党政机关内部复议的审理程序中，也应该感受到公平正义。党政机关内部复议程序，可以借鉴普通行政复议和司法办案的相关程序。例如引入听证、实地调查、辩论等程序和证据规则等，特别注重对新证据的采用。内部复议制度建立的目的是为了解决内部行政纠纷，让有矛盾的双方当事人直接进行质证和辩论，有利于解决纠纷。当然，具体审理内部复议审理案件的人，应当建立职业资格制度，通过国家司法考试，具有专业知识和办案能力。在审理内部复议案件中，可以遴选社会知名公正人士、法律专家、人事专家等专业人员参与，提高案件审查水平。在法律适用上，不仅包括现行的法律、法规、规章，还应包括规范性文件，特别是还要包括党内法规，因为申请人可能是党的机关工作人员等。审理过程可以不对社会公开审理，以体现其行政行为内部性特点，但是其结果应该公正公平，一碗水端平，防止同样的行为不同的处理结果。

（六）内部复议决定的执行

内部复议作出的决定应该有执行的保障。这里的执行主要是对作为弱势一方的党政干部而言，对于作出原处理决定的机关，是对撤销、变更原内部人事行为的执行问题。对内部复议决定的执行情况，应当定期公示执行结果，并纳入各级机关的考核，凡是相关机关不执行内部复议决定的，则在年终考核时作为扣分项目，以促使被申请人及时执行复议机关的决定。可以强制规定执行期限，要求相关被申请人在15天内主动告知行政复议决定执行情况。复议机关可以发意见书或者建议书，建议监察机关对不予执行的主管人员或者人员给予警告、记过和降级等强制性处分。

（七）与司法审判制度相衔接

内部复议制度建立的目的之一是将内部人事行政争议全部纳入争议内部渠道解决。当然，对于相关案件，不排除建立内部复议与行政诉讼的衔接机制，以求穷尽救济渠道，让部分内部人事争议可以在司法渠道内解决，更好地维护党政干部权益。将来可以修改行政法律，把对党政干部的开除、辞退或取消录用等与机关脱离关系的事项也逐步纳入行政诉讼受案范围，以寻求更为公开的救济。

总之，在认真学习贯彻落实二十大精神的背景下，构建中国特色内部复议制度，加强制度供给保障，作为化解党政机关和党政干部内部矛盾重要措施，有利于推进新时代党政机关自身建设。

后　记

自新中国成立以来，随着社会主义法治建设的不断推进，行政复议制度作为解决行政争议、维护公民合法权益的重要法律制度，经历了从无到有、从分散到统一、从初步建立到逐步完善和成熟的过程。1950 年，随着《财政部设置检查机关办法》和《税务复议委员会组织通则》等法规的出台，标志着中国行政复议制度的初步建立。此时行政复议制度主要侧重于税务领域，并逐步向其他行政领域扩展。1990 年《行政复议条例》的颁布实施，结束了行政复议分散立法的状况，标志着中国行政复议制度进入统一立法时代。此后，《行政复议法》及其修正案、《行政复议法实施条例》等法律法规的相继出台，进一步规范和完善了行政复议制度。

本书通过查阅大量历史文献、学术著作、政策法规和期刊论文等资料，结合案例分析、数据分析和比较研究等方法，对中国行政复议制度的发展历程进行了全面梳理和深入分析。写作是个漫长的过程，也是个发现自己的过程。著作即将画上句号，我百感交集，内心充满了对过去岁月的感激和对未来的期待。

首先，感谢张皓老师。您的勤奋专注、严谨治学、宽厚待人的品格深深影响了我。在写作过程中，您的教诲和指导是我完成研究的坚实基石，也是我未来学术道路上不断前进的动力。其次，感谢青海师范大学在写作过程中给予过我帮助和支持的人。感谢青海省法学会的项目支持和帮助，感谢那些为本书提供数据和资料的机构和单位，你们为我提供了宝贵的学术资源。最后，感谢我的家人，特别是小朋友王子墨，你们的爱和关怀是我不断前行的动力，也是我人生中最宝贵的财富。

回顾过去，展望未来。进入新世纪以来，特别是党的十八大以来，党中央高度重视行政复议工作，明确提出要改革行政复议体制、健全行政复议案件审理机制。随着全面依法治国的深入推进和法治政府建设的不断加快，我国行政复议制度将迎来更加广阔的发展空间和更加艰巨的改革任务。建议进一步加大行政复议制度的宣传力度和普及力度；加强行政复议队伍建设和专业化培训；完善行政复议案件的审理机制和监督机制；推动行政复议与行政诉讼等法律制度的有机衔接和协调发展等。我也将继续探索我国行政复议制度的演变和发展，为我国的法治建设贡献自己的力量。

作　者

2024年6月30